高等职业教育
“岗课赛证”融通
新形态一体化教材

婴幼儿学习与发展

主　编　洪秀敏
副主编　王　悦　商传辉

中国教育出版传媒集团
高等教育出版社·北京

内容提要

本书是高等职业教育“岗课赛证”融通新形态一体化教材。

本书以习近平新时代中国特色社会主义思想为指导，对标国家托育服务政策要求，坚持“岗课赛证”融通的育人理念，紧扣托育机构婴幼儿学习与发展的岗位核心能力要求，精选婴幼儿生活、游戏、阅读、交往中的学习与发展4个典型项目，对接托育机构工作场景和16个岗位核心工作任务。每个项目由岗位要求、学习目标、学习导图、工作任务（包括情境案例、任务描述、任务准备、任务实施、任务评价、知识拓展）、赛证真题组成，通过生活化、情境化、形象化的呈现方式，导学导教，增强读者对婴幼儿学习与发展的理解与应用。

教师如需获取本书授课用PPT等配套资源，请登录“高等教育出版社产品信息检录系统”（https://xuanshu.hep.com.cn/）免费下载。

本书适用于高等职业教育专科、本科婴幼儿托育服务与管理、早期教育、学前教育等相关专业学生学习使用，也可供托育机构工作者及举办婴幼儿照护服务竞赛的相关学校和企业使用，还可作为父母和其他照护者增进对婴幼儿学习与发展的理解、提升科学育儿知识与技能的参考。

图书在版编目（CIP）数据

婴幼儿学习与发展 / 洪秀敏主编 ； 王悦，商传辉副主编. -- 北京 ： 高等教育出版社，2025. 2. -- ISBN 978-7-04-063006-0

Ⅰ. G61

中国国家版本馆CIP数据核字第2024YH2015号

YINGYOU'ER XUEXI YU FAZHAN

策划编辑 赵清梅　责任编辑 赵清梅　封面设计 张志奇　版式设计 徐艳妮
责任绘图 马天驰　责任校对 吕红颖　责任印制 耿 轩

出版发行 高等教育出版社
社 址 北京市西城区德外大街4号
邮政编码 100120
印 刷 山东临沂新华印刷物流集团有限责任公司
开 本 787 mm×1092 mm 1/16
印 张 13.5
字 数 260千字
购书热线 010-58581118
咨询电话 400-810-0598
网 址 http://www.hep.edu.cn
http://www.hep.com.cn
网上订购 http://www.hepmall.com.cn
http://www.hepmall.com
http://www.hepmall.cn
版 次 2025年2月第1版
印 次 2025年8月第2次印刷
定 价 38.00元

物 料 号 63006-00

教材编写委员会

主　编

洪秀敏　北京师范大学

副主编

王　悦　北京科技职业学院

商传辉　卓越云师（北京）教育技术有限公司

编　委（按编写项目顺序排序）

杨小利　重庆幼儿师范高等专科学校

彭　宁　重庆幼儿师范高等专科学校

郑龙香　重庆幼儿师范高等专科学校

江熠楠　成都暖房子托育服务有限公司

赵　青　金华职业技术大学

汪飞君　金华职业技术大学

郑金爱　金华新杰思托育中心

王　悦　北京科技职业学院

张　颜　北京科技职业学院

赵　欣　北京科技职业学院

倪　蒙　北科婴幼学苑

许琼华　泉州幼儿师范高等专科学校

孙　蓓　泉州幼儿师范高等专科学校

洪培琼　泉州幼儿师范高等专科学校

夏　佳　泉州幼儿师范高等专科学校

商传辉　卓越云师（北京）教育技术有限公司

张华芳　卓越云师（北京）教育技术有限公司

前　　言

托育服务是生命全周期服务管理的重要内容，不仅事关婴幼儿的健康成长，也关系着千家万户的福祉与国家民族的未来。党的二十大报告在回顾总结新时代十年的伟大变革时再次强调“幼有所育”，并就今后民生事业发展作出“优化人口发展战略，建立生育支持政策体系，降低生育、养育、教育成本”的重要部署。《中华人民共和国国民经济和社会发展第十四个五年规划和 2035 年远景目标纲要》明确提出要“发展普惠托育服务体系，健全支持婴幼儿照护服务和早期发展的政策体系”。中共中央办公厅、国务院办公厅印发的《关于推动现代职业教育高质量发展的意见》明确提出“完善‘岗课赛证’综合育人机制，按照生产实际和岗位需求设计开发课程，开发模块化、系统化的实训课程体系，提升学生实践能力”。《托育机构保育指导大纲（试行）》指出，托育机构保育工作应当制订科学的保育方案，通过创设适宜环境，合理安排婴幼儿一日生活和活动，提供生活照料、安全看护、平衡膳食和早期学习机会，支持婴幼儿主动探索、操作体验、互动交流和表达表现，丰富婴幼儿的直接经验，促进婴幼儿身体和心理的全面发展。因此，理解婴幼儿学习与发展是托育机构保育工作的重要前提与基础。“婴幼儿学习与发展”是婴幼儿托育服务与管理专业重要的专业基础课程。加快推进婴幼儿学习与发展课程的教材建设，对于职业院校托育相关专业人才培养具有重要而紧迫的现实意义，对托育机构在职师资能力提升也具有不可忽视的重要价值。

一、编写目的

（一）增强对婴幼儿学习与发展的理解与掌握

婴幼儿托育服务与管理专业是一个涉及多学科的新专业。教材编写紧扣国家托育服务发展相关政策与法规的新要求，深入研究一日生活中婴幼儿主要的学习与发展领域，及时吸纳婴幼儿学习与发展的新研究与新成果，以期让学生学习了解我国托育机构促进婴幼儿学习与发展的保育理念，理解托育机构婴幼儿学习与发展的岗位能力要求，养成理解儿童、尊重儿童、坚持儿童优先的观念，并理解和掌握在托育机构中促进婴幼儿学习与发展的策略和照护规范。

（二）提高促进婴幼儿学习与发展的实践应用能力

以工作任务为引领，注重托育机构工作场景、典型工作任务、情境案例分析等项目化设计，精选托育机构婴幼儿学习与发展的 4 个典型项目，包括生活中的学习与发展、游戏中的学习与发展、阅读中的学习与发展、交往中的学习与发展，紧扣托育机构岗位能力要求，对接真实工作场景和保育师国家职业技能标准等内容，充分吸纳中国—东盟职业院校婴幼儿照护服务竞赛等真题，开展“岗课赛证”四位一体的内容设计，使学生能够更好地理解婴幼儿学习与发展的特点与规律，提高促进婴幼儿学习与发展的岗位实践应用能力。

二、编写内容

生活、游戏、阅读、交往是婴幼儿学习与发展的重要途径，也是婴幼儿学习与发展的重要内容。教材编写对标《托育机构保育指导大纲（试行）》《托育机构管理规范（试行）》中的核心政策精神，以托育机构婴幼儿学习与发展的具体岗位需求和任务为主线，精选 4 个典型项目 16 个岗位核心工作任务。

（一）生活中的学习与发展

使婴幼儿逐渐养成良好的生活习惯，引导其逐步掌握进餐技能、养成良好卫生习惯、培养自主如厕能力和养成良好睡眠习惯是托育机构照护者的重要工作内容。《托育机构保育指导大纲（试行）》中指出“逐步养成良好的生活卫生习惯”。项目一聚焦生活中的学习与发展，着重围绕托育机构照护者应该理解掌握的四项岗位任务展开讨论，具体包括：（1）了解婴幼儿进餐中的学习与发展特点，能组织不同月龄的婴幼儿开展进餐活动；（2）理解婴幼儿清洁卫生中的学习与发展特点，能创设丰富的生活环境，培养良好的清洁卫生习惯；（3）掌握婴幼儿如厕中的学习与发展特点，能根据婴幼儿年龄特点，培养婴幼儿的如厕能力；（4）了解婴幼儿睡眠的学习与发展特点，能根据婴幼儿年龄特点，养成婴幼儿良好的睡眠习惯。

（二）游戏中的学习与发展

游戏是适合婴幼儿年龄特点的一种独特的活动方式，也是促进婴幼儿发展的一种最好的活动形式和重要的学习方式。《托育机构管理规范（试行）》指出“托育机构应当以游戏为主要活动形式，促进婴幼儿在身体发育、动作、语言、认知、情感与社会性等方面的全面发展”。项目二聚焦游戏中的学习与发展，着重围绕托育机构照护者应该理解掌握的四项岗位任务展开讨论，具体包括：（1）了解游戏在婴幼儿学习与发展中的重要价值，能为婴幼儿提供游戏的机会；（2）理解不同类型游戏的特点及环境创设要求，能为不同类型的游戏创设丰富的游戏环境；（3）了解游戏中支持婴幼儿身体发展、语言、认知、社会性发展的措施，能开展多种游戏活动促进婴幼儿的全面发展；（4）能根据游戏的类型灵活运用多种指导策略，发挥游戏促进婴幼儿学习与发展的功能与作用。

（三）阅读中的学习与发展

使婴幼儿逐渐养成良好的阅读习惯，引导其逐步学会倾听和理解语言，用语言表达自己的需求是托育机构照护者的重要工作内容。《托育机构保育指导大纲（试行）》中指出“愿意听故事、看图书，初步发展早期阅读的兴趣和习惯”。项目三聚焦阅读中的学习与发展，着重围绕托育机构照护者应该理解掌握的四项岗位任务展开讨论，具体包括：（1）了解早期阅读在婴幼儿发展中的重要价值，能为不同月龄的婴幼儿提供和阅读图画书，激发婴幼儿早期阅读兴趣；（2）理解婴幼儿在阅读中的心理发展规律，能创设丰富的阅读环境，提供正确的语言示范，培养婴幼儿早期阅读习惯；（3）掌握婴幼儿在兴趣习惯养成、理解和表达能力发展过程中的支持要点，能开展集体讲读等多种阅读活动，提高婴幼儿的理解能力；（4）能通过延伸阅读活动有效支持婴幼儿自主表达，促进婴幼儿表现力的发展。

（四）交往中的学习与发展

婴幼儿交往中的学习与发展是在早期人际交往与社会适应过程中进行的。《托育机构保育指导大纲（试行）》指出“与成人和同伴积极互动，发展初步的社会交往能力”。项目四聚焦交往中的学习与发展，着重围绕托育机构照护者应该理解掌握的四项岗位任务展开讨论，具体包括：（1）了解早期人际交往在婴幼儿发展中的重要价值，能指导父母敏感察觉与识别婴幼儿发出的信号，理解其情感需求并及时回应，建立亲子安全依恋；（2）理解婴幼儿在早期人际交往中的心理发展规律，能观察了解并以平等态度主动亲近婴幼儿，与其建立信任和稳定的情感联结，构建积极的师幼关系；（3）掌握促进婴幼儿交往能力和规则意识发展的支持要点，能创造机会，支持婴幼儿与同伴的交流互动，帮助婴幼儿学习交往技能，体验交往乐趣，提高同伴交往能力；（4）能建立一日生活和活动常规，开展规则游戏，帮助婴幼儿理解和遵守规则，逐步发展规则意识，促进集体规则适应。

三、编写特色

本书在编写过程中，力图体现以下编写特色。

（一）坚持立德树人、儿童优先原则

以习近平新时代中国特色社会主义思想和党的二十大精神为指导，贯彻落实立德树人根本任务，坚持有利于儿童、促进儿童全面发展的基本原则，在价值理念导向、专业知识诠释和实践案例选取过程中，努力阐述和反映中国特色婴幼儿学习与发展的理念、原则与实践经验，使学生通过学习树立正确的专业认同，深化理解儿童、尊重儿童、儿童优先的正确观念，坚定通过专业照护保障和促进婴幼儿学习与发展的专业信念。

（二）凸显“岗课赛证”综合育人理念

以岗位职业技能为需求导向、以岗位核心职业技能的掌握为问题导向，以高素质技能人才培养为目标导向，紧扣托育岗位能力需求，对接保育师国家职业技能标准等内容，充分吸纳中国—东盟婴幼儿照护服务技能竞赛真题和视频资源，开展“岗课赛证”四位一体的内容设计，通过托育机构工作场景、典型照护工作任务、婴幼儿学习与发展的实践案例与赛证真题，将岗、证、赛对婴幼儿学习与发展的知识与能力要求充分反映和融入教材。

（三）突出产教融合、工学结合特色

组建一支由全国多所高校和职业院校教师、托育机构管理者与保育人员、具有举办婴幼儿照护比赛经验的企业共同参与的产教融合、校企合作、结构合理、经验丰富的编写团队，紧密对接婴幼园、托育机构、早教中心、幼儿园托班等婴幼儿学习与发展的岗位工作实际需求，提高教材内容与岗位工作之间的契合度，充分体现职业教育的岗位适应性、任务驱动性和可操作性。

（四）注重项目化、情境化实用设计

注重以典型岗位任务为引领，以实际操作与行动体验为导向，对接婴幼儿生活中的学习与发展、游戏中的学习与发展、阅读中的学习与发展、交往中的学习与发展四个具体项目。每个项目按照岗位目标、学习导图、工作任务（包含情境案例、任务描述、任务准备、任务实施、任务评价、知识拓展）、赛证真题的实用性和模块化设计，导学导教，激发学生的学习兴趣，提高对婴幼儿学习与发展的理解与实践应用能力。

四、编写分工

本书编写是集体智慧的结晶。全书由北京师范大学洪秀敏教授提出编写定位和内容框架，确立编写思路与体例规范，并组织一支产教融合、结构合理、经验丰富、专业能

力强的高水平教材编写团队，包括举办婴幼儿托育服务与管理专业的院校、托育机构与托育职业技能大赛支持企业等多方优质资源力量。具体分工如下：重庆幼儿师范高等专科学校杨小利、彭宁、郑龙香，成都暖房子托育服务有限公司江熠楠编写项目一；金华职业技术大学赵青、汪飞君，金华新杰思托育中心郑金爱编写项目二；北京科技职业学院王悦、张颜、赵欣，北科婴幼学苑倪蒙编写项目三；泉州幼儿师范高等专科学校许琼华、孙蓓、洪培琼、夏佳编写项目四；卓越云师（北京）教育技术有限公司商传辉、张华芳负责各项目赛证真题。编写人员凝智聚力、联合攻关，统一编写理念与风格，反复沟通讨论与修改完善，确保了编写质量。赵欣老师协助做了本书统稿工作。感谢高等教育出版社高职事业部综合分社陈瑛社长和赵清梅老师对本书编写工作的支持与指导！书中参考了国内外学者和同行的研究成果，汇集了各地托育机构的照护场景和典型案例，精选了中国—东盟职业院校婴幼儿照护服务技能竞赛真题与视频资料，一并深致谢忱！

我国婴幼儿照护服务尚处于起步阶段，有关托育机构婴幼儿学习与发展的理论与实践问题有待于进一步深入研究，教材难免有不足与疏漏之处，欢迎广大读者不吝赐教，批评指正。

北京师范大学　洪秀敏

2024 年 6 月 10 日

目　录

项目一 1

生活中的学习与发展

• 岗位要求

《托育机构保育指导大纲（试行）》中指出：要帮助婴幼儿“逐步养成良好的生活卫生习惯。”帮助婴幼儿逐渐养成良好的生活习惯、卫生习惯和睡眠习惯，引导其逐步掌握进餐技能和自主如厕能力等是托育机构照护者的重要工作内容。良好的生活卫生习惯和自理能力，不仅有助于婴幼儿身体健康发育，还能促进婴幼儿的认知发展和社会性发展。生活中充满着教育的契机，托育机构照护者应该做到：

1. 能组织不同月龄的婴幼儿开展进餐活动。
2. 能创设丰富的生活环境，帮助婴幼儿养成良好的清洁卫生习惯。
3. 能根据婴幼儿的年龄特点，培养婴幼儿的如厕能力。
4. 能根据婴幼儿的年龄特点，帮助婴幼儿养成良好的睡眠习惯。

• 学习目标

知识目标：

1. 掌握婴幼儿进餐中的学习与发展特点。
2. 掌握婴幼儿清洁卫生中的学习与发展特点。
3. 掌握婴幼儿如厕中的学习与发展特点。
4. 掌握培养婴幼儿良好睡眠习惯的方法。

能力目标：

能根据婴幼儿的年龄特点，组织婴幼儿进餐、盥洗、如厕、睡眠等岗位活动。

素养目标：

1. 尊重婴幼儿的身心发展特点和规律，关注婴幼儿的个体差异。
2. 适时给予婴幼儿积极适宜的回应，促进婴幼儿全面发展。

• 学习导图

- 项目一　生活中的学习与发展
  - 任务一　掌握进餐技能
    - 婴幼儿进餐中的学习与发展特点
    - 培养婴幼儿掌握进餐技能的方法
  - 任务二　养成卫生习惯
    - 养成良好的清洁卫生习惯的意义
    - 指导婴幼儿养成良好的清洁卫生习惯的方法
  - 任务三　培养如厕能力
    - 如厕能力培养与婴幼儿身心发展
    - 培养婴幼儿良好如厕能力的方法
  - 任务四　养成睡眠习惯
    - 养成良好睡眠习惯的意义
    - 培养婴幼儿良好睡眠习惯的方法

任务一　掌握进餐技能

情境案例

小雅是一名托育机构的新老师。午餐时间到了，她为托小二班准备好餐具，一名叫豆豆的男孩引起了她的注意。豆豆正坐在餐桌前，手里拿着勺子，努力地将食物送到嘴边，但是大部分食物撒落到桌面和地面上。在进餐过程中，他会不时地看着其他小朋友发呆，有时还会伸手去摸他们的餐盘，遇到不喜欢的食物时会直接拒绝进食。

尽管小雅老师知道在照顾婴幼儿进餐过程中需要有足够的耐心，要进行正确引导，但初出茅庐的她，还是在具体的工作中产生了疑问。例如，婴幼儿在进餐过程中有哪些常见的问题？如何把握婴幼儿的心理特点，让婴幼儿逐步养成良好的进餐习惯？完成表 1-1-1。

表 1-1-1　掌握进餐技能工作表单

岗位工作任务：________	实施地点：________	实施时间：________	实施办法：________
1. 豆豆在进餐过程中遇到了什么问题？ ________ ________ ________			
2. 在婴幼儿进餐过程中需要关注什么？ ________ ________ ________			
3. 自我归纳：豆豆的表现反映了婴幼儿进餐心理发展中的哪些特点？ ________ ________ ________			

续表

4. 还有哪些指导婴幼儿掌握进餐技能的方法？ ______ ______ ______

任务描述

此项任务将围绕如何指导婴幼儿掌握进餐技能展开，涉及婴幼儿在进餐中的心理发展特点、规律及指导方法。在此项任务中，需要了解良好进餐习惯在婴幼儿身心发展中的重要性，能够科学指导婴幼儿掌握进餐技能。

任务准备

在婴幼儿的成长过程中，进餐不仅仅是营养摄入的基本途径，更是婴幼儿认知、情感及社会交往能力发展的重要时刻。从完全依赖母乳或奶粉过渡到进食固体食物，婴幼儿的学习与发展受其身心发展的影响。照护者必须理解婴幼儿进餐的特点与婴幼儿进餐行为的分类，从专业的角度客观看待婴幼儿的进餐行为，以适宜的回应支持婴幼儿掌握自主进餐技能。

一、婴幼儿进餐中的学习与发展特点

（一）婴幼儿的进餐特点

婴幼儿时期是人生中生长发育最为迅速的时期，婴幼儿的进餐特点与成人存在显著差异，包括食物选择范围的逐渐拓宽、进餐方式的逐步转变、进餐环境的特殊要求、进餐时间的不固定性、对食物的偏好和拒绝及进餐过程中的情绪表达。认识这些特点，对于合理安排婴幼儿的饮食、培养婴幼儿良好的进餐习惯及确保婴幼儿获得充足的营养至关重要。

1. 食物选择范围的逐渐拓宽

婴幼儿在刚出生时，主要依赖母乳或配方奶。随着月龄的增长，他们的消化系统逐渐发育，咀嚼能力逐渐增强，开始尝试并适应各种辅食。这一过程中，需要逐步引入新的食物，从单一到多样，从稀到稠，以满足婴幼儿对营养素和能量的需求。

同时，还要注意观察婴幼儿对新食物的接受程度，以及是否出现过敏等不良反应。

2. 进餐方式的逐步转变

在婴幼儿早期，由于手部精细动作和协调能力尚未发育完善，婴幼儿主要依赖喂食。然而，随着手部动作的逐渐发展，婴幼儿开始表现出对自主进餐的渴望。他们可能会尝试用手抓取食物，然后逐渐学会使用餐具。这一转变过程不仅提高了婴幼儿的自理能力，还有助于培养他们的自信心和独立性。

3. 进餐环境的特殊要求

进餐环境是影响婴幼儿进餐质量的重要因素之一。[①] 良好的进餐环境不仅仅指物质环境上的美观、便利，还包括心理环境上的轻松、愉快。婴幼儿进餐时需要一个安静、舒适且愉快的环境。过于嘈杂或紧张的环境可能会影响他们的食欲和进餐效果。此外，婴幼儿的注意力容易分散，喂食时应避免逗弄或引诱他们，以免分散其注意力。

4. 进餐时间的不固定性

由于婴幼儿的胃容量较小且新陈代谢旺盛，他们需要更频繁地进餐。因此，要根据婴幼儿的实际情况灵活安排进餐时间，而不必严格遵循固定的时间表。此外，还要关注婴幼儿的饥饿和饱足信号，并及时回应他们的需求。

5. 对食物的偏好和拒绝

婴幼儿在尝试新食物时可能会表现出明显的偏好或拒绝。这种偏好可能受到食物的味道、质地、颜色或形状等因素的影响。要尊重婴幼儿的选择，不要强迫他们进食不喜欢的食物，而要尝试以不同的方式呈现食物，或者引导他们逐渐接受新的食物。

6. 进餐过程中的情绪表达

婴幼儿在进餐过程中可能会通过表情、动作或声音来表达自己的情绪。例如，当他们感到饥饿时可能会哭闹或表现出急切的表情；而当他们吃饱时可能会表现出满足或愉悦的表情。要密切关注这些情绪表达，以便及时调整喂食策略或给予适当的安抚。

（二）婴幼儿进餐行为的分类

婴幼儿的身心发展特点影响他们的进餐行为。据此可以将婴幼儿的进餐行为分为以下几类。

1. 好奇心和探索欲驱使下的进餐行为

婴幼儿对周围的一切都充满了好奇，食物也不例外。当他们面对新的食物时，往往会先通过观察、触摸甚至闻一闻来探索这个“新事物”。因此，婴幼儿在进餐时，经常会摆弄食物，这是他们满足好奇心的一种方式。为了满足婴幼儿的好奇心

---

① 傅丽君，张捍幸. 优化幼儿的进餐环境［J］. 幼儿教育（教育教学），2011（4）：47.

和探索欲，可以在保证食物安全的前提下，让婴幼儿自由地探索和尝试。这样不仅可以增强婴幼儿对食物的兴趣，还有助于培养他们的自主进餐能力。

2. 依恋情感影响下的进餐行为

婴幼儿对主要抚养者（通常是母亲）有着强烈的依恋情感。这种情感在婴幼儿进餐时也会表现出来，他们往往希望对方能陪伴在自己身边，甚至要求对方喂食。这是因为食物不仅仅满足了婴幼儿的生理需求，还给他们带来了安全感和舒适感。因此，在婴幼儿进餐时应尽量给予陪伴和关注，满足婴幼儿的情感需求。同时，也要逐步引导婴幼儿学会自主进餐，培养他们的独立性。

3. 模仿学习下的进餐行为

模仿是人类的天性，爱模仿也是婴幼儿学习的特点。[①] 特别是在 2—3 岁时，他们的观察和模仿能力超乎人的想象。他们会模仿照护者的行为和动作，包括进餐时的姿势、使用餐具的方式等。因此，照护者的进餐习惯对婴幼儿有着潜移默化的影响。为了培养婴幼儿良好的进餐习惯，照护者需要做好榜样，如在进餐时保持良好的坐姿，正确地使用餐具，避免在婴幼儿面前表现出挑食、偏食等不良习惯。此外，还可以通过与婴幼儿的互动游戏来引导他们学习正确的进餐方式和礼仪。

4. 生理需求和心理需求共同作用下的进餐行为

婴幼儿的进餐行为既受到生理需求的驱动，也受到心理需求的影响。一方面，婴幼儿需要定时定量地摄取营养以满足生长发育的需求；另一方面，他们的进餐行为也受到情绪、好奇心和模仿学习等因素的影响。因此需要综合考虑婴幼儿的生理需求和心理特点，既要保证婴幼儿获得足够的营养和能量，又要尊重他们的个性和需求，避免过度干预或强迫喂食。

二、培养婴幼儿掌握进餐技能的方法

婴幼儿良好进餐习惯的养成需要耐心和细心的引导。通过引导规律进餐、营造良好的进餐环境、鼓励自主进餐、避免强迫进餐、做好榜样示范及给予适当的鼓励和奖励等方法，可以帮助婴幼儿逐渐养成良好的进餐习惯，掌握进餐技能，促进婴幼儿健康成长。

（一）引导规律进餐

1. 设定固定的进餐时间

制作规律的进餐时间表，让婴幼儿逐渐适应并在固定的时间感到饥饿。例如，

① 杨翠美. 家有宝宝在“学”坏［J］. 当代幼教，2012（2）：42-43.

早餐、午餐和晚餐的时间应保持相对一致。这样有助于调整婴幼儿的生物钟，使他们能够在预定的时间产生食欲。

2. 设计合理的进餐量

根据婴幼儿的年龄、体重和活动水平，为他们设定合理的进餐量。避免婴幼儿吃得过多或过少，以免影响他们的消化和营养摄入。可以通过观察和调整，逐渐找到适合婴幼儿的进餐量。

3. 提供营养均衡的膳食

确保婴幼儿的饮食中包含各种必需的营养素，如蛋白质、脂肪、碳水化合物、维生素和矿物质。提供多样化的食物选择，让婴幼儿能够从不同的食物中获取所需的营养（图 1-1-1）。同时，注意食物的口味和质地，以满足婴幼儿的膳食偏好和咀嚼能力。

图 1-1-1　婴幼儿膳食宝塔

（二）营造良好的进餐环境

为婴幼儿创设安静、整洁、愉快的进餐环境，让他们能够专注于食物和进餐过程。避免在进餐时让婴幼儿玩玩具或进行其他分散注意力的活动。

1. 保持进餐环境整洁

确保进餐地点干净、整洁，餐桌和餐椅无污渍、无杂物。这有助于让婴幼儿感受到进餐的正式性和重要性，同时也有助于培养他们的卫生习惯。

2. 营造安静的氛围

在进餐时，避免过于嘈杂的环境，宜关闭电视、手机等设备，让婴幼儿能够专注于食物和进餐过程。安静的氛围有助于婴幼儿更好地品味食物，感受进餐的乐趣。① 在进餐过程中，照护者可以与婴幼儿进行简单的交流，引导他们描述与食材相关的话题，如食物的颜色、形状、味道等，这样有助于提高他们的进餐积极性。

3. 提供舒适的餐椅和餐具

为婴幼儿准备适合他们身高和体型的餐椅，确保他们能够舒适地坐直身体。同时，选择适合婴幼儿使用的餐具，如不易摔碎的碗盘、容易抓握的勺子等，让他们能够轻松愉快地进餐。

4. 给予足够的耐心和理解

在进餐过程中，应避免批评婴幼儿的进餐表现。批评可能会让婴幼儿对进餐产生反感和压力，不利于良好进餐习惯的养成。相反，应给予婴幼儿足够的耐心和理解，鼓励他们逐渐尝试和接受各种食物，这样有利于他们逐渐掌握进餐技能，养成良好的进餐习惯。

（三）鼓励自主进餐

当婴幼儿具备一定的自理能力时，应该为婴幼儿提供自主进餐的学习环境。可以准备适合他们用手抓握的食物，让他们学会自己使用餐具，逐渐培养他们的独立进餐能力。② 自主进餐使婴幼儿的进餐活动更主动、愉快，从而保障其营养摄入。

1. 提供适合婴幼儿抓握的餐具

选择轻巧、易抓握的儿童餐具，如软胶勺子、叉子等，让婴幼儿能够轻松掌握。随着婴幼儿手部协调能力的增强，可以逐渐引入更具挑战性的餐具，如带有凸点的餐具，帮助他们在抓握时更加稳定。

2. 让婴幼儿参与食物的制作过程

可以让婴幼儿参与一些简单的食物制作过程，如择菜、搅拌等。这样不仅能让婴幼儿对食物产生更浓厚的兴趣，还能培养他们的动手能力（图1-1-2）。同时，可以向婴幼儿介绍食物的营养价值，提高他们对健康饮食的认识。

图1-1-2 婴幼儿动手择菜

3. 合理安排食物种类和质地

根据婴幼儿的咀嚼能力和喜好，提供多样化的食物选择。对于较小的婴幼儿，可以提供一些软烂、易咀嚼的食物；对于稍大一些的幼儿，可以逐渐提供更多质地的食物，以满足他们的口感需求。

---

① 李茜. 婴幼儿食育活动中的进餐环节［J］. 早期教育（教育教学），2021（6）：10-11.

② 张亚妹. 生活化教育理念下的幼儿自主进餐活动初探［J］. 教育实践与研究，2023（21）：94-96.

4. 耐心引导和鼓励

婴幼儿在学习自主进餐的过程中可能会出现各种小状况，如洒落食物、弄脏衣物等。要保持耐心，给予他们足够的鼓励和支持。当婴幼儿尝试自主进餐时，无论结果如何，都要及时给予表扬和肯定，让他们获得自主进餐的成就感。

5. 提供模仿和学习机会

婴幼儿的模仿能力非常强，他们会模仿照护者的行为。可以利用这一点，让婴幼儿观察并模仿照护者进餐的方式。在进餐时，可以坐在婴幼儿对面，用夸张的口型和动作示范如何咀嚼和吞咽食物，激发婴幼儿的模仿欲望和学习兴趣。

（四）避免强迫进餐

进餐时教育或批评孩子、强迫或惩罚孩子多吃、对孩子不喜欢食物的态度，均会影响儿童饮食行为习惯的养成。照护者不应该强迫婴幼儿吃他们不喜欢的食物，而应该尊重婴幼儿的口味和选择。可以通过变换食物的做法、搭配等方式，引导婴幼儿尝试不同的食物，逐渐扩大他们的食物范围。让婴幼儿能够从不同的食物中挑选自己喜爱的，增强他们对食物的兴趣。可以通过创意摆盘或制作卡通造型的食物，吸引婴幼儿的注意力，激发他们的食欲。密切关注婴幼儿的饥饿和饱足信号，尊重他们的感受。当婴幼儿表示不饿或不想吃时，可以适当调整进餐计划，避免强迫婴幼儿进食。同时要关注婴幼儿的身体状况和情绪变化，及时调整饮食安排。

（五）做好榜样示范

婴幼儿会学习和模仿照护者的进餐行为，因此照护者应成为婴幼儿的良好榜样，在进餐时展示出正确的进餐姿势、细嚼慢咽等良好的进餐习惯。

1. 维持良好的进餐姿态

照护者在进餐时应该保持端正的坐姿，不斜倚、不趴桌，这样既能保证食物顺利下咽，又能展现出进餐的仪式感。此外，还要注意使用餐具的方式，轻拿轻放，不发出过大的声响，不影响他人的进餐体验。

2. 展示对食物的热爱和尊重

照护者要在婴幼儿面前表现出对食物的热爱和尊重，传递、积极的信息。可以尝试用夸张的表情和动作来表现自己对美食的喜爱，或者向婴幼儿介绍食物的来源、制作方法和营养价值。

3. 提醒婴幼儿细嚼慢咽

照护者在进餐时要提醒婴幼儿细嚼慢咽，充分品味食物的味道，这样有助于婴幼儿形成对食物的正确认知和享受进餐的过程。避免狼吞虎咽或挑食偏食等不良行为，以免给婴幼儿传递错误的信息。当婴幼儿看到其他小朋友表现出良好的进餐行为时，照护者可以引导他们进行观察和模仿。可以说：“你看，哥哥姐姐吃得多好啊，他们细嚼慢咽、不挑食，我们宝贝也可以做到哦！”这样的榜样示范能够激发婴幼儿的模仿欲望，利于他们养成良好的进餐习惯。

4. 引导婴幼儿参与餐前准备

在餐前准备时，照护者可以引导婴幼儿一起参与，如让他们擦桌子、调整桌椅位置、摆放餐具、传递食物等，这样能让他们更好地融入进餐的氛围中，提高进餐积极性。

5. 避免不良进餐习惯

照护者在进餐时要避免一些不良习惯，如边进餐边看手机、大声说话或咀嚼时发出声音等。这些行为不仅会分散注意力，影响食物的消化吸收，也不利于培养婴幼儿专注进餐的习惯。照护者要以身作则，展现出对食物的尊重和对进餐的专注。

6. 适量取食，避免浪费

照护者在取食时要适量，根据自己的饥饿程度和食量来选择合适的分量。避免过量取食造成浪费或给身体带来负担。同时，照护者要引导婴幼儿学会珍惜食物，不随意丢弃或浪费。可以通过讲述食物的来之不易或参与种植、采摘等活动来让婴幼儿更加懂得珍惜粮食的重要性。

（六）给予适当的鼓励和奖励

当婴幼儿表现出良好的进餐习惯时，应该及时给予鼓励和奖励，肯定他们的努力和进步。这可以增强婴幼儿的自信心和积极性，促进他们继续保持良好的进餐习惯。

1. 给予具体明确的表扬

当婴幼儿表现出良好的进餐行为时，如自己拿勺子进餐等，照护者应立即给予具体明确的表扬：“宝贝真棒，能够自己拿勺子进餐了！”照护者在鼓励婴幼儿尝试各种食物时应给予具体明确的表扬，增强他们对新食物的接受度：“宝贝真勇敢，敢于尝试这种新的食物！”具体明确的表扬能让婴幼儿知道自己哪里做得好，从而增强他们的自信心和积极性。

2. 给予适当的奖励

除了口头表扬，照护者还可以给予婴幼儿一些适当的奖励，如贴纸、小红花等。这些奖励可以累积起来，当达到一定数量时，可以兑换一些更大的奖励，如玩具、绘本等。但需要注意的是，奖励应以精神奖励为主，以物质奖励为辅，避免婴幼儿过度依赖物质奖励。

3. 给予温和的鼓励与引导

对于婴幼儿在进餐过程中出现的不足或问题，照护者应以温和的态度进行鼓励和引导。可以说："宝贝这次没吃完没关系哦，下次我们继续努力吧！"或者"宝贝，这种食物很有营养，我们一起来尝一尝吧！"这样的鼓励与引导能够让婴幼儿感受到照护者的关爱与支持，从而更加愿意尝试。

4. 记录并分享婴幼儿的进步

可以记录婴幼儿良好进餐行为的点滴进步，并定期与婴幼儿进行分享和回顾。可以制作一个简单的进步记录表或使用手机拍照、录像等方式记录婴幼儿的进步瞬间（图 1-1-3）。在与婴幼儿分享时，可以说："宝宝你看，这是你之前自己拿勺子进餐的照片、视频，你现在做得越来越好了！"这样的记录和分享能让婴幼儿更加直观地感受到自己的进步和成长。

图 1-1-3　照护者用相机记录婴幼儿进餐

任务实施

任务分析

托育机构照护者应根据婴幼儿进餐的特点与规律，实施进餐照护工作，关注婴幼儿的表现，及时回应婴幼儿的需求，支持婴幼儿良好进餐习惯的养成。

任务操作

掌握进餐技能（24—36 个月的婴幼儿）

1. 准备工作

（1）环境准备：确保用餐环境温馨、安全，光线适宜，避免干扰因素。

（2）物品准备：准备适合婴幼儿的餐具（如小勺子、叉子、易握杯），适龄的食物（考虑质地、大小和营养），防水围兜。

（3）照护者准备：保持仪表整洁、情绪饱满，了解婴幼儿进餐的基本技巧。

（4）婴幼儿准备：身体健康、心情愉悦。

2. 实施步骤

（1）自主探索：鼓励婴幼儿通过多感官协作自主探索食物和餐具，如自由地摸、抓，尝试用勺子。

（2）引导使用餐具：示范如何使用勺子或叉子，并鼓励婴幼儿模仿。适时手把手指导，但注意不要过度干预，尊重婴幼儿的自主性。

（3）鼓励自主进食：逐步减少帮助，鼓励婴幼儿独立完成进食，即使弄脏也无须过分担忧，注意积极肯定婴幼儿的努力。

（4）整理工作：①指导婴幼儿将餐具放到指定位置，如“勺子应该放在碗旁边。”②协助婴幼儿整理用餐环境，培养他们的责任感和整理习惯。

（5）总结和延伸：①对婴幼儿在进餐过程中展现出来的正面行为进行肯定和鼓励，如“宝宝今天用勺子吃得很棒！”②在日常生活中融入相关活动，如玩假装游戏“做饭”，以增加婴幼儿对进餐的兴趣，并巩固进餐技能。

任务评价

完成表 1–1–2 和表 1–1–3。

表 1–1–2　掌握进餐技能任务评估表

项目	主要内容		操作要点	是否做到
准备工作	环境准备	温馨、安全、光线适宜	减少噪声和视线干扰	□是 □否
	物品准备	合适的餐具、适龄的食物、防水围兜	餐具大小适宜、食品卫生	□是 □否
	照护者准备	仪表整洁、情绪饱满，了解婴幼儿进餐的基本技巧	照护者着装整齐、洗手、剪指甲	□是 □否
	婴幼儿准备	身体健康、心情愉悦	婴幼儿自主选择舒适的坐姿	□是 □否
实施步骤	自主探索	鼓励婴幼儿通过多感官协作自主探索食物和餐具，如自由地摸、抓，尝试用勺子	照护者耐心引导婴幼儿进行充分的自主探索	□是 □否
	引导使用餐具	示范如何使用勺子或叉子，并鼓励婴幼儿模仿。适时手把手指导，但注意不要过度干预，尊重婴幼儿的自主性	照护者没有过度干预、包办代替	□是 □否
	鼓励自主进食	逐步减少帮助，鼓励婴幼儿独立完成进食，即使弄脏也无须过分担忧，注意积极肯定婴幼儿的努力	弄脏时，请勿着急进行清理和批评	□是 □否
	整理工作	（1）指导婴幼儿将餐具放到指定位置。 （2）协助婴幼儿整理用餐环境	语言支持等互动策略，如“勺子应该放在碗旁边。”	□是 □否

续表

项目	主要内容		操作要点	是否做到
实施步骤	总结和延伸	（1）对婴幼儿在不同环节展现出来的正面行为进行肯定和鼓励。 （2）引导婴幼儿通过游戏等延伸活动继续探索进餐活动	语言支持等互动策略，如“宝贝今天用勺子吃得很棒！”	□是 □否

表 1-1-3　掌握进餐技能任务综合评价表

评价内容	自我评价	小组互评	教师评价
课堂活动参与度	☆☆☆☆☆	☆☆☆☆☆	☆☆☆☆☆
小组活动贡献度	☆☆☆☆☆	☆☆☆☆☆	☆☆☆☆☆
工作任务完成度	☆☆☆☆☆	☆☆☆☆☆	☆☆☆☆☆

知识拓展

托育机构婴幼儿喂养与营养指南

一、6—24 月龄婴幼儿喂养与营养要点

托育机构应与家庭配合，为实现母乳喂养提供便利条件，尽量采用亲喂母乳喂养。在母乳喂养同时为婴幼儿提供适宜的辅食。

1. 支持母乳喂养

托育机构在妇幼保健机构、基层医疗卫生机构的指导下，做好母乳喂养宣教。按照要求设立喂奶室或喂奶区域，并配备相关设施、设备。鼓励母亲进入托育机构亲喂，做好哺乳记录，保证按需喂养。

2. 辅食添加原则与注意事项

（1）从6月龄开始添加辅食，首选富含铁的泥糊状食物。

（2）鼓励尝试新的食物，每次只引入1种。留意观察是否出现呕吐、腹泻、皮疹等不良反应，适应1种食物后再添加其他新的食物。若婴幼儿出现不适或严重不良反应，及时通知家长并送医。

（3）逐渐调整辅食质地，与婴幼儿的咀嚼吞咽能力相适应，从稠粥、肉泥等泥糊状食物逐渐过渡到半固体或固体食物等。1岁以后可吃软烂食物，2岁之后可食用家庭膳食。

（4）逐渐增加食物种类，保证食物多样化，包括谷薯类、豆类和坚果类、动物性食物（鱼、禽、肉及内脏）、蛋、含维生素A丰富的蔬果、其他蔬果、奶类及奶制品7类。

（5）辅食应选择安全、营养丰富、新鲜的食材，并符合婴幼儿喜好。婴幼儿辅食应单独制作，1岁以内婴儿辅食应当保持原味，不加盐、糖和调味品。制作过程注意卫生，进食过程注意安全。

3. 自带食物管理

如家长要求使用自带食物，托育机构应与家庭充分沟通，并做好接收和使用记录。如使用特殊医学用途婴儿配方食品，家长应提供医生或临床营养师的建议。

4. 顺应喂养

托育机构应根据不同年龄婴幼儿的营养需要、进食能力和行为发育需要，提倡顺应喂养。喂养过程中，应及时感知婴幼儿发出的饥饿和饱足反应（动作、表情、声音等），及时作出恰当的回应，鼓励但不强迫进食。从开始辅食添加起，引导婴幼儿学习在嘴里移动、咀嚼和吞咽食物，逐步尝试自主进食。

二、24—36月龄幼儿的喂养与营养要点

1. 合理膳食

（1）食物搭配均衡，每日膳食由谷薯类、肉类、蛋类、豆类、乳及乳制品、蔬菜水果等组成。同类食物可轮流选用，做到膳食多样化。

（2）每日三餐两点，主副食并重。加餐以奶类、水果为主，配以少量松软面点，分量适宜，不影响正餐进食量。晚间不宜安排甜食，以预防龋齿。

（3）保证幼儿按需饮水，根据季节酌情调整。提供安全饮用水，避免提供果汁饮料等。

（4）选择安全、营养丰富、新鲜的食材和清洁水制备食物。制作过程注意卫生，进食过程注意安全。

（5）食物合理烹调，适量油脂，少盐、少糖、少调味品。宜采用蒸、煮、炖、煨等方法，少用油炸、熏制、卤制等。

2. 培养良好的习惯

（1）规律进餐，每次正餐控制在30分钟内。鼓励幼儿自主进食。

（2）安排适宜的进餐时间、地点和场景，根据幼儿特点选择和烹制食物，引导幼儿对健康食物的选择，培养不挑食不偏食的良好习惯，不限制也不强迫进食。进餐时避免分散注意力。开始培养进餐礼仪。

（3）喂养过程中注意进食安全，避免伤害。不提供易导致呛噎的食物，如花生、腰果等整粒坚果和葡萄、果冻等。

（4）合理安排幼儿的身体活动和户外活动，建议户外活动每天不少于2小时。

三、婴幼儿食育

食育有益于身心健康，增进亲子关系。托育机构与家庭配合开展食育，让婴幼儿感受、认识和享受食物，培养良好进食行为和饮食习惯，感受中华饮食文化。

1. 感受和认识食物

适时引导婴幼儿感受食物，通过视觉、触觉、嗅觉、味觉、听觉等感知食物的色、香、味、质地，激发对食物的兴趣，促进认识食物，接受新食物。可以让幼儿观察或参与简单的植物播种、照料、采摘等过程，并让幼儿参与食物的制备。

2. 培养良好的进食行为和饮食习惯

营造安静温馨、轻松愉悦的就餐环境，引导婴幼儿享受食物，逐步养成规律就餐、专注就餐、自主进食的良好饮食习惯。正确选择零食，避免高糖、高盐和油炸食品。

3. 体验饮食文化

培养用餐礼仪、感恩食物、珍惜食物。结合春节、元宵、端午和中秋等传统节日活动，让幼儿体验中华饮食文化。

节选自《国家卫生健康委办公厅关于印发托育机构婴幼儿喂养与营养指南（试行）的通知》（国卫办人口函〔2021〕625号）

任务二　养成卫生习惯

情境案例

刚进入托育机构工作的小雅老师最近遇到了棘手的问题。小雅老师观察到25个月的多多总是喜欢把手指放到嘴里，26个月的豆豆总爱挖鼻孔，30个月的乐乐吃饭前不愿洗手。于是小雅老师计划根据班上小朋友们的心理发展特点，开展一次养成良好卫生习惯的健康教育活动“爱清洁讲卫生”。小雅老师可以通过哪些方式让小朋友们认识到爱清洁讲卫生的重要性？应该如何指导小朋友们爱清洁讲卫生？在培养婴幼儿良好卫生习惯的过程中需要重点关注哪些环节呢？完成表1-2-1。

表1-2-1　养成卫生习惯工作表单

岗位工作任务： ________________	实施地点： ________________	实施时间： ________________	实施方法： ________________

续表

1. 小雅老师观察到小朋友们在生活中出现了哪些清洁卫生问题？
2. 在培养婴幼儿良好卫生习惯的过程中需要重点关注哪些环节？
3. 自我归纳：小朋友们的表现反映了婴幼儿心理发展中的哪些要点？
4. 有哪些帮助婴幼儿养成良好卫生习惯的方法？

任务描述

此项任务将围绕如何帮助婴幼儿养成良好的卫生习惯展开，涉及了解婴幼儿心理发展特点和指导婴幼儿养成良好卫生习惯的方法。在此项任务中，需要了解清洁卫生习惯在婴幼儿身体发展、认知发展和社会性发展中的重要性，掌握指导婴幼儿养成良好卫生习惯的方法。

任务准备

婴幼儿阶段是养成良好卫生习惯的重要时期，养成良好的卫生习惯是保证身体健康的必要条件，同时也对预防疾病、保障心理健康有重要意义。教育家叶圣陶先生曾说："好习惯养成了，一辈子受用；坏习惯养成了，一辈子吃它的亏，想改也不容易。"由此可见，养成良好的卫生习惯是个体一生身心健康成长的基础。那么应该如何引导婴幼儿养成良好的卫生习惯呢？照护者可以运用专业知识与技能指导婴幼儿学习正确的身体清洁方法，以适宜的回应支持婴幼儿自我清洁卫生能力的发展。

一、养成良好的清洁卫生习惯的意义

0—3 岁是婴幼儿养成良好的清洁卫生习惯的关键期，良好的清洁卫生习惯对婴幼儿身体和心理健康具有深远影响。

（一）卫生习惯与身体健康

卫生习惯与婴幼儿的身体健康息息相关。婴幼儿皮肤薄嫩，皮下血管丰富，渗透作用强，防御机能弱，细菌、病毒、有毒物质等容易通过皮肤进入体内。婴幼儿手、口动作较多，自我控制能力较弱，容易导致病从口入。婴幼儿新陈代谢较快，皮脂腺分泌旺盛，易堵塞毛孔，且皮脂腺易分解为低级脂肪酸刺激皮肤发生溃烂。婴幼儿养成良好的清洁卫生习惯，如勤洗手、洗澡等，有助于减少感冒、腹泻等常见疾病的发生；阻断水痘、手足口等传染病的传播；降低出现皮肤感染等疾病的风险。

婴幼儿乳牙牙釉质的矿化程度低，牙体组织中的无机物含量比恒牙少，因此乳牙一旦发生龋齿，龋坏会进展得非常迅速，较容易发展成为牙髓炎，牙髓炎可通过乳牙的根尖孔蔓延扩散到根尖部的牙槽骨内，甚至影响恒牙的萌出和健康。养成饭后漱口、早晚刷牙等常见的清洁卫生习惯，可以预防婴幼儿龋齿和其他消化系统健康问题的出现，维护婴幼儿身体健康。

（二）卫生习惯与感知觉发展

卫生习惯与婴幼儿感知觉发展密不可分。触觉是婴幼儿认识世界的重要手段，也是婴幼儿获得安全感和心理满足感的重要途径。触觉最主要的通道为口腔觉和肤觉。口腔觉是 0—3 岁婴幼儿探索世界的主要途径。婴幼儿口腔觉的敏锐度比手部触觉的敏锐度更早发展起来。在培养婴幼儿饭后漱口、早晚刷牙等良好的清洁卫生习惯的过程中，让婴幼儿感受水在口腔中的流动、不同温度的水对口腔的刺激，以及牙刷对口腔的刺激、不同味道的牙膏对味蕾的冲击等，均可促进婴幼儿口腔觉的进一步发展。肤觉是指皮肤受到物理或化学刺激所产生的触觉、温度觉和痛觉等皮肤感觉的总称。勤洗手、洗脸、洗头和洗澡等，可使婴幼儿接触不同的水温、不同的洗浴材质，感受水流的快慢缓急、不同的揉搓方法和力度等，进一步提高婴幼儿肤觉的敏感性。

在培养婴幼儿良好的清洁卫生习惯的过程中，还可以增加婴幼儿视觉、听觉、嗅觉、形觉等感知觉发展的多通道输入。例如，照护者在指导婴幼儿正确洗手的过程中让婴幼儿看一看小手脏不脏，小手是不是洗干净了；听一听水流发出的声响，哗啦哗啦、滴答滴答；闻一闻肥皂、香皂、洗手液的味道；感受各种肥皂、香皂的形状、颜色等，促进婴幼儿感知觉的发展。

（三）卫生习惯与自尊心培养

卫生习惯有助于培养婴幼儿的自尊心。整洁的环境可以使婴幼儿感到自己生活在一个值得热爱和珍惜的地方。当婴幼儿感到自己干净、整洁时，他们会更容易提高自尊。如果婴幼儿不重视环境和个人的清洁卫生，可能会感到不安和自卑。因此，良好的清洁卫生习惯对于婴幼儿的自我价值感和自尊心发展至关重要。

（四）卫生习惯与自信心发展

除了自尊心，卫生习惯也可以影响婴幼儿的自信心。养成良好的清洁卫生习惯需要坚持和自律，这种坚持和自律的过程可以培养婴幼儿的自信心。婴幼儿将学会坚持做正确的事情，这将为他们未来的学习和生活奠定坚实的基础。

（五）卫生习惯与社会性发展

卫生习惯还与婴幼儿的社交互动密切相关。拥有良好的清洁卫生习惯可以使婴幼儿更受欢迎，因为其他婴幼儿倾向于与干净、整洁的伙伴互动。不良的清洁卫生习惯可能会导致婴幼儿被孤立和排斥。因此，养成良好的清洁卫生习惯可以促进婴幼儿的社会性发展。

二、指导婴幼儿养成良好的清洁卫生习惯的方法

儿童发展心理学研究表明，良好行为习惯的养成必须从婴幼儿时期开始。婴幼儿卫生习惯教育应以情感教育和培养良好行为习惯为主，注重潜移默化的影响，并贯穿于婴幼儿生活及各项活动之中。照护者在一日生活和活动中应注重对婴幼儿良好行为习惯的培养，使婴幼儿的良好行为内化为自身的素质。另外，照护者还可根据条件，有计划、有目的、有组织地开展清洁卫生习惯养成的游戏活动，促进婴幼儿身心健康成长。要培养婴幼儿良好的清洁卫生习惯有以下几种方法。

（一）榜样示范法

照护者可以利用婴幼儿好模仿的心理特点，通过树立榜样，为婴幼儿示范良好的清洁卫生习惯。照护者在日常生活中要时刻提醒自己以身作则、提高个人修养，成为婴幼儿学习的榜样。身教胜于言传，婴幼儿模仿力较强，尤其喜欢模仿心目中

的偶像。照护者在婴幼儿心目中具有极其重要的地位，作为婴幼儿的模仿对象更应该为他们作表率和示范。例如，照护者在开展食育健康教育活动时，使用了厨房剪刀、菜刀、菜板后立即清洗并放回原处，并且把掉在地上的果皮捡起来扔进垃圾桶里面，照护者边做还可以边讲解，其目的就是通过自身良好行为的示范，潜移默化地感染婴幼儿。

另外，婴幼儿还特别喜欢模仿动画作品中的人物形象和情节，通过这些直接、形象、具体的作品来培养婴幼儿良好的清洁卫生习惯，可以发挥非常好的榜样示范作用。例如，运用动画作品《毛毛镇》中的人物形象和情节为婴幼儿树立榜样。《毛毛镇》是适合婴幼儿观看的环保题材类绘本风格的优秀国产动画作品[①]。在毛毛镇里，经常会受到外界的叮咚（人类世界的垃圾）打扰。生活在毛毛镇的狐狸尖尖、斑马条条、瞌睡象和小鳄鱼及其他小伙伴们开动脑筋将叮咚变废为宝，重新利用，改造成了好玩的玩具和有用的工具，共同努力让它们的世界更美好，同时也收获了成长和友谊的快乐（图 1-2-1）。

图 1-2-1　动画作品《毛毛镇》

（二）渗透教育法

良好清洁卫生习惯的养成需要通过一日生活和活动的各个环节进行随机教育，充分利用婴幼儿无意记忆的特点，潜移默化地渗透清洁卫生好习惯。随机教育是清洁卫生习惯养成的一种十分重要的教育形式，在各类活动中蕴藏着丰富的教育契机，照护者要善于捕捉并运用得当，使婴幼儿的清洁卫生习惯落实到行为上，并逐步内化为个人优秀品质。例如，照护者发现有的婴幼儿不愿意洗手、不知道为什么要洗手，就可以选择绘本《我要洗手》（图 1-2-2）来组织绘本阅读活动。绘本《我要洗手》讲述的是有一位小公主不喜欢洗手，她画完画、摸完小狗、种完花草后都不洗手，而是直接用手拿东西吃。直到有一天，她的肚子疼了起来……听完这个故事，婴幼儿就会明白为什么

图 1-2-2　绘本《我要洗手》

① 国家广播电视总局办公厅. 总局办公厅关于推荐2019年第一季度优秀国产电视动画片的通知［EB/OL］. 国家广播电视总局官网.

要洗手，从而主动洗手。

当婴幼儿处于积极的情绪状态时，他们兴趣强烈，记忆效果比较好。照护者应采取有趣的活动方式，促使婴幼儿乐于洗手、主动洗手。例如，可以通过儿歌提高婴幼儿洗手的乐趣。还可通过顺口溜加深婴幼儿对洗手的记忆：自来水，清又清，洗洗小手讲卫生；饭前便后要洗手，细菌不会跟着走。随机教育贯穿婴幼儿一日活动的方方面面，将清洁卫生习惯的培养渗透进故事、图画、儿歌中，可以使婴幼儿在轻松的氛围中养成良好的清洁卫生习惯。

洗　手

陈少麟曲

（三）表扬激励法

恰当地表扬婴幼儿，能有效地促进婴幼儿良好的清洁卫生习惯的养成。表扬是指在集体中对婴幼儿的某一行为进行肯定、赞扬或奖励等，在婴幼儿集体中营造一种气氛，即集体中的每个婴幼儿都应该讲卫生、爱清洁，谁做到了谁就受欢迎，通过集体舆论来强化、巩固婴幼儿的良好行为习惯。如果照护者在激励婴幼儿良好行为习惯的同时，能对某一不好的清洁卫生习惯、行为动作持明确的否定态度，并进行批评和纠正，那么会有效地减少不良行为习惯的养成。在表扬婴幼儿时要特别注意有针对性地进行具体表扬，这样会让婴幼儿更容易理解，并且知道今后应该怎么做、如何努力。表扬可以是语言的，也可以是非语言的。例如，在婴幼儿洗手时，照护者可以说“豆豆小手洗得真干净，他每次洗手都特别认真。”“看，乐乐洗得多仔细，手心、手背、手腕都仔细地揉搓了一遍。”“多多小朋友洗手时使用了洗手液，他的手可香了。”或者，照护者给予点头、微笑、摸摸头、竖大拇指等非语言的肯定。照护者要不断发现婴幼儿的闪光点，只要一有进步就即时表扬，强化婴幼儿良好的清洁卫生习惯。

（四）图示观察法

以简洁、形象、连续的图示替代传统的示范、讲解等指导方式，引导婴幼儿在反复观察—思考—尝试的过程中，完成新技能、新方法的学习。图示直观、形象、生动、有趣，符合婴幼儿的年龄特点和认知发展水平，容易引起婴幼儿的主动注意，便于婴幼儿领会，利于婴幼儿记忆，从而能够更好地落实清洁卫生习惯养成的目标。例如，照护者在指导婴幼儿如何正确洗手时，可出示色彩鲜明、形象生动、内容有趣的七步洗手法卡通步骤图吸引婴幼儿主动学习、积极模仿（图 1-2-3；还可将七步洗手法卡通步骤图张贴在盥洗室洗手台的上方（图 1-2-4），便于婴幼儿边洗手边观看步骤，起到提示、强化的作用，帮助婴幼儿养成良好的清洁卫生习惯。

图 1-2-3　七步洗手法卡通步骤图

图 1-2-4　盥洗室张贴七步洗手法卡通步骤图

（五）游戏练习法

培养婴幼儿的卫生习惯与自理能力，既离不开感官的参与，又能促进感官的发育。游戏是培养婴幼儿良好清洁卫生习惯的基本方法。在游戏过程中，婴幼儿更容易进入角色，掌握教育内容。通过游戏，婴幼儿能够亲身体验所学到的东西，加深印象，逐步融入日常生活中，养成良好的清洁卫生习惯。例如，通过开展表演游戏“猪小弟变干净了”，婴幼儿明白了小朋友们都乐于和爱干净、讲卫生的小伙伴一起玩，脸脏了要洗一洗，流鼻涕了要擤一擤；看到别的小朋友脸脏了，会学着歌词对他说：“快去洗洗吧。”为婴幼儿讲《小池塘》的故事，婴幼儿会明白，如果每个人都扔一样小东西，池塘就会变成臭水塘。组织婴幼儿一起动手将活动室地板上的纸屑等捡起来扔进垃圾桶。逐渐地，活动室乱扔纸屑的现象明显减少，婴幼儿看见掉在地板上的玩具也能主动捡起来。将教育内容融入生动有趣的游戏中，婴幼儿更容易掌握清洁技能，养成良好的清洁卫生习惯，提升生活自理能力。

（六）家园共育法

婴幼儿良好清洁卫生习惯的养成，要有良好的环境和必要的条件，婴幼儿清洁卫生教育的成功，很大程度上取决于家庭和托育机构的密切配合。我国著名教育家陈鹤琴先生说：“幼稚教育是一种很复杂的事情，不是家庭一方面可以单独胜任的，也不是幼稚园一方面可以单独胜任的，必须两方面结合方能取得充分的功效。”[①]因此，家长工作对于婴幼儿良好清洁卫生习惯的养成至关重要。多数婴幼儿在托育机构能够在照护者的提醒和要求下与同伴在统一行动中保持良好的清洁卫生习惯，但回到家就变成了另一副样子，致使婴幼儿刚刚形成的良好习惯得不到巩固，削弱了教育的效果。婴幼儿自控能力较弱，对初步形成的清洁卫生行为需要反复练习，加以巩固，这就要求家园互相沟通，共同为婴幼儿良好的清洁卫生习惯的养成提供条件。例如，托育机构可以通过“家长开放日”“亲子活动”“家园联系册”等多种形式向家长介绍培养婴幼儿良好清洁卫生习惯的方法及进展情况，介绍科学的教育方法等，提高家庭教育的科学性与针对性。照护者还可利用家长接送婴幼儿的时间，了解婴幼儿在家中的表现，并请家长配合、支持，保持教育的一致性，使婴幼儿良好的清洁卫生习惯得以巩固。

任务实施

任务分析

托育机构照护者应根据婴幼儿的年龄特点，开展培养婴幼儿良好清洁卫生习惯的活动，关注婴幼儿的表现，积极回应婴幼儿，引导婴幼儿养成良好的清洁卫生习惯。

任务操作

养成卫生习惯（24—36个月的婴幼儿）

1. 准备工作

（1）环境准备：温暖安全、光线适宜。

---

① 陈虹.陈鹤琴与活教育［M］.长春：东北师范大学出版社，2010：145.

（2）物品准备：脏小猪图片，儿歌视频，小猪、小白兔、小白鹅头饰。

（3）照护者准备：仪表端庄、情绪饱满。

（4）婴幼儿准备：身体健康、心情愉悦。

2. 实施步骤

（1）活动导入：①照护者出示脏小猪图片，让婴幼儿观察这是一只怎样的小猪；②问题导入，今天猪小弟想去找朋友们玩儿，大家想知道会发生什么事情吗？

（2）活动过程：①照护者播放儿歌视频《猪小弟变干净了》；②针对视频提问题（比如，请婴幼儿说一说猪小弟都遇到了谁？猪小弟对他们说了什么？他们是怎么回答猪小弟的？猪小弟做了什么？猪小弟变干净了吗？小白兔、小白鹅愿意和猪小弟一起玩儿了吗？）；③照护者邀请婴幼儿分角色扮演小猪、小白兔、小白鹅；④照护者请婴幼儿说一说自己是喜欢脏脏的猪小弟还是干净的猪小弟并说明原因。

（3）活动结束：照护者组织婴幼儿一起整理环境。

（4）总结和延伸：“①照护者对婴幼儿在不同环节展现出来的良好行为给予肯定和鼓励，如“豆豆回答得非常正确，猪小弟遇到了小白兔和小白鹅。”“多多听得非常认真，小白兔和小白鹅都说了‘看你多脏啊！快去洗洗吧’。”“乐乐观察得非常仔细，小猪用清清的水洗呀洗，洗得干干净净的。”②照护者要求婴幼儿回家后将《猪小弟变干净了》的故事讲给爸爸妈妈听，做一个爱清洁讲卫生的好孩子，养成良好的清洁卫生习惯。

任务评价

完成表 1-2-2 和表 1-2-3。

表 1-2-2　养成卫生习惯任务评估表

项目	主要内容		操作要点	是否做到
准备工作	环境准备	温暖安全、光线适宜	减少噪声和视线干扰	□是 □否
	物品准备	脏小猪图片，儿歌视频，小猪、小白兔、小白鹅头饰	颜色鲜艳、明朗	□是 □否
	照护者准备	仪表端庄、情绪饱满	照护者着装整齐、洗手、剪指甲	□是 □否
	婴幼儿准备	身体健康、心情愉悦	婴幼儿身心健康	□是 □否

续表

<table>
<tr><th>项目</th><th colspan="2">主要内容</th><th>操作要点</th><th>是否做到</th></tr>
<tr><td rowspan="4">实施步骤</td><td>活动导入</td><td>（1）出示图片引导观察。
（2）问题导入</td><td>照护者注意引导婴幼儿观察小猪是否爱清洁讲卫生</td><td>□是
□否</td></tr>
<tr><td>活动过程</td><td>（1）播放视频。
（2）针对视频提问。
（3）角色扮演。
（4）引导表达</td><td>（1）照护者注意引导婴幼儿观察猪小弟前后的区别。
（2）照护者注意针对语言表达能力较弱的婴幼儿进行提示</td><td>□是
□否</td></tr>
<tr><td>活动结束</td><td>整理环境</td><td>照护者注意提醒婴幼儿保持环境卫生</td><td>□是
□否</td></tr>
<tr><td>总结和延伸</td><td>（1）肯定和鼓励。
（2）家园共育</td><td>语言支持等互动策略，如：“豆豆回答得非常正确，猪小弟遇到了小白兔和小白鹅。”“多多听得非常认真，小白兔和小白鹅都说了‘看你多脏啊！快去洗洗吧’。”</td><td>□是
□否</td></tr>
</table>

表 1-2-3　养成卫生习惯任务综合评价表

评价内容	自我评价	小组互评	教师评价
课堂活动参与度	☆☆☆☆☆	☆☆☆☆☆	☆☆☆☆☆
小组活动贡献度	☆☆☆☆☆	☆☆☆☆☆	☆☆☆☆☆
工作任务完成度	☆☆☆☆☆	☆☆☆☆☆	☆☆☆☆☆

知识拓展

生活与卫生习惯保育要点

托育机构保育工作应当遵循婴幼儿发展的年龄特点与个体差异，通过多种途径促进婴幼儿身体发育和心理发展。保育重点应当包括营养与喂养、睡眠、生活与卫生习惯、动作、语言、认知、情感与社会性等。

（一）目标

（1）学习盥洗、如厕、穿脱衣服等生活技能。

（2）逐步养成良好的生活卫生习惯。

（二）保育要点

1. 7—12个月

（1）及时更换尿布，保持臀部和身体干爽清洁。

（2）生活照护过程中，注重与婴儿互动交流。

（3）识别及回应婴儿哭闹、四肢活动等表达的需求。

2. 13—24个月

（1）鼓励幼儿及时表达大小便需求，形成一定的排便规律，逐渐学会自己坐便盆。

（2）协助和引导幼儿自己洗手、穿脱衣服等。

（3）引导和帮助幼儿学会咳嗽和打喷嚏的方法。

3. 25—36个月

（1）培养幼儿主动如厕。

（2）引导幼儿餐后漱口，使用肥皂或洗手液正确洗手，认识自己的毛巾并擦手。

（3）鼓励幼儿自己穿脱衣服。

（三）指导建议

（1）保持生活场所的安全卫生，预防异物吸入、烧烫伤、跌落伤、溺水、中毒等伤害发生。

（2）在生活中逐渐养成婴幼儿良好习惯，做好回应性照护，引导其逐步形成规则和安全意识。

（3）注意培养婴幼儿良好的用眼习惯，限制屏幕时间。

（4）注意培养婴幼儿良好的口腔卫生习惯，预防龋齿。

（5）在各生活环节中，做好观察，发现有精神状态不良、烦躁、咳嗽、打喷嚏、呕吐等表现的婴幼儿，要加强看护，必要时及时隔离，并联系家长。

节选自《托育机构保育指导大纲（试行）》（国卫人口发〔2021〕2号）

任务三　培养如厕能力

情境案例

小雅老师班里一名28月龄的女孩苹果，最近想要自己坐马桶小解，小雅老师与苹果妈妈反馈后决定让苹果开始学习自主如厕。经过多次引导，苹果能在班级如厕环节自行坐马桶解小便，没有出现尿湿衣裤的情况。周末返园，苹果在班里频繁表示要上厕所，频率高达每5分钟一次，小雅老师觉得很反常。于是当天中午就与苹果妈妈电话联系，了解苹果周末在家的情况，苹果妈妈表示一切正常。下午，小雅老师与苹果沟通尝试缓解她的焦虑，苹果对小雅老师说："不能尿裤子，妈妈会不开心"。放学时，小雅老师跟苹果妈妈进行了面对面沟通，苹果妈妈回忆起周末在家询问苹果要不要上厕所时，苹果说不要，但是不超过 1 分钟苹果就尿湿了裤子，连续两次后，苹果妈妈有点不高兴，但并没有严厉责骂。于是，小雅老师和苹果妈妈分析苹果频繁上厕所的原因可能是通过妈妈的语气和面部表情感受到尿湿裤子是一件让人不愉快的事，担心再惹大人生气。

小雅老师指导苹果妈妈在家里应减少提示上厕所的次数，特别是在苹果专注玩玩具的时候不要打断。如果苹果尿湿了裤子，妈妈要心态平和，给苹果换掉即可。在班级里，小雅老师也告诉苹果刚刚去过厕所了，可以放心玩游戏，尿湿裤子没关系，老师换掉就好了。一周后，苹果在班级里不再频繁表示要上厕所了。小雅老师在进行如厕指导时遇到了哪些问题？在如厕指导过程中需要重点关注哪些环节？苹果的表现反映了婴幼儿在如厕过程中的哪些心理发展要点？完成表 1-3-1。

表 1-3-1　培养如厕能力工作表单

岗位工作任务：______	实施地点：______	实施时间：______	实施办法：______
1. 小雅老师在进行如厕指导时遇到了哪些问题？ ______ ______ ______			
2. 在如厕指导过程中需要重点关注哪些环节？ ______ ______ ______			
3. 自我归纳：苹果的表现反映了婴幼儿在如厕过程中的哪些心理发展要点？ ______ ______ ______			
4. 还有哪些科学指导婴幼儿如厕的方法？ ______ ______ ______			

任务描述

此项任务将围绕如何指导婴幼儿学习如厕这项生活技能展开，涉及掌握婴幼儿如厕中的学习与发展特点及组织如厕活动。在此项任务中，需要了解婴幼儿如厕能力的学习过程对身体发展和心理发展的重要性，掌握科学的指导方法。

任务准备

如厕能力是婴幼儿基本的生活自理能力之一。《托育机构保育指导大纲（试行）》在保育工作和目标中明确要求婴幼儿需学习如厕生活技能，并指出不同年龄段如厕指导的要点：7—12个月，及时更换尿布，保持臀部和身体干爽清洁；13—24个月，鼓励幼儿及时表达大小便需求，形成一定的排便规律，逐渐学会自己坐便盆；25—36个月，培养幼儿主动如厕。由此可见，婴幼儿需通过成人指导，逐步培养自主排便、控制自己的尿意和便意的能力，这个过程称为如厕训练或如厕学习。如厕学习是婴幼儿成长中的一个重要环节。那么应该如何培养婴幼儿的如厕能力呢？照护者应掌握婴幼儿如厕能力发展的规律和特点，以科学适宜的方法支持婴幼儿如厕能力的发展。

一、如厕能力培养与婴幼儿身心发展

如厕学习需要婴幼儿身体机能、认知水平、社会情感等的发展达到一定的水平才能进行，是一个循序渐进的过程。同时，如厕能力也是婴幼儿人生中第一项通过有意识地学习而获得的生活技能，是婴幼儿迈向独立的第一步。医学和心理学相关研究表明，培养婴幼儿良好的如厕能力，不仅影响着婴幼儿今后的生理健康，而且会对婴幼儿未来人格的发展产生重要的影响。照护者只有了解如厕背后婴幼儿身体发展和心理发展的特点，才能科学引导，帮助婴幼儿顺利发展此项能力。

（一）如厕能力与身体健康

0—3岁婴幼儿身体发育速度快、期间每个年龄段能力差异大，如厕能力发展对身体机能达到成熟有一定要求，也是生长发育准备就绪后的结果。医学研究表明，过早或用错误的方式训练如厕都会影响婴幼儿身体健康。

排便是一个复杂的生理过程。膀胱在大脑和相关神经的控制下收缩使小便排出。但是1岁以前的婴儿膀胱肌肉层较薄，弹力组织发育还不完善，储尿机能差，神经系统也尚在发育之中，无法对排尿进行自如控制和调节，且餐食主要是流质类（奶液和辅食），所以每日排尿次数多达10次或以上。粪便在直肠充盈，饭后胃平滑肌运动对肠道形成

刺激，粪便对直肠壁形成的压力让肛门肌肉舒张。同时神经反射作用刺激腹肌产生挤压和下逆运动使粪便排出，但婴儿的下逆运动是一种不由自主的机械性运动，需等到婴幼儿直肠括约肌和膀胱括约肌发育成熟后才能自主排便。[①] 把尿不利于婴儿膀胱储尿功能的发育，也会增加长大后神经性尿频和患痔疮的概率。1 岁半以后的幼儿动作能力进一步发展，能自如地蹲站，稳定地独立行走，这些变化也促进着婴幼儿如厕能力的进步：1 岁后的幼儿大便逐渐规律；1.5—2 岁时，幼儿的排便逐步有规律，会模仿成人坐马桶的动作；2 岁时开始能用动作或简单词语表达自己如厕的需求；2—3 岁时，幼儿在白天已经逐步能控制排便，但偶会失控，需要照护者提醒如厕；3—4 岁时，幼儿学会主动自主如厕，白天可不使用尿不湿，但可能还需要成人帮助穿脱裤子和擦屁股。

综上所述，照护者遵循婴幼儿发展规律，理解 0—3 岁婴幼儿不同阶段的如厕特点，用科学的方法培养婴幼儿良好的如厕能力，养成良好的卫生习惯，有利于婴幼儿身体健康发展。

（二）如厕能力与信任感

美国心理学家埃里克森的人格发展理论认为人在 0—1.5 岁主要面临心理发展中信任与怀疑的冲突问题，此阶段是建立信任感的关键时期，对未来形成安全型人格，发展人际关系至关重要。在这个阶段，婴幼儿能否发展出信任感，主要取决于照护者能够在多大程度上满足婴幼儿的各种需求。[②] 托育中心婴幼儿如厕需求频繁，特别是乳儿班的婴儿尚无生活自理能力，照护者每天给班级婴幼儿更换尿布是一项频繁又琐碎的工作，但这也是与婴幼儿一对一互动建立信任的绝佳时机。例如，更换尿布时，照护者要保持平和，可以温柔地看着婴幼儿，轻声地说："宝宝不哭，我马上给你换，你就会舒服了。""宝宝，我们正在洗屁股，热水暖暖的，是不是很舒服。""宝宝小屁股抬起来了，配合得真好，我们换好了。"照护者用语言描述换尿布的动作过程，可以让婴幼儿直观地感受如厕的步骤。在这个过程中，照护者情绪稳定，保持耐心不急躁，用眼神、表情、动作和语言积极回应婴幼儿的需求，也能让婴幼儿感受到"我是被看见、被回应、被关爱的人"，有助于与照护者信任关系的形成，从信任身边的照护者到慢慢建立对周围环境的信任感，形成充满希望和安全感的良好人格。

（三）如厕能力与自主性发展

随着身体机能的发展，1 岁半后的幼儿能爬走自如，他们对世界充满好奇、渴望去探索尝试。埃里克森的人格发展理论认为 1.5—3 岁的幼儿处于人格发展的第二阶

① 黄小莲. 婴幼儿如厕训练的合理性思考［J］. 学前教育研究，2012（6）：54.

② 冯夏婷. 透视 0—3 岁婴幼儿心理世界：给教师和家长的心理学建议［M］. 北京：中国轻工业出版社，2016：175.

段——儿童早期，主要面临自主与羞愧的心理冲突。这个阶段，大多数幼儿产生了“自主性”意识，想要通过更多自己操作的机会来感受自己的能力，获得强烈的自我操控感。[①] 反之，就会产生羞愧和怀疑，对自己想做的事感到不确定，变得依赖他人。可以通过哪些方式促进婴幼儿自主性发展呢？其实从生活教育开始，如厕学习就是重要的契机。当婴幼儿从需要照护者换尿不湿到自己穿脱拉拉裤；从需要照护者协助打开马桶盖到自己在小马桶上坐稳解便；从需要照护者提醒冲水到便后自己按下开关冲走排泄物；从照护者提醒排便到能感受到便意自己走向盥洗室……婴幼儿开始按自己意志大小便，掌握了自主如厕的生活技能，逐渐获得“我可以做到”的意志力，从而开始真正迈向自主独立。

（四）如厕能力与主动性发展

婴幼儿主要通过行动和成人的回应建立哪些事情可以做、哪些事情不被允许做的概念。如果主动行为得到了成人的鼓励，婴幼儿就会形成主动性，为成为一个有目标、有责任感的人奠定基础。但是如果婴幼儿在主动行为中被否定，他们会自我怀疑，逐渐失去主动感。一名 2 岁的男孩主动去小便池排便，却把尿洒到地面，这时照护者的责骂会让他形成紧张恐惧感，认为自己没有能力做好，从而可能导致出现减少主动如厕或依赖尿不湿的倒退行为。如果一名 3 岁多的幼儿已逐步完成如厕学习，学会了用正确的方式主动如厕，那么他们会获得更多外界的积极肯定，这让他们相信自己是有能力完成的，产生高度的“自我效能感”，从而愿意主动地应对未来学习生活中的更多挑战。

（五）如厕能力与自理能力发展

如厕能力与婴幼儿的自理能力发展息息相关。婴幼儿进行如厕需要完成以下步骤：需求判断、使用便器、脱裤子、排便、擦拭、穿裤、冲厕所、洗手和擦手。每个步骤看似简单，但都是 0—3 岁婴幼儿需要日常反复练习才能掌握的经验。照护者可在一日生活中观察婴幼儿自理能力发展情况，适时地进行引导，帮助其积累经验，从而获得正确的如厕技能。

如厕技能的获得对婴幼儿身心发展有着深远的影响。照护者应该掌握科学有效的引导方法，帮助婴幼儿顺利完成如厕学习。

二、培养婴幼儿良好如厕能力的方法

如厕学习需要照护者做好充分的知识准备、心理准备和物质准备。在婴幼儿身

① 文颐. 婴儿心理与教育（0~3 岁）[M]. 2 版. 北京：北京师范大学出版社，2015：39.

体条件达到、情绪状态良好的基础上，照护者可以有计划、有目的、有组织地开展如厕习惯养成的活动，让婴幼儿对如厕学习产生积极的期待情绪，促使婴幼儿身心健康成长。照护者可以采用以下几种方法培养婴幼儿良好的如厕能力。

（一）识别如厕信号

过早地开始如厕学习不利于身体健康，也容易使婴幼儿产生心理负担，还会导致亲子关系紧张。苏苏是托育中心托大班的一名保育师，她分享了自己班级中的一个案例。一名2岁半的幼儿一直不愿意尝试坐小马桶，并且表现出抗拒接近的行为。苏苏和家长沟通后了解到，这名幼儿早期由奶奶带养，在1岁4个月刚学会走路时正值春日天气渐暖，奶奶想给他脱掉尿不湿，就在家训练过大小便。但期间幼儿频繁出现尿裤子、床单等情况，每次奶奶都会吼骂责怪，导致至今幼儿在家也不愿意坐小便盆。幼儿在过早开始的如厕学习中产生了不愉快的情绪体验，导致在心理上对如厕学习产生了恐惧，对便盆、马桶等物品表现出抗拒行为。所以如厕学习开始的时间很重要，过早或过晚都会影响身心发展。何时开始如厕学习，照护者应根据幼儿发出的以下信号来确认[①]。

（1）身体动作发展：能蹲站自如切换，独立平稳行走，婴幼儿的括约肌发展趋于成熟。

（2）认知能力发展：幼儿说话喜欢以“我”来开始，说明开始有自我独立意识。大脑控制能力发展，自觉产生“我要尿尿”“我要便便”的意识。

（3）语言能力发展：幼儿能听懂照护者的话，了解一些简单的如厕用语，知道“臭臭”“粑粑”“尿尿”的意思。在大小便前后，能用简单的动作或词语表达“尿尿”或“换尿布”等。

（4）生活自理能力：有了较稳定的如厕习惯，如大便开始有规律，白天有较长时间（2~3小时）尿不湿能保持干爽，说明幼儿的膀胱控制能力正在提高。日常能自己脱下拉拉裤或轻薄的裤子。

（5）社会情绪发展：开始模仿大人如厕的动作，乐意坐上便盆；尿不湿有尿或粑粑后，会表现出不舒服的状态。

许多数据和研究表明，婴幼儿接受如厕学习的时间集中在1.5—2岁。[②]

（二）重视家园沟通

当捕捉到婴幼儿的如厕信号后，照护者就可以开始制订如厕计划了。但在计划实施前，一定要与家长沟通到位，避免家园如厕指导方式不同频。例如，有幼

① 王潇，吕红，杨薇薇. 婴幼儿发展引导［M］. 北京：中国人民大学出版社，2023：91.

② 罗斯德蒙. 可怕的两岁［M］. 张凯飞，侯卫蔚，译. 北京：北京科学技术出版社，2017：167.

儿在班级白天已脱掉尿不湿，由照护者定时提醒到盥洗室如厕。但周末回家，家长太忙或觉得尿湿太麻烦又在家给幼儿穿着尿不湿。这就会导致前期努力建立的习惯规律被打破，周一返园后又出现倒退行为，让如厕学习时间拉长甚至导致如厕学习失败。这不利于如厕生活技能的养成，也容易在婴幼儿心理上造成挫败感。

在婴幼儿 1 岁半左右时，托育机构就可以通过家长主题讲座、园区宣传栏、日常沟通等方式，让家长了解婴幼儿如厕的科学知识，避免家庭过早或采用错误的方式进行如厕指导。随着婴幼儿成长，当照护者捕捉到婴幼儿出现如厕信号时，需和家长沟通好具体开始如厕的时间，建议选择家长近期周末或假期都能在家陪伴指导的时间段；提前告知家长如厕学习期间的注意事项和指导要点；开始训练后第一周，每日要和家长保持沟通，同步婴幼儿如厕的情况，以便及时做好引导；照护者可将婴幼儿如厕能力学习的过程做好观察记录，父母也能透过记录感受到婴幼儿在托育机构科学照护下的成长。

重视如厕中的家园沟通，双方做好积极配合，能让幼儿的如厕学习在短时间内更顺利完成。

（三）激发婴幼儿如厕兴趣

婴幼儿对“去盥洗室便便”感到好奇和充满兴趣，能让如厕学习顺利开启。照护者可以在一日活动中，通过适宜的游戏活动、绘本阅读等增进婴幼儿对如厕行为的认知，从而对如厕产生兴趣，激发主动如厕的意愿。照护者可以在班级游戏活动中融入如厕场景。例如，在娃娃家中摆放玩具便盆、拉拉裤和洋娃娃等相关的物品，吸引婴幼儿模仿生活场景，帮助洋娃娃脱掉拉拉裤，坐在便盆上排便，学说“嘘嘘”“粑粑”“尿尿”等与如厕相关的词语，在寓教于乐中为婴幼儿发展如厕能力提供前期经验。

如厕的过程涵盖了自理能力培养和社会礼仪知识的习得，照护者可以通过相关主题的绘本，用故事的形式让婴幼儿了解学习。例如，绘本《娜娜拉便便》（图 1-3-1）是一本适合托育机构婴幼儿如厕学习的绘本。照护者可通过图画讲解娜娜如厕的步骤，描述盥洗室常见的物品和使用方法，增进婴幼儿对如厕的认知。婴幼儿自主阅读时，还可以摆弄书中的机关，帮娜娜放马桶圈、冲水、便后洗手，以此引导婴幼儿学习如厕的步骤，使婴幼儿在互动操作中对如厕更添兴趣。一日生活中，婴幼儿容易出现因沉浸在游戏中而憋尿的情况，绘本《尿裤子》（图 1-3-2）讲述了波西和皮普在家里玩耍时，皮普因贪玩而尿裤子后，波西帮助皮普清理并安慰朋友“谁都会出点小差错”，皮普吸取教训记得及时如厕的故事。用绘本中的故事场景帮助婴幼儿建立“不憋尿及时如厕”的常规，也能

图 1-3-1　绘本《娜娜拉便便》

图 1-3-2　绘本《尿裤子》

通过波西对朋友发生意外时表现出的安慰和包容，减少婴幼儿对尿裤子的不安和羞愧。

0—3 岁婴幼儿处于语言发展期，喜欢韵律性强的儿歌，照护者可以把如厕习惯融入儿歌童谣中加深婴幼儿的记忆，如儿歌《小花猫》：小花猫，喵喵叫，有尿贪玩不去尿；小花猫，你别叫，贪玩憋尿可不好；小花猫，眯眯笑，赶快跑到厕所尿。照护者还可以融入小花猫的动作和声音，利用婴幼儿好模仿的特点，促进婴幼儿对如厕中正确行为的学习。

（四）创设良好如厕环境

婴幼儿在与周围环境刺激的相互作用中获得经验。班级的空间环境也是无声的老师，是婴幼儿观察模仿学习的媒介之一。婴幼儿的学习发生在一日生活中，环境育人的功能也需要全方位地融入婴幼儿的一日生活。[①] 照护者可以把与如厕相关的主题融入班级环境创设中。例如，照护者可以通过如厕学习的主题墙（图 1-3-3）激发婴幼儿对如厕学习的兴趣，使婴幼儿产生对小便盆和小内裤的好奇心，对自己能上厕所这件事产生美好的憧憬。许多男宝宝在初学小便时，容易将小便排到便池外。照护者可以创设游戏化的情境，如在小便池内绘制小火苗的图案，吸引男宝宝“浇灭”小火苗（图 1-3-4），能有效减少尿到便池外的情况。在如厕常规建立方面，可以把男生和女生的如厕卡通步骤图贴在盥洗室便池旁（图 1-3-5 和图 1-3-6），吸引婴幼儿如厕时反复观察—模仿—尝试，减少照护者口头说教。伴随着婴幼儿自主如厕能力的提升，照护者可以在便池旁粘贴小便颜色识别图（图 1-3-7）和便便形状观察图（图 1-3-8），让婴幼儿通过观察对比尿液颜色、大便的形态养成主动喝水的好习惯，减少便秘等不健康情况发生。

① 王兴华. 托育机构环境创设［M］. 北京：北京师范大学出版社，2023：18.

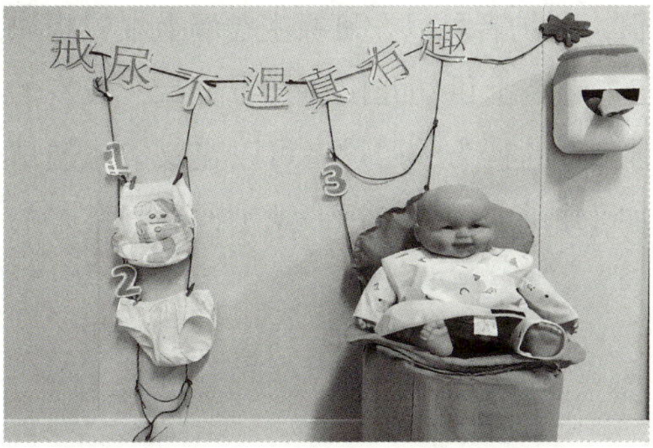

图 1-3-3　如厕学习主题墙

图 1-3-4　小便池灭火场景图

图 1-3-5　女生如厕卡通步骤图

图 1-3-6　男生如厕卡通步骤图

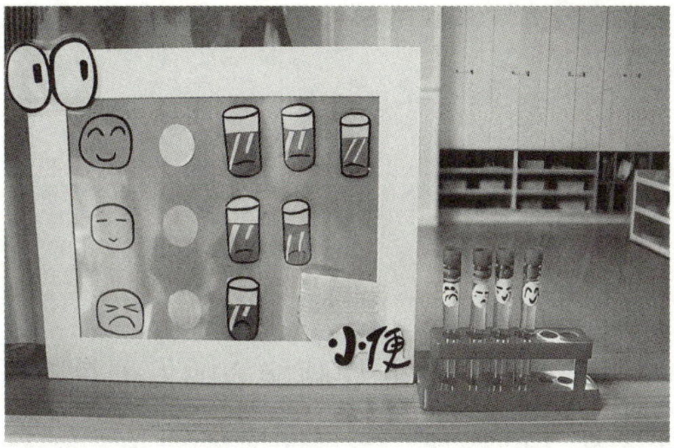

图 1-3-7　小便颜色识别图

图 1-3-8　便便形状观察图

（五）模仿示范榜样

爱模仿是婴幼儿突出的特点。瑞士儿童心理学家皮亚杰研究发现，幼儿在 1—2 岁开始出现“心理表象”时，出现了“延迟模仿”。随着智力的发展，智力的或“心理”的模仿也较以前增加。[①] 婴幼儿喜欢模仿他人的动作和行为，并通过模仿进行学

① 洪秀敏. 学前儿童发展心理学［M］. 北京：中国人民大学出版社，2022：209.

习。1 岁半的幼儿会被其他同伴的行为所吸引，照护者可以在班级主题墙上设置板块“我长大了”，将幼儿正确如厕的照片张贴在主题墙上供幼儿模仿学习。2.5—3 岁的幼儿对性别产生兴趣，喜欢观察模仿同性别父母的行为，照护者可以建议父母邀请与自己同性别的幼儿观察自己如何使用卫生间并讲解相关知识，满足他们好奇心的同时，让他们在模仿中习得如厕技能。

（六）给予婴幼儿积极鼓励

如厕学习看似简单，但是其中每个环节对婴幼儿而言都是需要经过漫长学习的大挑战，需要照护者认真观察并给予积极鼓励，如利用过渡环节在集体面前表扬当日如厕学习有进步的婴幼儿，让其体会如厕的舒心和成就感。对于婴幼儿偶尔出现的倒退行为，不要生气或嘲讽，要正面回应婴幼儿，如“没关系，尿在裤子上是不是感觉湿答答的，宝宝也不舒服，我马上给你换，下次想尿尿记得去找小马桶哦”。一些婴幼儿喜欢在大便后观察自己的粪便，有时还把大便的形状描述成“小山”“乌龟”“饼干”……这是婴幼儿发现自己的创造物后的一种好奇心理，如果照护者嫌弃地回应“又脏又臭，赶紧冲了”，婴幼儿会怀疑自己的创造物不被喜欢认可，容易陷入自我怀疑。这时，照护者要理解婴幼儿心理，肯定幼儿的描述“真的很像饼干，你瞧，是不是平时好好吃饭不挑食，粑粑都变得像饼干啦”。给予婴幼儿积极的鼓励，能让他们感受到自己的行为是积极的，也能更好地体验如厕过程带来的愉快情绪，更顺利地完成如厕学习。

任务实施

任务分析

托育机构照护者应根据婴幼儿的年龄特点，观察婴幼儿如厕能力的发展情况，开展培养婴幼儿良好如厕习惯的活动，关注婴幼儿的表现，积极回应婴幼儿，使婴幼儿养成良好的如厕习惯。

任务操作

培养如厕能力（24—36 个月婴幼儿）

1. 准备工作

（1）环境准备：干净、整洁、安全、温湿度适宜。

（2）物品准备：便盆 1 个、幼儿仿真模型、纸巾、小内裤 1 条、长裤 1 条、签字笔 1 支、记录本 1 本。

（3）照护者准备：仪表端庄、情绪饱满，具备正确指导幼儿如厕的操作技能和相关知识。

（4）幼儿准备：有如厕意愿、心情愉悦。

2. 实施步骤

（1）如厕前准备：①幼儿了解如厕流程，具有如厕学习的热情；②照护者收到幼儿发出的“排便信号”。

（2）如厕指导：照护者示范并指导幼儿采用正确的方法如厕。①带领幼儿前往盥洗室；②幼儿脱裤子；③引导幼儿坐上便器；④排便；⑤清洁屁股；⑥整理衣物，洗手。

（3）整理记录：①照护者检查整理用物；②照护者记录照护措施及幼儿情况。

（4）总结和延伸：①照护者要观察婴幼儿在如厕环节中的能力发展情况，并据此给予幼儿自己动手操作的机会，提升自理能力，如鼓励幼儿自己按下冲水按钮、自己脱裤提裤等；②照护者应对幼儿在如厕环节展现出来的进步给予肯定和鼓励，如“果果现在能自己到小马桶上解便了，真是像小哥哥一样长大了”“妞妞能自己脱裤子了”“豆豆能便后自己冲水，让小马桶变得干干净净啦”；③照护者对幼儿如厕能力发展情况做好记录，及时和家长沟通，家园同步巩固练习。

任务评价

完成表 1-3-2 和表 1-3-3。

表 1-3-2　培养如厕能力任务评估表

项目	主要内容		操作要点	是否做到
准备工作	环境准备	干净、整洁、安全	温湿度适宜	□是 □否
	物品准备	便盆 1 个、幼儿仿真模型、纸巾、小内裤 1 条、长裤 1 条、签字笔 1 支、记录本 1 本	无损坏、松动	□是 □否
	照护者准备	仪表端庄、情绪饱满	具备正确指导幼儿如厕的操作技能和相关知识	□是 □否
	幼儿准备	有如厕意愿、心情愉悦	无惊恐、焦虑	□是 □否
实施步骤	如厕前准备	幼儿了解如厕流程，具有如厕学习的热情	可用绘本或故事讲解描述	□是 □否

续表

项目	主要内容		操作要点	是否做到
实施步骤	如厕前准备	照护者收到幼儿发出的“排便信号”	询问或观察幼儿	□是 □否
	如厕指导	（1）带领幼儿前往盥洗室。 （2）幼儿脱裤子。 （3）引导幼儿坐上便器。 （4）排便。 （5）清洁屁股。 （6）整理衣物，洗手	（1）照护者注意在指导时观察幼儿能力发展，鼓励幼儿自己操作，锻炼幼儿自理能力。 （2）指导过程中保持耐心，不可动作粗暴、催促幼儿	□是 □否
	整理记录	（1）照护者检查整理用物。 （2）照护者记录照护措施及幼儿情况	（1）如厕后整理好使用的物品和环境。 （2）观察幼儿排便情况，及时做好完整的情况记录	□是 □否
	总结和延伸	（1）照护者要观察幼儿在如厕环节中的能力发展情况，并据此给予幼儿自己动手操作的机会，提升自理能力。 （2）照护者应对幼儿在如厕环节展现出来的进步给予肯定和鼓励。 （3）照护者对幼儿如厕能力发展情况做好记录，及时和家长沟通，家园同步巩固练习	（1）注重观察幼儿如厕时的行为发展，耐心等待幼儿自己操作，如自己脱裤提裤。 （2）语言互动策略：“果果现在能自己到小马桶上解便了，真是像小哥哥一样长大了”“妞妞能自己脱裤子了”“豆豆便后自己能冲水，让小马桶变得干干净净”	□是 □否

表1-3-3　培养如厕能力综合评价表

评价内容	自我评价	小组互评	教师评价
课堂活动参与度	☆☆☆☆☆	☆☆☆☆☆	☆☆☆☆☆
小组活动贡献度	☆☆☆☆☆	☆☆☆☆☆	☆☆☆☆☆
工作任务完成度	☆☆☆☆☆	☆☆☆☆☆	☆☆☆☆☆

知识拓展

婴幼儿照护的基本原则

1. 顺应成熟性原则

成熟势力理论表明：婴幼儿早期发展依赖于身体各部分的成熟度。尊重婴幼儿的首要前提就是尊重婴幼儿的成熟时间表，顺应其发展规律。婴幼儿的发展是在成熟和新经验中获得的，而经验的获得是以成熟为前提的，发展就是在成熟和经验的作用下实现的。照护者要关注婴幼儿个体自身成熟的顺序与内容，注重发展过程，使婴幼儿的潜在能力得到最大程度的开发。在日常照护中要遵循各年龄段婴幼儿的照护规律，通过适宜的环境和有趣的活动，帮助婴幼儿实现具有一定挑战性且符合年龄特点的发展目标，注意抓住成熟的时机，并加以引导，使婴幼儿自然发展、健康成长。

2. 过程融合性原则

教育家陶行知指出："全部的课程包括全部的生活，一切课程都是生活，一切生活都是课程。"婴幼儿的发展是一个整体，照护者要关注婴幼儿成长发展的整体性和连续性，注重各领域之间、目标之间的相互渗透和整合，认识到婴幼儿的发展是在多种智力的关系中实现的，提倡婴幼儿身心协调发展，而不应片面追求某一方面或几方面的发展，同时也要避免训练的片面性和刺激的单一性。例如，在诱发婴幼儿翻身的过程中，不单单是给婴幼儿提供运动的刺激，也不是动作的单一训练，而是同时包含视觉和听觉引导下的认知因素，沟通互动时的情感与社会性因素等。照护者在养育过程中要为一日生活的各个环节均赋予教育的意义，坚持以养为主，养中有教，教养合一，让婴幼儿在自然的生活中获得健康、和谐的发展。

3. 发展差异性原则

多元智能理论强调：就个体而言，完整发展不等于各个方面均衡发展和匀速发展，不同婴幼儿具有不同的发展优势和发展特点。同一名婴幼儿在不同的发展领域具有差异，在同一发展领域的不同阶段也具有差异。照护者要尊重婴幼儿在身体发育、健康、运动、认知、语言、情感与社会性等方面的个体差异，了解每名婴幼儿的特点和家庭教养方式，在观察和深入了解每名婴幼儿的基础上实施有针对性的照护，促进婴幼儿富有个性地发展。

4. 适时引导性原则

心理学、教育学的研究证明，婴幼儿在语言、动作、空间知觉及感知觉等方面的发展，都存在敏感期。脑科学的研究也证实了这一点，并形象地称其为"机会之窗"。什么时候是促进婴幼儿某一行为的最佳时期？如何进行刺激？发展心理学提供了儿童发展的一般规律和具体行为发展时间表，但在实践中，照护者很难把握每一种能力获得的确切敏感期，因为婴幼儿具有个体差异。这就要求照护者具备敏锐的观察力，对婴幼儿的经验机会保持高度敏感：善于从日常生活和游戏中观察、了解每名婴幼儿，发现他们的身心发展水平、气质个性特点等，充分利用日常生活和游戏中最有利于他们提升经验的方式，有效地支持其发展。

5. 情感关爱性原则

婴幼儿的情绪情感具有不稳定性、情境性的特点。心理学家马斯洛认为情感的发展产生于需要的满足，当生理需要得到基本的满足，人就会向更高层次的需要发展。在日常照护中，照护者要以关爱、接纳、尊重的态度对婴幼儿实施照护，敏感地回应和满足婴幼儿的兴趣、需要和意愿。注重培养婴幼儿与照护者之间的信任关系，以及婴幼儿与父母之间良好的亲子关系；帮助婴幼儿培养积极的情绪情感，为婴幼儿形成良好的个性打下基础，促使他们积极主动、健康愉快地发展。

6. 持续发展性原则

0—3岁不仅是生命早期的开端，也奠定了人一生发展的基础。婴幼儿的发展是一个连续的过程，后一个阶段的发展是在前一个阶段的基础上发生的，照护者要注重婴幼儿发展的持续性、潜在性和未来的延续性，注重婴幼儿潜能开发的过程，并理解婴幼儿现有的经验不仅仅是对眼前发展状况的展现，也蕴含着过去经验的积累和未来的能力发展趋势与方向。照护者应从实际出发，选择适宜的照护内容，使婴幼儿获得有益于身心发展的早期经验，并为其一生的发展打好基础。

节选自洪秀敏主编《0~3岁婴幼儿发展与照护》，有删改

任务四　养成睡眠习惯

情境案例

乐乐今年刚入托小班，才满15个月。托小班的小雅老师经过观察发现乐乐的睡眠习惯不是很好，在自主入睡方面比较困难。乐乐在有睡意时会躁动不安，哼哼唧唧，小雅老师不抱着他睡他就会哭闹，并且要持续很长一段时间的轻拍。小雅老师与家长沟通后了解到，乐乐在家照护得较精细，睡觉时都是家人抱睡，并且要竖抱，睡着后仍然需要抱着，一放到床上就醒。小雅老师理解这种睡眠方式，决定在乐乐入托适应阶段，按照乐乐在家养成的睡眠习惯进行照护，其目的是让乐乐在面对新环境、不太熟悉的照护者时建立安全感，并在此过程中观察乐乐的表现，重点观察乐乐对改变睡眠方式的接纳度。当乐乐熟悉环境、照护者和托育机构的一日生活和活动之后，照护者应该怎样做出改变？如何帮助乐乐养成自主入睡的良好习惯？完成表1-4-1。

表 1-4-1　养成睡眠习惯工作表单

岗位工作任务：______	实施地点：______	实施时间：______	实施办法：______
1. 小雅老师观察到乐乐在入睡时遇到了什么问题？ ______ ______ ______ 2. 如何帮助托小班婴幼儿养成自主入睡的良好习惯？ ______ ______ ______ 3. 自我归纳：乐乐的表现反映了婴幼儿心理发展中的哪些要点？ ______ ______ ______ 4. 有哪些帮助婴幼儿养成良好睡眠习惯的方法？ ______ ______ ______			

任务描述

此项任务将围绕如何帮助婴幼儿养成良好的睡眠习惯展开，涉及了解婴幼儿早期睡眠及其发展特点，以及指导婴幼儿自主入睡的方法。在此项任务中，需要理解睡眠质量与认知、语言、情感和社会性的关系，掌握培养婴幼儿良好睡眠习惯的方法。

任务准备

很多人认为婴幼儿“玩累了就困了”“睡眠习惯不用培养，顺其自然，大了自然会睡”，这些都是错误的认知。国家儿童健康政策和“脑计划”前沿研究均高度关注睡眠在儿童早期脑智发育中的重要作用，揭示了我国儿童早期睡眠发展特点及其对脑智发育的重要作用。[①] 照护者必须掌握婴幼儿早期睡眠及其发展特点，了解睡眠对于儿童早期脑智发育，尤其是学习和记忆、语言、社会情绪发展和心理健康、认知功能的重要作用，在观察婴幼儿行为的基础上，提供适宜的回应性支持与照护。

一、养成良好睡眠习惯的意义

《托育机构保育指导大纲（试行）》中指出，要让婴幼儿获得充足的睡眠，养成独自入睡和作息规律的良好睡眠习惯。对婴幼儿来说，养成良好的睡眠习惯对于其成长和发展具有深远的影响。自主入睡能力是婴幼儿养成良好睡眠习惯的重要组成部分，良好的睡眠习惯不仅对婴幼儿的身体健康有好处，还有助于婴幼儿的心理发展。

（一）婴幼儿睡眠与认知

新生儿刚出生时，睡眠和觉醒节律并无规则。随着年龄的增长和外界光、声音、规律饮食、机体活动、母子接触等因素的刺激，婴幼儿逐渐形成睡眠—觉醒昼夜节律。婴幼儿的这种睡眠—觉醒昼夜节律大约于出生后第 6 周开始出现，在 3 个月时趋于稳定并将一天中的主要睡眠时间固定于夜间。儿童规律的睡眠节律对其日间行为、注意力、情绪、健康，尤其是认知发育水平有非常重要的影响。[②]

睡眠是人类的主要活动之一，人类生命的三分之一的时间都在睡觉。睡眠不仅能帮助人们恢复体力、稳定情绪等，还能巩固记忆和促进学习。相关学者研究发现，在婴幼儿发展的早期阶段，睡眠对于其记忆巩固具有重要作用；行为学研究表明，睡眠能提高婴幼儿的学习能力，后者主要指婴幼儿在发育过程中获取新知识和技能的能力，如运动技能学习（爬行、坐立、站立和行走等）、感知觉学习（识别颜色和数量等）。[③] 认知是指人们获得知识或应用知识的过程，或信息加工的过程，是人最基本的心理过程，是人类高级神经活动的重要组成部分。睡眠不仅能促进个体的生长发育，还能促进婴幼儿学习、形成和维持记忆等认知功能的发展。睡眠对学习过程中记忆的形成非常重要，睡眠参与了“记忆痕迹”的转化，即在睡眠时短时记忆碎片被再次激活、分析并逐渐组合，融为长时记忆。因此良好的睡眠有助于学习记

---

① 苏茹昕，王广海，江帆. 睡眠在儿童早期脑智发育中的作用及启示［J］. 早期儿童发展，2022（4）：64-72.

② 孔莉芳，王燕，周书进，等. 昼夜节律形成对婴幼儿认知发育影响的研究［J］. 中国妇幼健康研究，2014，25（2）：177-179，189.

③ 彭芝琳，郑若颖，胡晓晴，等. 睡眠对婴幼儿学习的记忆巩固作用［J］. 心理科学进展，2024，32（2）：287-299.

忆内容的巩固。[①]

（二）婴幼儿睡眠与语言

语言是在交往和应用中发展起来的，婴幼儿在起床和入睡之前有大量的时间可以练习语言，可以培养倾听和表达能力。在婴幼儿入睡之前的常规活动中，如照护者在婴幼儿入睡之前，可以带着婴幼儿去各个房间关灯，并说“灯开着，房间亮亮的，要睡觉了，我们把灯关了，房间变暗了”，婴幼儿在日常活动中就对“亮”“暗”的概念有了初步的了解，还可以让婴幼儿认识不同房间的名称，“这是盥洗室，这是厨房，这是卧室等”，都可以促进婴幼儿语言的发展。入睡前，讲述婴幼儿喜欢听的故事，能引起婴幼儿的兴趣，集中婴幼儿的注意力，培养婴幼儿的倾听能力，语言重复的故事还能培养婴幼儿的记忆力；当然照护者在引导婴幼儿回忆今天或者昨天印象最深的部分时，对婴幼儿的表达能力和记忆能力的培养也有重要的作用。唱摇篮曲也是一个不错的方法，照护者在唱摇篮曲时，能让婴幼儿享受这段时光，音乐可以让入睡时间变得十分舒缓，让婴幼儿对睡觉充满期待，在照护者重复唱一首摇篮曲的时候，婴幼儿也会跟着哼唱，让自己在平静中入睡。婴幼儿入睡之前的常规性活动，能促进婴幼儿的语言发展，照护者要加以重视。

（三）婴幼儿睡眠与情感

婴幼儿在学习自主入睡的过程中，能够逐步掌握一些自我安抚能力，使自己平静下来快速入睡，一方面能使其获得良好的睡眠质量，另一方面对其情绪发展也起着非常重要的作用。有意识地培养婴幼儿良好的睡眠习惯，可以帮助他们形成规律的生活方式，在规律的生活作息中，婴幼儿需要学会控制自己的情绪和行为，从而适应不同的环境和刺激。随着年龄的增长，婴幼儿的心理活动逐渐丰富，他们会说话，有喜、怒、哀、惧，有情感的交流，学会了一些交往的技巧，这会使婴幼儿在日常生活中更加愉快和积极。良好的睡眠习惯有助于婴幼儿良好的自我调节能力的培养，能缓解婴幼儿的疲劳和紧张情绪，使其保持稳定的情绪状态，有助于减少焦虑、抑郁和其他情绪问题，为婴幼儿的心理健康奠定基础，提升情绪稳定性。这些品质对于婴幼儿健康人格的塑造具有积极的影响。

（四）婴幼儿睡眠与社会性

睡眠在整个生命周期中对情绪发展和心理健康有着至关重要的作用。大量研究显示，睡眠不足或睡眠问题与儿童情绪症状、多动行为、同伴交往问题，以及共情

---

① 刘玺诚，王惠珊. 婴幼儿睡眠与成长［M］. 北京：中国中医药出版社，2011：10.

发育不成熟等密切相关。[①] 人是社会人，人的本质在于其社会性。婴幼儿在饥饿、脱衣服、从澡盆里被抱出来、瞌睡等时会觉得不舒服。这个时候他们通常会通过哭来获得父母的关注与安抚，并尝试进行自我调节。自我调节能力是婴幼儿培养适应能力、协作能力、交流能力等的基础，自我调节能力的发展，可以帮助婴幼儿获得自我的掌控感，能够帮助婴幼儿将安全感逐步从父母身上转移到自身，能帮助婴幼儿更好地适应社会。

在培养婴幼儿良好睡眠习惯的过程中，照护者需要与婴幼儿进行言语或者非言语的互动和安抚，这有助于增强照护者与婴幼儿之间的情感连接，提高婴幼儿的信任感和安全感，这种安全感是婴幼儿成长过程中重要的心理支持，有助于其形成健康的心理基础，对婴幼儿的情感和社会发展具有积极的影响。良好的睡眠习惯还有助于培养婴幼儿的独立性。在照护者的引导下，婴幼儿可以逐渐养成自己入睡和起床的习惯，从而培养其独立自主的能力。通过养成良好的睡眠习惯，婴幼儿可以更好地掌控自己的生活节奏，提高自我管理和自我调节的能力。这种独立性的培养对于婴幼儿的成长和发展具有重要的意义，也能帮助婴幼儿更好地适应社会生活。

二、培养婴幼儿良好睡眠习惯的方法

为了帮助婴幼儿，尤其是入睡相对困难的婴幼儿顺利进入睡眠状态，许多照护者希望能找到适宜的方法来帮助婴幼儿解决睡眠问题。根据以往的经验，照护者给予婴幼儿直接的物理支持（如把婴幼儿抱在怀里摇晃，或者把婴幼儿放在婴儿床上轻拍，又或者给婴幼儿喂奶）在短时间来说是可行的，但不能从根本上解决睡眠问题。事实上，照护者帮助婴幼儿建立他们自己的策略，让他们能够心满意足地自己入睡，也就是培养婴幼儿的自主入睡能力。

（一）帮助婴幼儿建立规律的作息

培养婴幼儿良好的睡眠习惯是一个循序渐进的过程，照护者不仅需要布置温馨、安全的物理环境，而且需要“布置”有节奏的、安静的“软”环境，让婴幼儿处于可预测的日常生活中。照护者无法教婴幼儿睡觉，但能够帮助他们意识到自己什么时候累了就应该休息，学会自我安慰并自己睡觉、观察到他们想要睡觉的信号并作出回应，向他们传达一种关于睡眠的态度：休息是愉快的，而且他的床是一个温馨而舒适的地方。[②]

---

① 苏茹昕，王广海，江帆. 睡眠在儿童早期脑智发育中的作用及启示［J］. 早期儿童发展，2022（4）：64–72.

② 张兴利. 营造温馨、安全的婴幼儿睡眠环境［J］. 早期教育（教育教学），2020（5）：23–25.

自主入睡的基础是规律作息，托育机构应制定科学的日程安排，包括起床、吃饭、游戏、睡觉等活动，确保婴幼儿每天都有固定的时间从事相应的活动，有助于婴幼儿养成规律的生物钟，形成良好的睡眠习惯。此外，托育机构还需根据婴幼儿的年龄和个体差异，合理安排白天的小睡和晚间的睡眠时间。养成白天固定时间、地点及时长的睡眠习惯，并确保婴幼儿夜间睡眠时间、状态等也相对稳定，有助于增强他们的昼夜节律，帮助他们建立睡眠节奏，并确保他们在需要的时候能够获得高质量的能恢复精力的睡眠。规律的生活作息有助于婴幼儿识别并适应日常的睡眠暗示，更容易入睡。

为了帮助婴幼儿建立规律的作息，有较为固定的睡眠节奏，在白天时要尽可能带婴幼儿去户外活动，让他们与大自然充分接触，感受大自然的阳光、空气、微风、声音，并开展动静交替的合理的游戏活动，让婴幼儿在精力旺盛时充分学习与发展。当照护者观察到婴幼儿出现了一些睡眠信号，如揉眼睛或者想要闭上眼睛、打哈欠或变得安静、不再玩玩具时，就可以引导婴幼儿到安静舒适的环境中休息，帮助他们进入睡眠状态。照护者要悉心观察，尽可能早发现早识别婴幼儿出现的睡眠信号，尽快选择合适的时机引导婴幼儿入睡。若婴幼儿过于疲倦，他们会变得焦躁不安，也就是“闹觉”，这个时候他们就很难平静下来轻松入睡。

（二）睡前进行适当的放松活动

在睡前进行适当的放松活动有助于婴幼儿放松身心，更容易入睡。临近休息时间，照护者动作要慢、要轻，说话声音要小，营造一种安宁的氛围，这样婴幼儿会在环境的影响下，逐步安静下来，并获得安全感和温暖感，从而尽快入睡。起床和入睡是婴幼儿每天都要进行的事情，照护者在婴幼儿起床和入睡时可以进行一些重复性语言的练习，如“宝宝，午安（或者晚安）”，也可以让婴幼儿向自己喜欢的玩偶（玩具）说午安或者晚安，这是帮助婴幼儿建立说午安或者晚安的睡前惯例的常规活动，规律的睡前惯例会帮助婴幼儿养成良好的睡眠习惯。这个惯例可以是播放轻柔的音乐、脱鞋、换睡衣，也可以是简短的交流、拥抱或者讲故事等，还可以是提醒婴幼儿在上床之前如厕。要确保每天的睡前活动相对固定，并持之以恒，让婴幼儿明白在做某件事时就是该上床睡觉了。要避免采用能导致婴幼儿兴奋的睡前活动，如讲刺激性的故事等。

（三）及时进行心理调适与安抚

睡眠调整的核心是平衡婴幼儿的需求。婴幼儿的心理健康对良好睡眠习惯的养成具有重要影响。托育机构应关注婴幼儿的情绪变化，及时进行心理调适和安抚。在婴幼儿出现焦虑、不安等情况时，应及时给予关爱和安慰，如轻拍、抚摸或温和地说话，帮助他们缓解情绪，或者允许婴幼儿抱着熟悉的安抚物，陪伴他们，这有助于婴幼儿放松并进入睡眠状态，确保他们能够安心入睡。但是要避免过度安抚，以免婴幼儿过度依赖外部因素入睡。

在帮助婴幼儿建立睡眠节奏的过程中，有时候会遇到婴幼儿突然醒来并大哭的情况。这是很正常的现象，照护者不要着急冲到婴幼儿身边，在时间和条件允许的条件下，可以耐心观察等待一段时间，看婴幼儿能否自己平静下来并重新入睡。如果确实需要照护者的帮助，一定不要把婴幼儿抱起来哄睡，可以尝试通过轻拍、轻声哼唱摇篮曲的方式让其平静下来。总之，在帮助婴幼儿建立睡眠节奏的过程中，照护者要尽可能淡定并尽量少地为婴幼儿做事，可以教婴幼儿一些自我安抚的技巧，如深呼吸、数数或使用一些自我安抚的玩具或物品。这些技巧可以帮助婴幼儿学会自我调节情绪，更容易入睡。照护者要充分相信婴幼儿的能力与发展潜力，给婴幼儿学习自主入睡的机会。照护者要相信自己做得越少，婴幼儿就越能在不断摸索的过程中让自己找到一种平静下来并重新入睡的办法。

任务实施

任务分析

托育机构照护者应根据婴幼儿睡眠发展特点，采用适宜的方法培养婴幼儿良好的睡眠习惯，关注婴幼儿的表现，敏感回应婴幼儿，支持婴幼儿自主入睡能力的发展。

任务操作

养成睡眠习惯（13—24个月的幼儿）

1. 准备工作

（1）环境准备：整洁的床铺，光线及温湿度适宜。

（2）物品准备：睡前读物、玩偶、有助于入睡的音乐。

（3）照护者准备：仪表端庄，情绪饱满。

（4）幼儿准备：有入睡意愿，无惊恐和焦虑心理。

2. 实施步骤

（1）睡眠作息建立：照护者识别幼儿困倦的信号，根据幼儿的情况逐渐固定白天睡眠时间，并与家长及时沟通，争取在节假日保持固定作息。

（2）开展睡前活动：①提醒、督促幼儿及时大小便；②帮助幼儿脱衣物，并叠好；③引导幼儿选择睡前读物；④伴随轻音乐讲述故事或者进行手指游戏。

在安排洗漱、如厕、讲故事等睡前活动时要注意，活动内容每天基本保持一致，固定有序，温馨适度。活动时间控制在 20 分钟内，活动结束时，尽量确保幼儿处于较安静的状态。

（3）培养自主入睡习惯：①避免不当干预　培养幼儿独自入睡的能力，在幼儿瞌睡但未睡着时将其单独放置于小床上，不宜摇睡、搂睡；②建立稳定睡眠规律　随着幼儿的生长，应保证幼儿恰当的日间睡眠时间和频率，建立不迟于夜间 9 点入睡的规律，使幼儿睡眠时间达到符合其年龄和个体特点的要求；③加强睡眠过程照护　注意观察幼儿睡眠时呼吸、睡姿有无异常情况，确保睡眠期间幼儿的脸和头不被毯子或其他遮盖物覆盖，避免发生伤害。

任务评价

完成表 1-4-2 和表 1-4-3。

表 1-4-2　养成睡眠习惯任务评估表

项目	主要内容		操作要点	是否做到
准备工作	环境准备	整洁的床铺，光线及温湿度适宜	减少噪声和视线干扰	□是 □否
	物品准备	睡前读物、玩偶、有助于入睡的音乐	玩偶是辅助材料	□是 □否
	照护者准备	仪表端庄，情绪饱满	照护者着装整齐、洗手、剪指甲	□是 □否
	幼儿准备	有入睡意愿，无惊恐和焦虑心理	尊重幼儿的意愿，关注幼儿的情绪状态	□是 □否
实施步骤	睡眠作息建立	照护者识别幼儿困倦的信号（打哈欠、揉眼睛、烦躁哭闹等）	观察记录不同幼儿的困倦信号、固定睡眠和唤醒时间	□是 □否
	开展睡前活动	（1）提醒、督促幼儿及时大小便。 （2）帮助幼儿脱衣物并叠好。 （3）引导幼儿选择睡前读物。 （4）伴随轻音乐讲述故事或者进行手指游戏。	（1）语速温和，与幼儿边聊天边做好睡前准备工作，消除幼儿担心、害怕、紧张的情绪。 （2）安排较安静的睡前活动。 （3）睡前活动要固定有序，温馨适度	□是 □否

续表

项目	主要内容		操作要点	是否做到
实施步骤	培养自主入睡习惯	（1）避免不当干预，让幼儿在小床上独自入睡，不宜摇睡、搂睡。 （2）建立稳定睡眠规律，使幼儿睡眠时间达到符合其年龄和个体特点的要求。 （3）加强睡眠过程照护	入睡方式适宜，观察幼儿睡眠时呼吸、睡姿有无异常情况，确保睡眠期间幼儿的脸和头不被毯子或其他遮盖物覆盖，避免发生伤害	□是 □否

表 1-4-3　养成睡眠习惯任务综合评价表

评价内容	自我评价	小组互评	教师评价
课堂活动参与度	☆☆☆☆☆	☆☆☆☆☆	☆☆☆☆☆
小组活动贡献度	☆☆☆☆☆	☆☆☆☆☆	☆☆☆☆☆
工作任务完成度	☆☆☆☆☆	☆☆☆☆☆	☆☆☆☆☆

知识拓展

生　物　钟

婴幼儿的睡眠并不是随意自如的，而是受生物钟的影响。事实上人们的身体机制就像一个有很多同步运行的生物钟的大钟表店，不同时间设有不同的警报，能使各个机制的活动正常运行。所有的钟表都是有联系的，它们的循环都受环境的影响。负责运行苏醒和睡眠循环的生物钟非常重要。它差不多每24小时完成一次循环，这个循环在婴幼儿4—6个月大时就开始了，也就是说这个时期的婴幼儿应该能够辨别睡眠和苏醒之间的区别。

节选自默里、安德鲁斯主编《婴儿心理学：关于婴儿哭闹、睡眠和安全感的秘密》

• 赛证真题

1. 培养良好饮食习惯的注意事项：(　　)。【选自全国职业院校早期教育专业保教知识技能竞赛题库　选择题】

A. 进食的环境不太嘈杂，以免影响进食情绪

B. 进食最好一次性喂饱，一次时间不要太长，不要让其含着嘴儿玩

C. 进食的位置要固定，不边走路边进食

D. 以上都是

2. 正确喂哺婴幼儿的方法（　　）。【选自2023年中国—东盟职业院校婴幼儿学习与发展技能竞赛题库　单项选择】

A. 喂哺前，将奶滴在手背上测试温度，每次喂哺时间约20分钟

B. 喂哺前，将奶滴在手腕内侧测试温度，每次喂哺时间为5~10分钟

C. 喂哺前，将奶滴在手心上测试温度，每次喂哺时间为5~10分钟

D. 喂哺前，将奶滴在手背上测试温度，每次喂哺时间为5~10分钟

3. 良好的（　　）是促进婴幼儿生长发育的基本保障，是养育人实践回应性照护的重要体现，也是建立亲子关系的重要纽带。【选自2023年中国—东盟职业院校婴幼儿学习与发展技能竞赛题库　单项选择】

A. 交流与玩耍　　B. 生长发育监测

C. 营养与喂养　　D. 日常生活照护

4. 幼儿进行如厕训练的原因描述不正确的是（　　）。【选自2024年全国职业院校技能竞赛婴幼儿照护赛项题库　单项选择】

A. 宝宝有要求　　B. 纸尿片有缺陷

C. 可避免幼儿出现强迫性人格　　D. 有利于培养幼儿的自主能力

5. 培养婴幼儿睡眠习惯，正确的是（　　）。【选自2023年全国统一育婴师从业资格证考试题库　单项选择】

A. 喝奶入睡　　B. 抱着入睡　　C. 摇篮入睡　　D. 排净小便

6. 婴幼儿入睡困难的原因以下不包括（　　）。【选自2023年中国—东盟职业院校婴幼儿学习与发展技能竞赛题库　单项选择】

A. 婴幼儿入睡前进食过多或过少

B. 婴幼儿入睡前进行安静游戏活动，如翻阅绘本

C. 婴幼儿入睡前感觉身体不舒适

D. 婴幼儿入睡前受到惊吓，情绪紧张

7. 什么时候开始为婴幼儿清洁牙齿（　　）。【选自2023年中国—东盟职业院校婴幼儿学习与发展技能竞赛题库　单项选择】

A. 开始添加辅食　　B. 萌出第一颗牙

C. 萌出第一颗恒牙　　D. 萌出第一颗乳牙

8. 幼儿洗脸的顺序是（　　）。【选自2024年全国职业院校技能竞赛婴幼儿照护赛项题库　单项选择】

A. 鼻、眼、口周、脸颊、颈部、耳

B. 眼、鼻、口周、脸颊、颈部、耳

C. 眼、鼻、口周、耳、颈部、脸颊

D. 眼、口周、耳、鼻、脸颊、颈部

项目一参考答案

项目二

2

游戏中的学习与发展

• 岗位要求

游戏是适合婴幼儿特点的一种独特的活动方式，也是促进婴幼儿发展的一种较好的活动形式，因此，对于婴幼儿来说，没有游戏就没有发展，游戏是婴幼儿一种重要的学习方式。《托育机构管理规范（试行）》指出："托育机构应当以游戏为主要活动形式，促进婴幼儿在身体发育、动作、语言、认知、情感与社会性等方面的全面发展"。游戏中充满着教育的契机，托育机构照护者应该做到：

1. 能为婴幼儿提供游戏的机会，理解游戏对婴幼儿学习与发展的价值。
2. 能为不同类型游戏创设丰富的游戏环境。
3. 能开展多种游戏活动，促进婴幼儿在身体发育、动作、语言、认知、情感与社会性等方面的全面发展。
4. 能根据不同类型的游戏开展多种指导策略，发挥游戏的作用。

• 学习目标

知识目标：

1. 了解游戏在婴幼儿学习与发展中的重要价值。
2. 理解不同类型游戏的特点及环境创设要求。
3. 了解游戏中支持婴幼儿身体、语言、认知、社会性发展的措施。

能力目标：

能解释不同类型游戏的价值，做好游戏环境创设、组织实施等岗位工作的准备和配合。

素养目标：

1. 尊重婴幼儿在游戏情境中自由选择、自主学习的学习方式和特点。
2. 敏感观察婴幼儿，了解婴幼儿的学习行为，并给予积极适宜的指导。

• 学习导图

- 项目二　游戏中的学习与发展
  - 任务一　锻炼身体素质
    - 游戏对婴幼儿身体发展的价值
    - 促进婴幼儿身体发展的游戏
    - 支持婴幼儿身体发展的策略
  - 任务二　增强语言能力
    - 游戏对婴幼儿语言发展的价值
    - 促进婴幼儿语言发展的游戏
    - 支持婴幼儿语言发展的策略
  - 任务三　提高认知水平
    - 游戏对婴幼儿认知发展的价值
    - 促进婴幼儿认知发展的游戏
    - 支持婴幼儿认知发展的策略
  - 任务四　促进社会性发展
    - 游戏对婴幼儿社会性发展的价值
    - 促进婴幼儿社会性发展的游戏
    - 支持婴幼儿社会性发展的策略

任务一　锻炼身体素质

情境案例

小爱老师为班里 24—30 月龄的幼儿设计了“小狗找骨头”户外游戏，并创设了“小狗爬上坡”“小狗找骨头”“小狗送骨头”三个游戏环节，让幼儿模仿小狗在户外的山坡、草地上爬高爬低找“骨头”（在该环节设置了坡道和楼梯路线），找到“骨头”后引导幼儿说出自己找到的“骨头”的颜色、大小、总数，让幼儿用“小汽车”拖着“骨头”自由奔跑，在户外小山坡、草地上自由玩耍。幼儿在有趣的游戏场景中玩得不亦乐乎，在“小狗爬上坡”环节，有的幼儿不按照老师演示的路线走，在场地里乱跑乱窜，不听指挥；有的幼儿选择爬楼梯路线后感觉困难又改成了爬坡道路线，小爱老师很是烦恼。

请思考：以上游戏主要发展幼儿哪些方面的能力？小爱老师在游戏时应该做好哪些支持工作？完成表 2-1-1。

表 2-1-1　锻炼身体素质工作表单

岗位工作任务：______	实施地点：______	实施时间：______	实施方法：______
1. 小爱老师设计的“小狗找骨头”户外游戏主要发展幼儿的哪些能力？ （1）“小狗爬上坡”环节：______ （2）“小狗送骨头”环节：______ 2. 这个游戏发展的核心能力是否符合该年龄段幼儿的发展水平？ ______ ______ ______ 3. 小爱老师应该如何组织游戏才能达到发展幼儿能力的目的？ ______ ______ ______			

续表

4. 针对有的幼儿不按照老师演示的路线走、在场地里乱跑乱窜、不听指挥的问题，小爱老师应该怎么做？

任务描述

此项任务将围绕如何通过游戏锻炼婴幼儿身体素质展开，涉及游戏在婴幼儿身体素质发展中的价值。在此项任务中，需要理解游戏对提高婴幼儿身体素质的重要性，了解身体发展游戏的主要类型及指导方法。

任务准备

婴幼儿阶段是健康体质形成的关键时期，对成年后的体质健康有着重要的影响。游戏是令人愉悦的活动，儿童喜欢游戏是与生俱来的。0—3 岁婴幼儿的身体机能、大脑功能、心理机制都处于尚未成熟与完善的阶段，游戏因其有趣和较强的吸引力而成为婴幼儿学习的重要过程与环境，由此助力儿童的早期发展。

一、游戏对婴幼儿身体发展的价值

（一）游戏促进婴幼儿生长发育

游戏可以使婴幼儿身体各器官得到活动和锻炼，从而促进婴幼儿生长发育。在婴幼儿游戏过程中，肢体活动刺激骨骼、关节、肌肉，促进骨骼、肌肉的生长和身高增长。例如，户外游戏活动时，阳光照射能增强身体对钙、磷的吸收能力，增加矿物质供应，加速骨骼内矿物质的沉淀，增加骨骼承受的压力，并促进骨的生长，还可以使肌肉保持正常的张力，使关节保持较好的灵活性。游戏活动还可以影响循环、呼吸和神经等系统的发育，从而促进身体的全面发育。例如，在游戏中运动可以改善心肌纤维的收缩性和弹性，增加心肌收缩力量和每次搏出的血液量，提高呼吸的深度和频率，增强神经系统的调节能力。再如，婴幼儿双手同时做手指操、攀爬、串珠子，使用剪刀、筷子和玩乐器等能很好地促进大脑两半球的发育，使左、右脑均衡发展。

（二）游戏促进婴幼儿动作发展

婴幼儿时期是动作发展的最佳期，婴幼儿的动作发展包括两个方面：一个是大肌肉动作，是负责控制身体的；另一个是精细动作，或者叫小肌肉运动或随意运动，主要表现为手的灵活性。在整个婴幼儿时期，婴幼儿动作学习能力强、动作技能掌握快，特别是户外游戏，能够提高婴幼儿的大肌肉和小肌肉发展，这对他们的整体运动技能的培养至关重要。抬头、翻身、走、跑、踢、跳、投球、骑小车等游戏活动锻炼了婴幼儿大肌肉群的运动能力和技巧，促进了神经系统对肌肉的控制和协调；而搭积木、串珠、捏娃娃、拼图等游戏活动，提升了神经系统对手部的小肌肉群的协调能力。婴幼儿通过动作游戏活动，能有效地促进自身大肌肉动作和精细动作的发展。

（三）游戏增强婴幼儿的身体素质

身体素质通常指的是人体肌肉活动的基本能力，是人体各器官系统的机能在肌肉工作中的综合反映，一般包括力量、速度、耐力、灵敏、柔韧等。婴幼儿通过广泛的游戏活动，体验多种运动模式和变化，改变用力方式，以多种方式进行锻炼，可提高肌肉力量、耐力和控制能力。不同的身体部位应该以不同的方向、速度和时间运动，使体格得到锻炼，促进身体能量的消耗和补充，预防幼儿肥胖，降低成年后患癌症/2 型糖尿病的风险。婴幼儿通过游戏学习控制和协调自己的身体，这有助于提高平衡和空间感知能力；活跃的运动游戏有助于促进心肺功能，增强体力；户外游戏有助于提高对外界环境的适应能力，提高免疫力，减少疾病，帮助放松，提升睡眠质量等。

二、促进婴幼儿身体发展的游戏

促进婴幼儿身体发展的游戏以动作发展游戏为主，动作发展游戏也是处于感知运动时期的婴幼儿的主要游戏形式之一。国家卫生健康委印发的《3 岁以下婴幼儿健康养育照护指南（试行）》指出："顺应婴幼儿运动发育规律，充分利用室内外安全和开放的活动场地，提供爬、走、跑、跳等大动作，以及抓握、垒高、涂鸦等精细动作的练习机会。避免婴幼儿久坐超过 1 小时。幼儿每天身体活动时间至少 3 小时，其中户外活动时间至少 2 小时，遇到雾霾、高温等特殊天气宜酌情减少户外活动时间"。托育机构的照护者需要创设适宜婴幼儿身体发展的游戏环境，开展适合婴幼儿发展水平的活动，促进婴幼儿的身体发展。

（一）大肌肉动作（大动作）发展游戏

大肌肉动作发展游戏是伴随大肌肉的收缩和舒张产生的，如头部、胸部、腰部、下肢四个方位的大肌肉动作活动，包括翻身、坐、爬、站、走、跳、跑游戏活动。根据婴幼儿大动作的发展阶段，照护者可以开展以下两种类型的游戏。

图 2-1-1 爬行游戏

（1）个体空间移动游戏，包括抬头、翻身、爬、走、跑、跳等躯干和四肢的自主活动。游戏举例如下。

爬爬乐（6—9 月龄）：将一件玩具放在爬行垫上，将婴儿放在玩具的附近，让婴儿处于舒服的爬行姿态，鼓励婴儿去拿玩具，如果拿到了，再把玩具移到另外的地点，如此反复，如果婴儿乐在其中，则可以多玩一会儿（图 2-1-1）。

（2）追逐打闹游戏，包括互相奔跑、跳跃、追逐、身体互相推挤、对抗性游戏活动等。游戏举例如下。

猫捉老鼠（24—36 月龄）：一个幼儿为“猫”，其他幼儿充当“老鼠”。游戏开始时，“猫”和“老鼠”站在一条起点线上，当老师喊出“捉老鼠”的口号后，“猫”开始追赶“老鼠”。“老鼠”被“猫”抓住后，便成为新的“猫”，继续追赶其他的“老鼠”。游戏会继续进行，直到最后只剩下一只“老鼠”为止。这只“老鼠”会成为下一轮游戏的“猫”。

（二）小肌肉动作（精细动作）发展游戏

婴幼儿精细动作发展遵循如下规律：先用手掌尺侧握物，然后用桡侧，再用手指；先用中指对掌心一把握，后用拇指对食指钳捏；先能握物，后能主动放松。精细动作的游戏，包括手眼协调、指尖动作和手指伸展等活动，使手的动作力度、速度、精准度、灵活性、节奏感、协调性和自我调控能力得到发展。根据婴幼儿精细动作的发展阶段，照护者可以开展以下三种类型的游戏。

（1）生活自理游戏，包括吃喝拉撒、洗漱、穿脱衣物、食物制作等自我服务类游戏。游戏举例如下。

系扣子（25—36 月龄）：在活动室悬挂扣子较大（较小）的衣服若干，引导幼儿观察扣子及扣眼，照护者演示并引导幼儿观察扣扣子的方法，一手拿扣子，另一手扶扣眼，由里向外掏出扣子。幼儿尝试操作，能扣好大扣子后，再扣小扣子。

糖拌小番茄（25—30 月龄）：准备小番茄、托盘、塑料刀和白糖等，让幼儿认识小番茄和糖，通过切小番茄和搅拌制作凉拌小番茄，锻炼手部精细动作，培养幼儿的耐心和专注力，最后品尝糖拌小番茄，增强成就感。

（2）材料把玩游戏，投放多种类活动材料，让婴幼儿通过把玩不同的物品去巩固手指操作技巧，培养运用物品操作的能力。游戏举例如下。

搭高塔（13—24 月龄）：准备三四块方块积木，找一处平整的地方，这样便于幼儿叠搭。在幼儿搭积木的过程中要多鼓励，每搭好一块时要给予语言和动作上的肯定（图 2-1-2）。

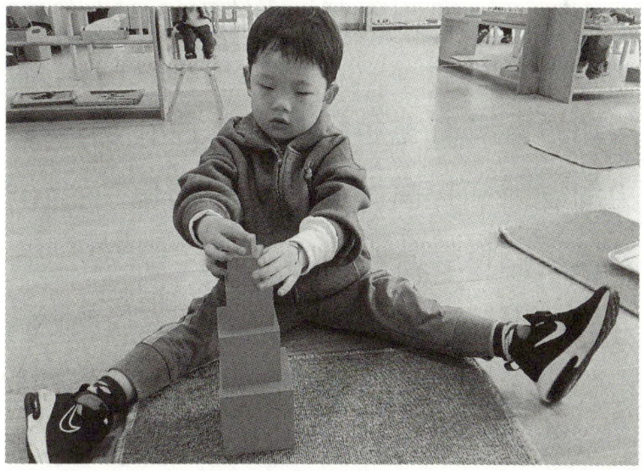

图 2-1-2 搭高塔

串珠子（24—30 月龄）：准备不同颜色、大小的珠子，并且找到相对应颜色的绳子，让幼儿把一样颜色的珠子串到对应的绳子上。

（3）艺术活动游戏，与音乐、美工相关的游戏活动，包括乐器演奏、涂鸦、粘贴、拓印和泥塑等。游戏举例如下。

动物音乐会（30—36 月龄）：准备小鼓、蛙鸣筒、沙锤，小熊、小青蛙、小鸟头饰，音乐。幼儿扮演小动物，分组用乐器演奏声模拟不同动物的声音。老师念出“咚咚咚！”，戴着小熊头饰的幼儿跟着音乐敲击小鼓；老师念出“呱呱呱！”，戴着小青蛙头饰的幼儿跟着音乐敲击蛙鸣筒；老师念出“沙沙沙！”，戴着小鸟头饰的幼儿跟着音乐摇沙锤。

小画家（19—24 月龄）：准备几张大画纸、几支蜡笔或水彩笔，将大画纸平铺在地面上或者桌子上，示范并鼓励幼儿在纸上随便涂鸦，引导他们尽可能使用不同的颜色和不同的动作，并引导幼儿描述他们的作品（图 2-1-3）。

捏橡皮泥（19—24 月龄）：准备橡皮泥、模具等，指导幼儿用四指、大拇指合起来握泥；双手交替团成泥球；搓长、搓圆；用手掌去压扁；用大拇指、食指去捏尖。利用模具造型等进行系列活动（图 2-1-4）。

图 2-1-3 涂鸦游戏

图 2-1-4 捏橡皮泥

彩图 2-1-3 和彩图 2-1-4

（三）综合类运动游戏

综合类运动游戏是指启发婴幼儿运动本能与兴趣、培养婴幼儿运动技能、提供婴幼儿感官训练、达到婴幼儿身心均衡发展的身体大小肌肉的活动。婴幼儿综合类运动游戏具有竞争性、娱乐性和教育性，重点是训练感觉器官和运动器官，促进体力的发展和提高。其主要特征包括：愉快的情境、中度到很活泼的体能活动、有加速体内新陈代谢的作用。照护者需要根据婴幼儿的身心发展规律和动作发展特点，开展以下三种类型的游戏。

（1）身体移动类运动游戏，包括爬、行走、跑步、跳跃和滑行等动作游戏，跳跃包括双脚跳、单脚跳、跨跳、垫步跳，滑行包括前滑步、侧滑步。游戏举例如下。

走小路（24—36 月龄）：用体能条在地上摆成一条长直线，示范并引导幼儿用全脚掌走、外八字形走及侧身走直线。全脚掌走直线，指的是后脚的脚尖对着前脚的脚跟走，双脚前后交替沿着体能条走；外八字形走直线，指的是用脚掌靠近体能条，脚跟向内，脚尖向外，呈外八字形走；侧身走直线，指的是脚掌靠近体能条，侧身，前脚跨一步，后脚跟上并拢，这样跨步接并步，交替沿着体能条走。

（2）姿势控制类运动游戏，包括扭转、滚翻、旋转、维持平衡等动作游戏。游戏举例如下。

图 2-1-5　走平衡木

走平衡木（24—36 月龄）：可以在正规的平衡木上练习，也可以利用托育机构户外的马路牙子、花坛的边等练习。做此训练应循序渐进，比如，应先走宽一些的，熟练了以后改走窄一些的；最初两脚交替走，慢慢地要求幼儿脚跟对脚尖，而后要求幼儿双手侧平举，进一步让幼儿走时手上托点东西而不掉下来，到终点后取下附加物，双脚跳下（图 2-1-5）。

（3）物体控制类运动游戏，包括踢、击打、推投、拍、抛接等动作游戏。可以是单类型也可以将不同类型整合后开展。游戏举例如下。

滚球（24—36 月龄）：准备橡塑球 10 个、小猫头饰若干。第一步，教师创设情境示范讲解动作要领，双手抱球，紧贴地面，手掌用力对准对面的幼儿将球滚过去。第二步，幼儿扮演“小猫”围成一个大圆圈，教师扮演“猫妈妈”站在中间。教师叫哪只“小猫”的名字，哪只“小猫”接球，然后把球再滚回给“猫妈妈”。第三步，幼儿分组比赛游戏，设置一个小山洞，幼儿分组依次滚球，在规定时间内滚进山洞球数多的小组获胜。

三、支持婴幼儿身体发展的策略

（一）明确婴幼儿身体发展的目标

《托育机构保育指导大纲（试行）》指出动作领域的发展总目标为掌握基本的大运动技能，达到良好的精细动作发育水平，并针对不同年龄段的婴幼儿提出了以下保育要点。

1. 7—12个月

（1）鼓励婴儿进行身体活动，尤其是地板上的游戏活动。

（2）鼓励婴儿自主探索从躺位变成坐位，从坐位转为爬行，逐渐到扶站、扶走。

（3）提供适宜的玩具，促进抓、捏、握等精细动作发育。

2. 13—24个月

（1）鼓励幼儿进行形式多样的身体活动，为幼儿提供参加爬、走、跑、钻、踢、跳等活动的机会。

（2）提供多种类活动材料，促进涂画、拼搭、叠套等精细动作发育。

（3）鼓励幼儿自己喝水、用小勺吃饭、自己翻书等。

3. 25—36个月

（1）为幼儿提供参加走直线、跑、跨越低矮障碍物、双脚跳、单足站立、原地单脚跳、上下楼梯等活动的机会。

（2）提供多种类活动材料，促进幼儿搭建、绘画、简单手工制作等精细动作发育。

（3）鼓励幼儿自己用水杯喝水、用勺吃饭、协助收纳等。

（二）创设丰富、安全的身体发展活动环境

1. 创设丰富的身体发展游戏环境

依据身体发展游戏活动的类型和内容选择合适的场地和器械（物品）进行布局。

（1）大动作发展游戏和综合类体育游戏。在天气适宜时应安排在户外的运动场地，根据婴幼儿的年龄和游戏内容选择合适的区域。户外空间的规划应与婴幼儿的年龄和发展阶段相适应，并根据场地为乳儿班、托小班和托大班的婴幼儿合理划分空间和区域：乳儿班的婴儿要有相对独立的活动空间；可以为托小班和托大班的幼儿提供跑步、攀爬、平衡、跳跃、秋千等区域；托大班的骑车区域应相对独立，并设置骑车道。在天气不适宜时应调整到室内场地，充分利用感统教室、接待大厅、

走廊、楼梯、墙壁等空间精心创设活动情境。根据走廊长、直、宽的特点设置大运动区，创设婴幼儿走、跑、跳的运动环境；利用楼梯创设爬行、攀高的运动环境；利用墙壁创设投掷的活动情境等。建议为乳儿活动室配置床垫、斜坡、台阶、攀爬平台、练习扶站的栏杆或扶手、成人椅子或学步梯等；为幼儿活动室配置台阶、斜坡、学步儿阁楼、木钉攀爬架、骑行/摇摆玩具等方便大动作游戏的设施。

（2）精细动作类游戏。根据婴幼儿的年龄和游戏内容布置合适的区域。例如，在乳儿班投放摇铃、毛绒小球、软胶积木、手拍鼓、按按乐、抽纸巾盒等；在托小班投放套塔、积木图形嵌板、涂鸦板、球类、过家家玩具等；在托大班投放各类积木、串珠、拼图、油泥、颜料、画笔、可拆卸拼装的玩具等。一些生活中的用品可以作为活动材料，如小盒子、小瓶子、蔬菜、水果、树叶、石子等。玩具投放的数量要适宜。一次不要投放太多的玩具，过多的玩具会产生过度刺激，或导致过多的感官输入。拥有过多玩具的婴幼儿会比较兴奋容易分心，拥有太少玩具的婴幼儿因外在刺激过少则会感觉无聊，照护者可以通过观察婴幼儿的行为来判断玩具的数量是否合适。

2. 保障游戏场所的安全、卫生

（1）所有的设施需具备安全使用规则。确保照护者知晓并贯彻执行这些规则。

（2）户外活动区域大型的固定器械周围要留有 2.7 米的空地，带有活动部分的器械，如秋千，其周围 4.6 米范围内应是空地。3 岁以下儿童的骑乘玩具的车轮不带辐条，且要维持稳定和平衡。需每日检查场地是否存在有毒的动植物、玻璃、垃圾或动物粪便等，若有，要及时清理。

（3）室内攀爬类设施要远离家具。任何高于地板 30 厘米的设施必须放置缓冲垫。

（4）投放的玩具及材料直径大于 3 厘米或长度大于 5 厘米，绳子长度不超过 15 厘米，定期清洁和消毒。

（5）定期检查玩具和设施是否有部件故障或零件松动，若有，要及时修理、更换或丢弃。

（三）婴幼儿身体发展游戏指导建议

1. 游戏前：作为计划者

（1）设计好游戏活动方案。作为游戏的计划者，教师需要在托育机构的一日活动中观察评估婴幼儿的动作发展水平，以及他们喜欢玩、经常玩的动作游戏，偏好的玩具和材料等，掌握婴幼儿目前动作发展状态、喜好和前期经验，结合动作发展规律思考游戏的活动目标，设计游戏日程表并规划游戏空间，为婴幼儿的游戏活动做好前期的方案，方案中应包括动作发展的目标、动作游戏开展的背景和时间、动作游戏准备及材料等内容。

（2）做好前期的准备。根据游戏计划创设环境并准备活动材料或设备，做好相

应活动材料和设备的安全性核查；帮助婴幼儿做好活动前的服饰准备，活动前评估和个别照顾等。例如，在美术涂鸦活动中，围上围裙防护服；在雨中游戏前，穿上雨靴和雨衣；在户外运动前，根据天气状况，适当增减衣物；在夏天还需要戴上防晒帽、备好饮水壶等。

2. 游戏中：作为支持者

在动作发展游戏中，照护者作为游戏中的支持者角色是多重的，既是婴幼儿健康安全的守护者、婴幼儿行为的观察评估者，也是游戏的合作者或引导者。照护者可以采用以下对策支持游戏顺利开展。

（1）通过守护，保障活动安全。需要保证每个参与活动的婴幼儿都能在照护者视线范围内，并能在婴幼儿出现安全风险时，及时排除险情，如体育游戏中婴幼儿出现脸色苍白、寒战、过多出汗、精神萎靡、情绪不好等情况时，应暂停锻炼，对其加强观察，并及时与保健医生取得联系，采取相应的护理措施。

（2）通过观察，适时评估调整。观察婴幼儿在动作发展游戏中的表现，评估婴幼儿动作发展水平或运动量并实时调整，如大动作游戏中婴幼儿脸色发红、满头大汗，呼吸急促和心跳加快等变化，表明活动量较大，应提醒婴幼儿休息、擦汗、补水。没有发生以上明显变化的，需要提高其活动量，鼓励幼儿多运动。

（3）通过引导，促进动作发展。通过询问婴幼儿的游戏状态，回应婴幼儿游戏行为或解释婴幼儿游戏行为来影响游戏。例如，在厨房游戏中，照护者可以在一旁观看，也可以在语言上描述他的行为，进行适当的讲解，如“你把胡萝卜切片，放在锅里，用锅铲翻一翻，这样菜就不会糊了”；还可以作为引导者主导游戏的开始并在过程中示范或建议新的动作行为，如示范如何按从上到下弧形箭头指示图，推动操作杆打开油烟机，引导幼儿自己模仿以上动作。

3. 游戏后：作为促进者

将游戏过程中的观察记录和撰写的目标相比较，评估有没有达到既定的目标。如果没有达到目标，思考其原因，并修正计划；如果目标达到，思考在现有游戏动作发展水平高一点的基础上，撰写新目标，设计新的动作游戏。如果没有达到目标，可以从以下几个方面进行反思。

（1）确定的动作发展目标是否可行，或者是否在婴幼儿动作最近发展区之外？

（2）游戏活动是否专注在动作目标上？

（3）设置的目标和活动是否基于婴幼儿的兴趣？

（4）设置的目标和活动是否考虑到婴幼儿动作的个体差异？

（5）计划的活动是否扩展了婴幼儿的动作技能并为其提供了成功实践的机会？

（6）婴幼儿是否需要更多的游戏活动时间？

（7）游戏活动中照护者的动作发展指导有没有效果？

任务实施

鲨鱼拼图游戏

小爱老师看到托小班的萌萌正在努力完成一个由 10 块图片组成的鲨鱼拼图。她已经正确地放入了 5 块图片，现在正在尝试将一块大的图片放入。她试了很多次。小爱老师注意到萌萌紧皱眉头，手掌和手臂变得愈加有力和僵硬，她猜测萌萌可能遇到困难了。为了不使萌萌失去信心，愿意坚持下去，她很快就确定了如何介入。

小爱老师蹲下来，把一只手放在萌萌的肩膀上，温柔地说："你看起来有些沮丧，是那块图片不合适吗？"

"它放不进去！"萌萌愤怒地说。

小爱老师鼓励地说："有时候你可以反过来，尝试一下不同的方法。"萌萌开始放松，她重新调整了图片的方向，直到能放进去为止。

小爱老师摸了摸她的头说："你看，你试了这么多不同的方法，终于发现该怎么做了，有时候就需要多试试！"小爱老师继续站在萌萌身边，鼓励她完成拼图。小爱老师边看边想：下午在游戏区也许可以投放几组简单一点的拼图，她准备鼓励萌萌下午再尝试一下。

任务：针对以上的情境，完成以下"鲨鱼拼图游戏"任务单（表 2–1–2）。

任务分析

拼图游戏可以锻炼婴幼儿的小肌肉发展，提高手部的灵活性，是促进婴幼儿精细动作发展的常见游戏活动。在动作发展游戏实施前，需要评估婴幼儿的动作发展水平和兴趣点，观察婴幼儿在游戏中的表现，做好评估，及时回应并做好恰当的支持，并能根据评估的结果及时调整接下来的游戏活动的难度。

任务操作

表 2-1-2 "鲨鱼拼图游戏"任务单

工作内容
根据以上的案例描述，回答以下问题： 1. 结合本任务的内容，"鲨鱼拼图游戏"主要发展萌萌身体的__________能力。萌萌这个年龄段该能力发展的目标是：____ ____

续表

工作内容
2. 小爱老师在“鲨鱼拼图游戏”中承担了几种角色？并描述对应的行为。 角色及行为:________________ 角色及行为:________________ 角色及行为:________________ 3. 对于小爱老师在“鲨鱼拼图游戏”中与萌萌的互动，说说你的评价及理由: ________________ ________________ ________________ 4. 小爱老师决定下午在游戏区投放几组简单一点的拼图，她准备鼓励萌萌下午再尝试一下。你认为这样的做法合适吗？解释原因。 ________________ ________________

任务评价

完成表 2-1-3 和表 2-1-4。

表 2-1-3 “鲨鱼拼图游戏”任务评估表

项目	主要内容	要点	是否做到
1	描述幼儿萌萌的发展能力及该阶段能力发展目标	动作领域能力发展目标及代表动作	□是 □否
2	照护者应在婴幼儿动作游戏中承担的角色	根据游戏内容及特点具备多重角色	□是 □否
3	照护者在婴幼儿动作游戏中承担不同角色的主要支持行为	科学性，可行性	□是 □否
4	照护者对婴幼儿动作游戏的反思与调整	科学性	□是 □否

表 2-1-4 “鲨鱼拼图游戏”任务综合评价表

评价内容	自我评价	小组互评	教师评价
课堂活动参与度	☆☆☆☆☆	☆☆☆☆☆	☆☆☆☆☆
小组活动贡献度	☆☆☆☆☆	☆☆☆☆☆	☆☆☆☆☆
工作任务完成度	☆☆☆☆☆	☆☆☆☆☆	☆☆☆☆☆

知识拓展

婴幼儿动作发展要点如表2-1-5所示。

表2-1-5　婴幼儿动作发展要点

0—1 月龄	1—3 月龄	3—6 月龄	6—9 月龄
	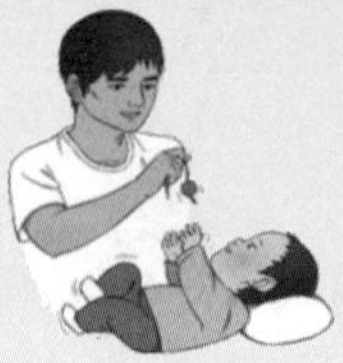		
让新生儿看、听，接触养育人，自由地活动四肢；轻轻地抚摸和怀抱他（她），与他（她）亲密皮肤接触会更好	让孩子看、听，接触养育人，自由地活动四肢；在床上、炕上帮助婴儿俯卧、抬头；慢慢移动彩色玩具或物品让他（她）看、触摸，可用红球、绳子串起的圆环做玩具	多让孩子俯卧、抬头，帮助他（她）翻身，让孩子伸手去够、抓握玩具，可用不同质地的，如布或塑料瓶做的玩具	让孩子练习坐，在床上、炕上翻滚，给他（她）提供一些干净、安全的家庭物品，让他（她）抓握、传递、敲打，可用杯子、勺子做玩具
9—12 月龄	**12—18 月龄**	**18—24 月龄**	**24—36 月龄**

鼓励孩子爬行、站立和扶走，让他（她）练习用拇食指捏小物品。把玩具放在布下面与孩子玩“藏猫猫”	鼓励孩子独自行走、蹲下和站起，握笔涂画，用套叠杯、碗、饮料瓶玩堆叠游戏，或把物品放进容器再拿出来	多户外活动，鼓励孩子扶着支撑物上下台阶，玩扔球、踢球，练习翻书、拧开瓶盖。引导他（她）玩给娃娃喂饭等模仿性游戏	让孩子练习单脚站立、双脚蹦跳、踢球等，培养他（她）自己洗手、吃饭、扣扣子、穿鞋等生活自理能力；鼓励他（她）与小朋友玩“开火车”“骑竹竿”等游戏

节选自《3岁以下婴幼儿健康养育照护指南（试行）》附件4

任务二　增强语言能力

情境案例

楠楠老师为19—24月龄幼儿设计了“快乐农场”游戏，并创设了“一起出发去农场”“农场丰收正繁忙”“宝宝动物齐帮忙”三个游戏环节。

在“一起出发去农场”环节，叫上小动物们去农场，楠楠老师出示“动物在家做什么”的图片，有小猴摘灯泡、小熊搬箱子、小兔拔杂草的图片，引导幼儿做动作说动词。引导语：“咚咚咚，敲敲门，小猴做什么”“——摘……”

在“农场丰收正繁忙”环节，用体能条设置三条“路”，在每条路的终点竖立一幅“收获”特写图片。楠楠老师示范走路，引导幼儿看图说动宾双词句。

“沿着直路，走到苹果园，摘什么”“——摘苹果。”

“沿着弯路，走到西瓜园，搬什么”“——搬西瓜。”

“沿着折路，走到萝卜园，拔什么”“——拔萝卜。”

在“宝宝动物齐帮忙”环节，一起参加秋收活动，楠楠老师根据图片做动作说完整句引导幼儿复述“小猴摘苹果”“小熊搬西瓜”“小兔拔萝卜”。

以上游戏主要发展幼儿哪些方面的能力？楠楠老师设计的三个游戏环节的顺序能否调整？在游戏中还应该做好哪些支持？完成表2-2-1。

表2-2-1　增强语言能力工作表单

岗位工作任务：________	实施地点：________	实施时间：________	实施办法：________
1. 楠楠老师设计的“快乐农场”游戏主要发展幼儿的哪些能力？19—24月龄幼儿该能力发展具有什么特点？ ________ ________ ________			
2. 这个游戏发展的核心能力是否符合该年龄段幼儿的发展水平？ ________ ________ ________			

续表

3. 楠楠老师设计的三个游戏环节的顺序能否调整？请说明理由。
4. 在游戏中还应该做好哪些支持？

任务描述

此项任务将围绕如何通过游戏发展婴幼儿语言能力展开，涉及游戏在婴幼儿语言能力发展中的价值。在此项任务中，需要理解游戏对提高婴幼儿语言能力的重要性，了解促进语言发展的游戏的主要类型及指导方法。

任务准备

婴幼儿的语言发展是一个动态的概念，有一个发生和发展的过程。3 岁前婴幼儿语言的发展可以划分为三个阶段：0—1 岁是婴儿言语发生的准备阶段，又称为前言语阶段；1—2 岁的幼儿开始进入正式的学说话阶段，当幼儿讲出第一批有真正意义的、具有概括性的词时，标志着幼儿开始发生言语，又称为言语发生阶段；2—3 岁是幼儿基本掌握口语阶段，这一阶段将持续到入学前期（3—6 岁）。游戏为婴幼儿的自由表达创设了适宜的语言环境，在游戏中婴幼儿以具体的感知、动作，创造性地运用生动、具体的语言，发展语言能力。

一、游戏对婴幼儿语言发展的价值

（一）游戏促进婴幼儿交流能力和词汇发展

游戏是婴幼儿学习语言的自然方式。在游戏中，婴幼儿通过与照护者或同伴的互动来提高自己的语言技能。例如，当幼儿玩“咕噜咕噜”游戏时，照护者与幼儿面对面站立，双手握空拳、双拳交错上下边绕圈边念“咕噜咕噜 1（出示 1 根手指）”，并说“一头牛”，两个人再绕圈并念“咕噜咕噜 2（出示 2 根手指）”，幼儿说

“两只鸟”，依次说数字组词到 10，游戏结束。游戏中，幼儿学会了交流的基本规则，如轮流说话和等待对方回应。随着年龄的增长，婴幼儿参与更复杂的游戏，如角色扮演，这要求他们使用更多样的词汇并构造更复杂的句子来表达自己。通过这些互动，婴幼儿不仅增加了词汇量，还学会了新的表达方式和语言结构。

（二）游戏促进婴幼儿听力理解和语言感知

游戏活动常常伴随着歌曲、押韵和节奏，这些都是发展听力理解和语言感知的重要工具。例如，儿歌和童谣中的重复和押韵有助于婴幼儿识别和模仿语言的音节结构。此外，通过听故事和参与故事讲述，婴幼儿学会了理解复杂的叙述和情节发展，这对于语言理解能力的提高至关重要。这些游戏活动不仅提高了婴幼儿的倾听技能，还激发了他们对语言的兴趣，从而促进他们对语言学习的积极性。

（三）游戏提高社交语言和创造性表达技能

游戏提供了一个社交互动的环境，这对于婴幼儿的语言发展至关重要。在游戏中，婴幼儿需要与他人沟通，表达自己的想法和感受，同时也要理解他人的话语。这种交流鼓励婴幼儿使用语言来解决冲突、协商游戏规则和建立友谊。此外，创造性的游戏，如故事创作或幻想游戏，鼓励婴幼儿自由地使用语言，这不仅提高了他们的语言技能，还激发了他们的创造力。通过这些游戏，婴幼儿学会了如何在不同的社交情境中有效地使用语言。

二、促进婴幼儿语言发展的游戏

婴幼儿的各种语言能力具有不同的关键期和敏感期。《托育机构保育指导大纲（试行）》明确了婴幼儿语言发展的目标，主要包括听音与发音、倾听与理解、语言表达和书面语言这四个方面。这些目标是基于不同月龄段的婴幼儿语言发展特点所提出的，婴幼儿语言学习必须抓住有利时机，根据婴幼儿的语言发展特点，开展相应的游戏活动。

（一）语音游戏

语音游戏是以练习正确的发音和提高辨音能力为目的的游戏。根据婴幼儿语音的发展阶段，照护者可以开展以下三种类型的游戏。

（1）听音游戏，包括感知各种声音信息，感知语音信息的游戏。游戏举例如下。

大自然的声音（3—12 月龄）：将婴幼儿带到户外，找一个能够听到鸟叫、树叶沙沙作响、清脆风铃的地方，照护者指出声源的方向并告诉婴幼儿那是什么声音，

图 2-2-1　找声音

让婴幼儿留心大自然中的各种声音。

妈妈的声音（0—3 月龄）：妈妈在哺乳、照护婴儿时，温柔地与他说话，让婴儿注视妈妈的脸，听妈妈的声音。

（2）辨音游戏：包括对声音的空间定位，辨别各种声音的差别等游戏。游戏举例如下。

找声音（0—3 月龄）：照护者在婴儿的两侧说话，也可以一边唱歌、发出有趣的声音，一边在他面前走来走去，让他学习转向声源；还可以拿一些铃铛、发声玩具做辅助，让婴儿试着辨别声音是从哪里发出的（图 2-2-1）。

（3）发音游戏：成人与婴儿进行互相模仿式发音的游戏。游戏举例如下。

学婴语（3—9 月龄）：照护者用婴儿语与婴儿“交谈”，如果婴儿说“啊”，要仔细听、认真点点头，然后也说“啊”；如果婴儿说“咕”，要重复说“咕”。虽然婴儿还无法说出有意义的词语，但当周围人对他的这些发音作出回应的时候，其实是他学习语言的过程。

模仿动物声音（10—18 月龄）：照护者可以拿出小狗、小猫、小鸭等玩具或图片，说儿歌并模仿动物的叫声，诱导婴幼儿模仿，如：“小猫怎么叫？喵喵喵！”“小狗怎么叫？汪汪汪！”“小羊怎么叫？咩咩咩！”“小鸭怎么叫？嘎嘎嘎！”“小青蛙怎么叫？呱呱呱！”

（二）词汇游戏

词汇游戏是以理解词汇、丰富词汇和正确运用词汇为目的的游戏，3 岁前主要是丰富名词、动词、形容词和代词。根据婴幼儿词汇的发展阶段，照护者可以开展以下三种类型的游戏。

（1）指认游戏：婴幼儿将“听名词、代词”与“看（指）物品”统一起来，促进相应词汇的理解的游戏活动。游戏举例如下。

找水果（13—24 月龄）：准备水果玩具。照护者出示水果玩具，引导幼儿观察，说“哪个是苹果”“哪个是香蕉”，当幼儿找对了之后，予以鼓励。可以给幼儿提供熟悉的玩具、熟悉的小动物图卡或者熟悉的日常用品来练习。

（2）指令游戏：婴幼儿将“听动词、形容词”与“做动作”统一起来，促进相应词汇的理解的游戏活动。游戏举例如下。

炒萝卜（18—24 月龄）：准备萝卜图片，出示图片，请幼儿说出图上蔬菜的名称，然后照护者可边说儿歌边做动作：洗萝卜、洗萝卜，洗洗洗（双手做洗的动作）；切萝卜、切萝卜，切切切（一手手心在上，另一手做刀切动作）；炒萝卜、炒萝卜，炒炒炒（做炒菜动作）；吃萝卜、吃萝卜，吃吃吃（做吃饭动作）。带领幼儿边说边一起做炒萝卜的游戏。

（3）命名游戏（13—24 月龄）：根据提供的物品或图片，说出名称。游戏举例如下。

找一找（12—24 月龄）：指向日常生活中的物品，以通过找寻周围物品并说出名称进行游戏，如要求幼儿找出厨房中的物品，盘子、杯子、锅等，然后让他们说出物品的名字。

小汽车去送货（12—24 月龄）：准备识物卡片若干，照护者出示一张事先准备好的识物卡片和一辆合适的玩具车，边说“小汽车，嘀嘀嘀，跑来跑去送东西，送的是什么？宝宝说一说”，边将卡片放到车厢上，让幼儿指认。照护者在出示卡片时要以幼儿现有的认知能力为基础，先出示认识的卡片，逐渐过渡到不太认识的卡片，当幼儿说对时照护者用语言或夸张的动作对幼儿进行鼓励，游戏可重复玩。

（三）句子游戏

句子游戏是以按语法规则正确组成句，并运用各种句式、句型为目的的游戏。根据婴幼儿句子的发展阶段，照护者可以开展以下三种类型的游戏。

（1）对话游戏：通过你问我答的方式练习句子理解和应用的游戏。游戏举例如下。

打电话游戏（24—30 月龄）：准备玩具电话若干。照护者和幼儿各拿起一部电话，首先由照护者发问，幼儿回答，对话的内容可以根据幼儿自身的语言能力进行练习，如“你是彤彤吗”“我是”；“你在哪呢”“我在宝宝园”；“今天你玩得高兴吗”“高兴”；等等。也可以两个幼儿之间进行简单的对话（图 2-2-2）。

图 2-2-2　打电话游戏

（2）传话游戏：听清句子中每一个字的发音，并能清楚转达句子的游戏。游戏举例如下。

悄悄话（24—36 月龄）：将幼儿分成几个小组，每组排成一纵队，照护者请每组的第一个幼儿将听到的悄悄话往下传，如“你可爱又聪明”“大家都喜欢你”“你真有礼貌啊”。然后按照排列顺序一个传一个，直到传给最后一个。要求听清楚悄悄话，传话时要轻声传，不能让别人听到。每组的最后一个幼儿在得到照护者的允许后才能将悄悄话的内容大声地告诉大家。

（3）连词成句：将词汇组合成句子的游戏活动。游戏举例如下。

看图造句（31—36 月龄）：准备识物卡片若干。给幼儿出示布娃娃、衣服卡片，将两者搭配，问："布娃娃和衣服有什么关系？"以此引导幼儿用两张卡片的内容造句。幼儿可能会说："布娃娃穿衣服。"出示另外的图片组合，用同样的方法锻炼幼儿用词造句的能力。

（四）描述性游戏

描述性游戏是以用简单、生动、形象的语言描述事物的特征，发展连贯性的语言为目的的游戏。根据婴幼儿语言的发展阶段，照护者可以开展以下三种类型的游戏。

（1）猜谜游戏：通过语言描述事物的特征，让对方猜物的游戏。游戏举例如下。

神秘袋游戏（24—30 月龄）：准备一个口袋，里面藏着许多物品，留一个手可以伸进去的口子，对幼儿说："来摸一摸都是什么宝贝？"说完话，照护者首先把手伸到口袋中，一边摸一边形容自己摸到的物品的特征，然后拿出来让幼儿看，请幼儿也把手伸到神秘的口袋中摸一摸，让他一边摸一边描述自己摸到的物品的特征，猜猜里面是什么。可更换物品不断重复这个游戏。

（2）讲故事：让幼儿连贯地表述一个话题、讲述身边发生的事情或复述故事的游戏。游戏举例如下。

故事讲述"小毯子哪儿去了"（30—36 月龄）：阅读绘本《小毯子哪儿去了》，第一遍照书回忆故事中的主要人物、情节。比如，可以问幼儿"故事里有谁""小毯子被谁拿去了"。也可以用问答法进行引导，鼓励幼儿一起讲读故事。读完一遍故事后，可以让幼儿试着复述故事情节。

（3）角色扮演：结合幼儿实际生活体验，设置不同内容的角色扮演游戏，如模拟商店、医院或家庭等，让幼儿通过扮演不同的"角色"，如超市售货员、顾客、医生、病人、妈妈、爸爸等，在具体情境中练习使用句子，来进行角色间的语言表达与交流。游戏举例如下。

去超市（31—36 月龄）：在游戏中，照护者扮演售货员，为幼儿准备一系列日常生活用品或蔬菜水果，请幼儿依次来购买商品，购买时一定要说出商品的名称、颜色和用途，如"我买香皂，白色的，洗澡用的""我买青椒，绿色的，用来吃的""我买漂亮的裙子，黄色的，我喜欢穿哦"，说对了再卖给幼儿。这个游戏可以重复玩很多次，售货员也可以由幼儿来扮演。玩这个游戏前，照护者可以带幼儿到超市里仔细观察。

三、支持婴幼儿语言发展的策略

（一）明确婴幼儿语言发展的目标

《托育机构保育指导大纲（试行）》指出语言领域发展的总目标为：对声音和语言感兴趣，学会正确发音；学会倾听和理解语言，逐步掌握词汇和简单的句子；学会运用语言进行交流，表达自己的需求；愿意听故事、看图书，初步发展早期阅读的兴趣和习惯。并针对不同年龄段的婴幼儿提出了以下保育要点。

1. 7—12个月

（1）经常和婴儿说话，引导其对发音产生兴趣，模仿和学习简单的发音。

（2）向婴儿复述生活中常见物品和动作，帮助其逐渐理解简单的词汇。

（3）引导婴儿使用简单的声音、表情、动作、语言表达自己的需求。

（4）为婴儿选择合适的图画书，朗读简单的故事或儿歌。

2. 13—24个月

（1）培养幼儿正确发音，逐步将语言与实物或动作建立联系。

（2）鼓励幼儿模仿和学习使用词语或短句表达自己的需求。

（3）引导幼儿学会倾听并乐意执行简单的语言指令，积极使用语言进行交流。

（4）提供机会让幼儿多读绘本、多听故事、学念儿歌。

3. 25—36个月

（1）指导幼儿正确地运用词语说出简单的句子。

（2）鼓励幼儿用语言表达自己的需求和感受。

（3）创造条件和机会，使幼儿多听、多看、多说、多问、多想，谈论生活中的所见所闻。

（4）培养幼儿阅读的兴趣和能力，学讲故事、学念儿歌。

（二）创造丰富、安全的语言游戏环境

1. 创设丰富的语言发展游戏环境

婴幼儿学习语言的能力是与生俱来的，学习语言必须在自然、有意义的情境中进行。游戏为婴幼儿语言的学习和发展提供了一个真实和自然的环境。

（1）提供家庭化的活动室，构建语言学习的心理环境。婴幼儿活动室要干净、舒适、整洁、温馨，如布置童趣化的墙面背景、卡通的窗帘等。家庭化的环境可以增加婴幼儿的亲切感和信任度，有助于他们获得良好的情感体验，在温馨的氛围中学会说话与交流。

（2）提供丰富的区角材料，构建自主的语言环境。托育机构一般都设置了区角，

可通过材料的提供让区角活动成为婴幼儿自主的语言环境。

阅读区：提供多种适宜的阅读材料和教具，如塑封的家庭合影、布书、硬纸板书、小相册、明信片、绘本、手偶、录音机等。

角色扮演区：提供玩具娃娃及配件、厨房用具、装扮用的衣物及配件，通过情境化的语言环境，结合物品操作和故事情节的表演，幼儿的语言被自然地激发出来，语言能力也会在模仿角色的过程中得到锻炼。

探索区：投放不同类型的材料，在操作材料的基础上增加词汇量，并通过语言整理自己的经验，锻炼表达能力。

（3）提供多种主题的游戏环境，构建丰富的语言环境。可以利用日常环境（包括生活、自然和社会）中的实物、景色和事件等进行自然随机的生活语言教育。所有游戏内容围绕一个主题设计，主题的选择贴近真实生活但却是婴幼儿日常生活不能经常接触到的模拟场景，如"美丽的森林""海底漫游""小虫王国的秘密"。美丽的海底绚丽多姿，茂密的森林生机盎然，小虫世界更是神秘莫测。创设相应的模拟环境，将适合婴幼儿学习的有关内容巧妙地集中布置起来，从而引导婴幼儿在直接的操作体验中感受和习得语言。

2. 保障游戏场所的安全、卫生

（1）投放玩具和自然材料应符合安全要求。

（2）镜子若为塑胶亮面，需确保不易破碎且无尖锐边缘。

（3）供阅读的图书、图片应符合婴幼儿的认知特点，内容适合婴幼儿阅读；单幅单画，画面色彩和谐，画面和文字印刷清晰，字体大小适宜，具有美感，文字、插图、符号等与纸张颜色之间要有鲜明的对比；书本大小适宜，厚薄和重量适中，结实、质地致密，表面平滑而不反光，不易被撕坏。

（4）投放小物品，如豆子、大米或小的泡沫材料等时，婴幼儿需要在监护下使用。

（5）定期检查玩具和设施是否有部件故障或零件松动，并及时修理、更换或丢弃。

（6）环境及材料需要定期清洁、消毒。

（三）婴幼儿语言发展游戏指导建议

1. 游戏前：作为计划者

（1）设计好游戏活动方案。作为游戏的计划者，照护者需要在游戏计划前思考以下问题：婴幼儿的兴趣是什么？最喜欢的语言游戏是什么？目前语言的发展水平怎么样？然后基于婴幼儿语言发展水平和前期经验，构思游戏想法或主题，计划游戏日程表并规划游戏空间，为婴幼儿的语言游戏活动做好前期的方案，方案中应包括语言发展的目标、游戏开展的背景和时间、游戏准备及材料等。

（2）做好前期的准备。照护者应根据游戏活动计划和类型创设环境，准备活动材料，并提供前期经验等。例如，在活动室的各个区角提供各种读写材料；主题角色游戏前，照护者可通过实地考察丰富幼儿的相关背景经验、角色及行为信息，提供支持性游戏材料。

2. 游戏中：作为支持者

在游戏中，与婴幼儿交谈是照护者支持婴幼儿语言发展的重要方法，这种交谈，不仅是“对”他们说话，更重要的是“和”他们说话。也就是说，提供婴幼儿与照护者和其他同伴相互交流的机会，是促进婴幼儿语言发展的重要策略。在游戏中，与婴幼儿交流他们感兴趣的话题或正在从事的活动，通常效果会更好。照护者可以采用以下对策支持游戏顺利开展。

（1）通过描述，促进语言理解。在婴幼儿游戏时，用短小精练的句子描述他正在做什么。例如，幼儿在玩卡车，照护者说：“卡车在公路上。现在它在转弯。它会掉下来吗？噢，不，卡车又回到公路上了。”通过描述，不仅提供了语言的示范，提高了幼儿对情境语言的理解，而且鼓励了幼儿游戏的积极性。描述要短小精练，发音要清晰，可以描述幼儿行为，也可以描述照护者行为。

（2）通过对话，扩展词汇。在游戏中，幼儿通常会积极、开放地学习新词汇。照护者要注意寻找机会，扩展幼儿的词汇量，尤其是与游戏紧密相关的词汇。例如，当幼儿指着积木说这是“积木门”时，你可以回应他：“用拱形积木做门真是一个好主意！”请注意，这样的对话是在幼儿游戏的过程中进行的，尊重幼儿游戏的自主性，不会分散幼儿对自己活动的注意力。

（3）通过复述，支持句子学习。复述是指在重复幼儿话语的同时，加入新词或短语，扩展幼儿的句子，使得句子逐渐变得复杂。例如，“娃娃家自由游戏”时间，当萌萌说“看，我在煎蛋”时，照护者复述：“萌萌，你正在用平底锅煎鸡蛋，它们看起来非常美味！”不期望幼儿马上能模仿，通过复述，为幼儿示范完整句和复杂句。

（4）通过鼓励，促进对话发生。幼儿在游戏时，照护者可以通过多样化的方式，鼓励幼儿描述正在做的事情，从而促进对话的发生。可以采用直接邀请的方式，如“我在你的画里看到了粉色和蓝色，你愿意和我讲讲吗”或者只说“我很想听听你是怎么画的”；也可以采用描述性评论的方式，如“我看到你把积木排成了一排”。这种评论一方面表明照护者的兴趣和关注点，另一方面又不需要幼儿作出回应。如果幼儿愿意，就会围绕这个话题继续交流。

3. 游戏后：作为促进者

将游戏过程中的观察记录和撰写的目标相比较。评估有没有达到既定的目标。如果目标没有达到，思考其原因，然后修正计划；如果目标达到，思考在现有游戏语言发展水平高一点的基础上，撰写新目标、设计新的语言游戏。如果没有达到目标，可以从以下几个方面进行反思。

（1）确定的语言发展目标是否可行，或者是否在婴幼儿语言最近发展区之外？

（2）游戏活动是否专注在语言目标上？

（3）设置的目标和活动是否基于婴幼儿的兴趣？

（4）设置的目标和活动是否考虑到婴幼儿语言的个体差异？

（5）计划的活动是否扩展了婴幼儿的语言能力并提供了成功实践的机会？

（6）婴幼儿是否需要更多的游戏活动时间？

（7）游戏活动中照护者的语言发展指导有没有效果？

任务实施

娃娃家自由游戏

在“娃娃家自由游戏”期间，托班28月龄的亮亮总是独自在娃娃家游戏，不参与周围小伙伴们的互动。他独自在炉子上烧饭并摆桌子。小爱老师之前就发现亮亮说话很少，口头表达能力较弱。于是，小爱老师坐到亮亮旁边，扩展亮亮说的词语，并描述他的行为，当亮亮用手势语交流时，小爱老师随着亮亮的手势说出语言。渐渐地，亮亮开始说得多了。小爱老师计划接下来继续使用这种语言技巧，尤其是在自由游戏期间。

任务：针对以上的情境，完成以下“娃娃家自由游戏”任务单（表2-2-2）。

任务分析

在语言发展游戏实施前，需要评估婴幼儿的语言发展水平和兴趣点，观察婴幼儿在游戏中的表现，做好评估，及时回应并做好恰当的支持，并能根据评估的结果及时调整接下来的游戏活动的难度。

任务操作

表2-2-2　“娃娃家自由游戏”任务单

工作内容
根据以上的案例描述，回答以下问题： 1. 结合本任务的内容，小爱老师在本游戏中主要发展亮亮的________能力？亮亮这个年龄段该能力发展的目标是______________________________ ____

续表

工作内容
2. 小爱老师在亮亮"娃娃家自由游戏"中采用的支持亮亮发展的对策： ______ ______ ______
3. 假设亮亮在游戏中正在假装把牛奶倒进奶瓶中，如果你是小爱老师，你将怎么引导？ ______
4. 小爱老师计划接下来继续使用这种语言技巧，尤其是在自由游戏期间。你认为这样的做法合适吗？解释原因。 ______ ______

任务评价

完成表 2-2-3 和表 2-2-4。

表 2-2-3 "娃娃家自由游戏"任务评估表

项目	主要内容	要点	是否做到
1	描述亮亮的发展能力及该阶段能力发展目标	语言领域能力发展目标及代表行为	□是 □否
2	照护者在婴幼儿语言游戏中支持的方法	根据游戏内容及特点实施	□是 □否
3	照护者婴幼儿语言游戏支持方法的应用	科学性、可行性	□是 □否
4	照护者对婴幼儿语言游戏的反思与调整	科学性	□是 □否

表 2-2-4 "娃娃家自由游戏"综合任务评价表

评价内容	自我评价	小组互评	教师评价
课堂活动参与度	☆☆☆☆☆	☆☆☆☆☆	☆☆☆☆☆
小组活动贡献度	☆☆☆☆☆	☆☆☆☆☆	☆☆☆☆☆
工作任务完成度	☆☆☆☆☆	☆☆☆☆☆	☆☆☆☆☆

知识拓展

婴幼儿语言发展要点如表2-2-5所示。

表2-2-5　婴幼儿语言发展要点

0—1 月龄	1—3 月龄	3—6 月龄	6—9 月龄
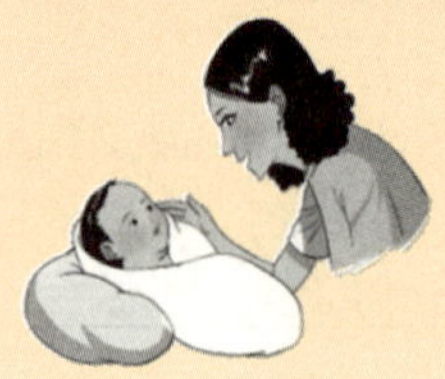			
注视新生儿的眼睛，温柔地与他（她）说话，尤其是哺乳、照护的时候，让新生儿看养育人的脸，听养育人的声音	在喂奶时或孩子清醒时，对着他（她）笑，模仿他（她）的声音和他（她）说话交流	经常和孩子说话、逗笑，通过模仿他（她）的声音、表情和动作与他（她）交流	对孩子的声音和兴趣给予回应，叫他（她）名字观察反应，用布遮住脸玩“躲猫猫”，和他（她）说看到的人或物品
9—12 月龄	12—18 月龄	18—24 月龄	24—36 月龄

教孩子认家中物品、人及身体部位，和孩子说话、唱歌、结合场景边说边做手势，如拍手“欢迎”、挥手“再见”。可用具有五官的娃娃作玩具	问孩子简单的问题，回应他（她）说的话。用简单的指令调动他（她）的活动，如“把杯子给我”；鼓励他（她）称呼周围的人，看物品和图片，说出名称	与孩子多说话，问他（她）问题并耐心等待他（她）的回答，用清晰、正确的发音回应他（她）说的话。带他（她）边看大自然、图画书和物品，边和他（她）交谈	与孩子一起看图画书，讲故事、说儿歌，尝试和他（她）讨论图画书的内容；教他（她）说自己的姓名、性别，教他（她）认识物品的形状、颜色、用途

节选自《3岁以下婴幼儿健康养育照护指南（试行）》附件4

任务三　提高认知水平

情境案例

小王老师为24—36月龄的幼儿设计了一个能够促进思维能力发展的游戏——“排排序”。其中有三个游戏环节。

第一个游戏环节，小王老师出示长短不一的积木，要求小朋友排排队。

第二个游戏环节，小王老师出示装有高低不同水位的水杯及筷子若干。先引导幼儿按照从高到低的顺序排序，再让幼儿依次敲打水杯。

第三个游戏环节，小王老师出示颜色不一、形状不一的软糖，要求幼儿根据自己的想法排序归类。

以上游戏主要发展幼儿哪些方面的能力？小王老师设计的三个游戏环节的顺序能否调整？在游戏中还应该做好哪些支持？完成表2-3-1。

表2-3-1　增强认知水平工作表单

岗位工作任务：________	实施地点：________	实施时间：________	实施方法：________
1. 小王老师设计的“排排序”游戏主要发展幼儿的哪些能力？24—36月龄幼儿该能力发展具有什么特点？ ________ ________ ________			
2. 这个游戏发展的核心能力是否符合该年龄段幼儿的发展水平？ ________ ________ ________			
3. 小王老师设计的三个游戏环节的顺序能否调整？请说明理由。 ________ ________ ________			

续表

4. 在游戏中还应该做好哪些支持？ ______ ______ ______

任务描述

此项任务将围绕如何通过游戏提高婴幼儿认知水平展开，涉及游戏在婴幼儿认知发展中的价值。在此项任务中，需要理解游戏对提高婴幼儿认知水平的重要性，了解提高认知水平的游戏的主要类型及指导方法。

任务准备

婴幼儿的认知发展与其他领域的发展不一样。相比较动作、语言的发展，婴幼儿的认知发展更加内隐，需要借助其他工具来体现。认知涵盖的范围较广，衡量婴幼儿认知发展的指标非常多样，如记忆力、想象力、表象、思维能力等。且在婴幼儿不同的年龄阶段，认知发展水平的差异是很明显的。作为婴幼儿非常喜欢的一种活动，游戏是促进婴幼儿认知发展的有效手段。在设计婴幼儿认知游戏时，照护者要充分地理解婴幼儿认知发展的年龄特点。

一、游戏对婴幼儿认知发展的价值

（一）游戏丰富心理表征

依据皮亚杰的认知发展理论，0—3 岁的婴幼儿处于感知运动阶段，这一阶段的婴幼儿主要通过自己的感知觉和动作来获得对周围世界的认识。该阶段的婴幼儿在自己的思维中心创造的心理表征是现实世界中看到的具体事物或事件。游戏能够丰富婴幼儿的心理表征。在游戏中，婴幼儿通过与教玩具的接触来增加对外界事物的认识。例如，针对 2 岁以前的婴幼儿，照护者可以拿出手机玩具模型，跟他说："给妈妈打个电话吧！"当幼儿 2 岁左右的时候，照护者可以拿一个跟实物不太相像的物品来替代，如用一根香蕉代替手机，跟他说："用这个手机给妈妈打个电话吧！"照护者可以根据婴幼儿的年龄、兴趣爱好来选择不同的教玩具与婴幼儿进行互动游戏。教玩具的选择可以按照实物—仿真玩具—与实物很像的其他物品—与实物不太像的其他物品的顺序进行，从而不断丰富婴幼儿的心理表征。

（二）游戏提高注意力

注意是人的心理活动对一定事物的指向和集中。注意是各种心理活动的开端，也是各种心理活动共有的一种心理现象。注意本身不是一种独立的心理过程，而是感觉、知觉、记忆、思维等认知过程的共同特性。注意一般分为有意注意和无意注意。有意注意是指有目的的、需要意志控制的注意；无意注意是指没有预定的目的，也不需要意志努力的注意。0—3 岁的婴幼儿以无意注意为主，但是 0—3 岁是发展有意注意的关键时期。注意力是指人的心理活动指向和集中于某种事情的能力。游戏能够提高婴幼儿的注意力。照护者可以通过游戏任务来训练婴幼儿注意的稳定性和广度。例如，照护者与 2 岁左右的幼儿面对面坐好，在幼儿面前放上 5 个动物仿真玩具——老虎、狗、长颈鹿、熊猫和兔子，用一块不透明的布盖住这几个动物，并对幼儿说："请你自己看，哪个动物消失啦？"照护者说话的同时，迅速地把其中一个动物拿走，然后掀开布，让幼儿说一说哪个动物消失了。这一类游戏，可以训练婴幼儿的有意注意。

（三）游戏促进思维发展

思维是人类特有的精神活动，是对外在所得的表象、概念进行分析、综合、判断、推理等认识活动的过程。婴幼儿凭借着手摸、口尝、鼻闻、耳听、眼看等发展感觉、知觉能力，并在复杂的综合知觉的基础上产生萌芽状态的思维现象。1—3 岁幼儿处于思维发展的低级阶段，即感知思维阶段，又称为直觉行动思维阶段。游戏能够有效地促进 0—3 岁婴幼儿的思维发展。

二、促进婴幼儿认知发展的游戏

0—3 岁婴幼儿认知发展的主要任务是发展对物理世界的认知（即发展婴幼儿的视觉、听觉、对数与量的认知、时间知觉、空间知觉、数理逻辑等方面的认知能力），并在此基础上发展注意力和记忆力，促进思维的发展。为促进 0—3 岁婴幼儿的认知发展，应根据婴幼儿的年龄特点，设计相应的游戏活动。

（一）发展观察力的游戏

观察，是有目的、有计划的知觉活动。观察力即观察的能力。0—3 岁婴幼儿通过观察发展对物理世界的认知能力。照护者可以根据该年龄段婴幼儿的年龄特点，通过设计各类游戏来发展婴幼儿的观察力，包括视觉游戏、听觉游戏、触觉游戏等。

1. 视觉游戏

视觉游戏的目的是通过适量刺激来促进视觉能力的发展。游戏举例如下。

寻找宝藏（7—12 月龄）：照护者左手拿毛巾，右手拿玩具，面对婴儿把玩具塞到毛巾里，然后问婴儿玩具在哪里？鼓励婴儿打开毛巾，将玩具找出来。然后再放一个玩具进去，看看是什么，婴儿打开毛巾后，照护者要用惊喜的语调说出物品名称。

躲猫猫（6—24 月龄）：照护者可以用一块布把脸遮住，然后突然打开，让婴幼儿看到照护者的脸，然后再用布遮住，让婴幼儿寻找照护者的脸。这个游戏可以反复进行，逐渐增加难度，比如，变换不同的颜色或形状的布，或者在婴幼儿找到照护者的脸之后给予一些小奖励。

2. 听觉游戏

听觉游戏的目的是训练婴幼儿对声音的注意及听觉定位能力。游戏举例如下。

呼唤声（0—12 月龄）：照护者坐在婴儿面前，用枕巾挡住自己的脸，呼唤婴儿的名字，再把头缩回枕巾后藏起来。当婴儿寻找声音来源时，照护者要给婴儿确定的信号，并故意让婴儿看到且要夸奖婴儿聪明。

敲杯子（12—24 月龄）：准备五六个水杯，装入不同体积的清水，让幼儿拿筷子敲击每个玻璃杯，仔细倾听这些玻璃杯发出的声音有什么不同。

3. 触觉游戏

触觉游戏的目的是训练婴幼儿对物体的软硬、冷热、光滑及粗糙等质地的认识。游戏举例如下。

爱的抚触（0—36 月龄）：从婴幼儿出生开始，照护者可以通过拥抱和抚摸，增强婴幼儿的满足感和舒适感，使其产生被爱和安全的感觉。

布料摩擦（0—24 月龄）：找几块不同质地的布料，如丝绒、麻纱、丝绸等，分别告诉婴幼儿它们各自的触感，如“柔软”“稍微粗糙”“光滑”等，一边向婴幼儿解释，一边将布料放在婴幼儿手中，让其握住。然后从婴幼儿手中轻轻拿走布料，用布料轻轻摩擦婴幼儿的手掌和脚掌。摩擦一两分钟后，换另外一块布料进行同样的练习，来回做几次。

0—3 岁婴幼儿的视觉、听觉和触觉游戏并不是绝对独立分开的，照护者在设计游戏时，可以根据场地、材料等设计发展 0—3 岁婴幼儿多方面能力的游戏。

（二）发展注意力和记忆力的游戏

注意力是指人的心理活动指向和集中于某种事情的能力。记忆力是人对过去感知过的事物和语言的再认和再现的能力。注意力和记忆力是人类认知能力的重要组成部分，也是认知能力发展的基础。照护者可以根据婴幼儿的年龄特点，通过设计各类游戏来发展婴幼儿的注意力和记忆力。

1. 注意力游戏

注意力游戏的目的是提高婴幼儿注意的稳定性，以及扩大其注意的范围。游戏举例如下。

听指令做动作（12—36 月龄）：从照护者和幼儿间选出一个发号指令的人，指令员说口号，其他参与人员必须按指令做出相对应的动作，如“用右手摸摸头”“左手摸鼻子，右手不许动”“双腿弯曲，脚跟不能碰地”“咧嘴笑，但不能发出声音”。照护者作为指令员时，可以根据幼儿的年龄，选择他们能够完成的动作。

谁能看得清（24—36 月龄）：游戏时照护者手里随意拿 3 个以内的玩具（积木、水果等幼儿熟悉的物品），摊开手掌 3 秒左右收回，请幼儿说出照护者手里的物品有几个。一定时间内，幼儿能看清的物品越多，其注意的范围也就越大。该游戏需要幼儿能够简单地数数并说出总数。游戏可以根据幼儿的实际发展情况进行调整。假如幼儿还不能计数，可以问幼儿“我手上的物品是什么”。

2. 记忆力游戏

记忆力游戏的目的是提高婴幼儿注意的敏捷性、持久性和正确性。游戏举例如下。

什么不见了（12—36 月龄）：挑选几种幼儿熟悉的物品，摊开放在他们面前，并询问幼儿物品的名称。确认幼儿知道所有物品后，请他们闭上眼睛，从中挑选物品并藏起来，或是将眼前的物品摆放位置打乱。藏好后，请幼儿睁开眼睛并指出是什么物品消失了。这个游戏可以根据幼儿的年龄，选择不同数量的物品，从而调整游戏难度。

生活场景的记忆（12—36 月龄）：沿熟悉的路线散步时，可以一边和幼儿介绍这是什么商店、这栋楼住了哪个朋友，每次出门时都带他熟悉一遍。直到幼儿熟悉了以后，随机指向一个地方，并问他这是哪里。

注意力和记忆力的发展需要持之以恒的训练，因此照护者要善于挖掘生活中的材料，设计各类有助于发展注意力和记忆力的游戏，并融入日常生活中。

（三）发展思维能力的游戏

思维能力是指人们在学习、工作和生活中遇到问题时，通过分析、综合、概括、抽象、比较、具体化和系统化等一系列过程，对感性材料进行加工并转化为理性认知来解决问题的能力。0—3 岁婴幼儿的思维仍处于发展的初步阶段，处于直觉行动思维阶段。照护者可以根据 0—3 岁婴幼儿的年龄特点，设计相应的游戏，发展其概念理解能力，分类、比较及序列化能力，推理能力，提高其思维的独立性、敏捷性、广泛性、灵活性、逻辑性和创造性。

1. 发展概念理解能力的游戏

发展概念理解能力的游戏的目的是提高婴幼儿理解概念的能力。游戏举例如下。

你问我答（12—36 月龄）：照护者要经常向婴幼儿介绍身边的物体属于哪一类。例如，看到苹果，照护者可以说：“这是苹果，它是水果。”看到牛，照护者可以说：“这是牛，它是动物。”广泛地接触各种动植物等常见的物体并了解它们的概念，能够帮助婴幼儿积累大量直观经验，提高对概念的理解能力。

给卡片找家（24—36 月龄）：照护者提供各种动植物、交通工具及水果的卡片，幼儿根据照护者的要求找出卡片。例如，照护者说：“请你把所有的动物找出来。”幼儿从卡片中将所有的动物找出来。或者，照护者拿着香蕉的卡片问：“这是什么？它属于什么？”幼儿回答：“这是香蕉，它属于水果。”

2. 发展分类、比较及序列化能力的游戏

发展分类、比较及序列化能力的游戏的目的是提高婴幼儿对事物的分类、比较等能力。游戏举例如下。

给树叶分类（24—36 月龄）：整理一堆形状各异的树叶，让幼儿按照不同的形状分别归类，比如，将椭圆形的放在一起，长条形的放在一起，心形的放在一起。还可以教幼儿认识树叶的名字：细细长长的是柳叶，扇形的是银杏叶，椭圆形的是榆树的叶子，等等。

等量游戏（24—36 月龄）（图 2-3-1）：照护者先在桌子上横放一支铅笔，上面再放一把尺子（支撑物），两端各摆上大小相同的杯子。接着照护者可以进行如下操作：在杯子中注入等量的水，让幼儿观察；在杯子中注入不等量的水，让幼儿观察；在杯子中注入等量的水，并在其中一个杯子里加入弹珠或者象棋、小石子之类的东西，让幼儿观察。通过观察，幼儿会明白，如果在具有相同水量的两个杯子中任选一个放入任何物品，加入东西的那个水杯就会变重；当天平处于平衡状态时，将手指头伸进水杯中，这时候伸进手指头的一边就会下沉。

彩图 2-3-1

图 2-3-1　等量游戏

3. 发展推理能力的游戏

发展推理能力的游戏的目的是使婴幼儿学会简单的逻辑判断和逻辑推理。游戏举例如下。

猜一猜（24—36 月龄）：将一些木制的或铁制的东西放在水中，让幼儿观察或猜测它们是下沉还是上浮。先放一些木制的，它们都漂着，然后再拿另一些木制的东西，问幼儿把它们放在水里会怎样？这时幼儿会判断为漂浮，因为它们是木制的。猜测游戏继续下去，幼儿还可得出另一些结论：“这些物品不能漂浮，所以它们不是

木制的”“小铁盒能漂浮，说明有些铁制的东西也能漂浮”……

三、支持婴幼儿认知发展的策略

（一）明确婴幼儿认知发展的目标

《托育机构保育指导大纲（试行）》指出认知领域发展的总目标为：充分运用各种感官探索周围环境，有好奇心和探索欲；逐步发展注意、观察、记忆、思维等认知能力；学会想办法解决问题，有初步的想象力和创造力。并针对不同年龄段的婴幼儿提出了以下保育要点。

1. 7—12个月

（1）提供有利于视、听、触摸等材料，激发婴儿的观察兴趣。

（2）鼓励婴儿调动各种感官，感知物体的大小、形状、颜色、材质等。

（3）引导婴儿观察周围的事物，模仿所看到的某些事物的声音和动作。

2. 13—24个月

（1）引导幼儿运用各种感官探索周围环境，逐步发展注意、记忆、思维等认知能力。

（2）鼓励幼儿辨别生活中常见物体的大小、形状、颜色、软硬、冷热等明显特征。

（3）鼓励幼儿在操作、摆弄、模仿等活动中想办法解决问题。

3. 25—36个月

（1）引导幼儿运用各种感官反复持续探索周围环境，逐步巩固和加深对周围事物的认识。

（2）启发幼儿观察辨别生活中常见物体的特征和用途，进行简单的分类，并感受生活中的数学。

（3）培养幼儿在感兴趣的事情上能够保持一定的专注力。

（4）通过各种游戏和活动，鼓励幼儿主动思考、积极提问并大胆猜想，激发幼儿的想象力和创造力。

（二）创设丰富的环境，提供充足的认知材料

1. 创设丰富的环境

为促进婴幼儿的认知发展，照护者需要提前做好相关的物质准备和经验准备，创设丰富的游戏环境，为婴幼儿提供各种发展的机会。例如，在教室中设计不同的区域，以满足婴幼儿不同的认知游戏需要；同时照护者要善于利用自然环境、社区

环境作为其认知游戏的场所。

2. 提供充足的认知材料

游戏材料的合理选择、正确投放能够使游戏的进行更加顺利。照护者为0—3岁婴幼儿投放认知游戏的材料时，应该注意以下几点。

（1）材料应充足、多样，为婴幼儿创设良好的探索环境。材料的类型涉及感知觉游戏、分类游戏、记忆力游戏、注意力游戏、表征游戏等。每种游戏的材料也应该丰富多样，以激发婴幼儿的探索欲望。且多样的材料能够促进婴幼儿的多样表征。

（2）材料的选择须考虑婴幼儿的兴趣和需要。既可从婴幼儿熟悉的周围生活环境入手，也可选择婴幼儿感兴趣的事物。例如，可以认识身边的花草树木，也可以讲解动漫人物或恐龙等婴幼儿喜爱的对象。

（3）认知领域的区域材料应注意更换的内容和频率。合理利用区域空间，面对不同月龄的婴幼儿，区域材料的投放应有针对性，为吸引婴幼儿自主探索，材料应定期更换。

（4）游戏材料的提供应注意循序渐进。随着婴幼儿认知水平的发展，应该随时调整所提供的游戏材料。最先可以提供实物类的游戏材料，然后过渡到提供仿真类游戏材料，再可以提供一些跟实物相像的替代物。

（三）婴幼儿认知发展游戏指导建议

照护者在婴幼儿认知游戏中的角色是多样的，不仅应该是游戏活动的设计者、游戏材料环境的准备者、游戏过程中的引导者、指导者、陪伴者，更应该成为游戏活动的促进者。

1. 游戏方案设计：以感性材料的积累为前提

照护者在设计认知游戏的时候，要考虑以下几个问题：该游戏能够促进婴幼儿哪方面的发展？该游戏活动适合这个年龄阶段的婴幼儿吗？婴幼儿的前期经验有什么？认知类游戏顺利开展的核心是照护者设计游戏时，要了解婴幼儿已有的认知经验。在此基础上，依据婴幼儿的年龄发展特点，设计婴幼儿感兴趣的能发展认知能力的游戏。

2. 游戏材料的提供：以多元表征为依据

照护者在创设游戏环境和准备游戏材料时应思考如下问题：该游戏活动需要准备什么材料？这些材料是否安全？婴幼儿是否对游戏材料感兴趣？游戏材料是否充分？游戏材料是否能够为婴幼儿认知发展提供帮助？认知游戏的材料需要多样，以此促进婴幼儿的多元表征。例如，想让婴幼儿了解物体的软硬这一性质，照护者需要提供多种软硬程度不同的物质（软硬不同的糖、软硬不同的水果、软硬不同的蔬菜等），让婴幼儿直接感知，促进婴幼儿对软硬这一性质的建构。

3. 游戏开始：以婴幼儿自主探索为核心

游戏开始前，照护者应该将游戏的玩法清晰明了地介绍给婴幼儿。有需要的情况下，照护者可以提供示范。应该给予充足的时间和机会让婴幼儿自主探索，增加直接经验。

4. 游戏过程：以提高问题解决能力为宗旨

照护者应耐心地观察婴幼儿的游戏过程，以便随时提供帮助。当婴幼儿成功完成游戏时，给予夸奖与鼓励；当婴幼儿遇到困难时，首先应该给予鼓励和支持，并引导婴幼儿再次尝试。若各种方式都尝试以后，婴幼儿还是无法完成游戏，可以在照护者的帮助下一起完成游戏。在整个游戏过程中，照护者不仅是婴幼儿游戏的指导者，更是婴幼儿优点的发现者、婴幼儿游戏过程中遇到困难时能够提供帮助的支持者、婴幼儿完成游戏的陪伴者。

在游戏结束以后，照护者应对婴幼儿在游戏过程中的表现进行评价，以正面评价为主，维持婴幼儿对游戏的兴趣。

5. 游戏结束：以促进游戏提升为准则

在认知游戏结束后，照护者要根据婴幼儿游戏的表现进行反思，在反思中取得进步。反思可以从以下方面进行。

（1）确定的认知发展目标是否可行？

（2）设置的目标和活动是否基于婴幼儿的兴趣？

（3）设置的目标和活动是否考虑到婴幼儿认知的个体差异？

（4）游戏材料是否充分？

（5）游戏目标是否实现？

（6）在游戏过程中，婴幼儿是否感兴趣？是否需要调整游戏过程？

任务实施

认识颜色的微微

1 岁半的微微最喜欢用蜡笔在纸上画画，他比较喜欢红、黄、绿等鲜艳的颜色。张老师想寓教育于色彩之中，便拿着五颜六色的蜡笔一遍遍地向微微讲“这是红色，跟老师说红色”“那是黄色，跟老师说黄色”……很快张老师就教了微微四种颜色，张老师着实高兴了好一阵。但接下来的几天，当张老师再问“这是什么颜色”时，微微要么张冠李戴，要么默不作声。张老师迷惑了：微微之前已经学会了，怎么又不会了？

任务：针对上面的情境，完成以下“认识颜色的微微”活动任务单（表 2-3-2）。

任务分析

在认知领域游戏实施前，需要评估婴幼儿的认知发展水平和兴趣点，观察婴幼儿在游戏中的表现，做好评估，及时回应并做好恰当的支持，并能根据评估的结果及时调整接下来的游戏活动的难度。

任务操作

表 2-3-2 “认识颜色的微微”活动任务单

工作内容
根据以上的案例描述，回答以下问题： 1. 结合本任务的内容，在“认识颜色的微微”这个情境中，微微存在哪方面的能力缺失？______________________微微这个年龄段该能力发展的目标是______________________________ 2. 若想提高微微的认知能力，教师需要承担什么角色，并做出什么样的行为？ 角色及行为：______________________ 角色及行为：______________________ 角色及行为：______________________ 3. 教师还可以设计哪些游戏来提高微微的颜色认知能力？请简要描述游戏过程。 ______________________ ______________________

任务评价

完成表 2-3-3 和表 2-3-4。

表 2-3-3 “认识颜色的微微”活动任务评估表

项目	主要内容	要点	是否做到
1	描述微微的发展能力及该阶段能力发展目标	认知领域能力发展目标及典型行为	□是 □否
2	照护者应在婴幼儿认知领域游戏中承担的角色	根据游戏内容及特点具备多重角色	□是 □否
3	照护者在婴幼儿认知领域游戏中承担不同角色的主要支持行为	科学性、可行性	□是 □否
4	婴幼儿认知领域游戏的反思与调整	科学性	□是 □否

表 2-3-4　“认识颜色的微微”活动任务综合评价表

评价内容	自我评价	小组互评	教师评价
课堂活动参与度	☆☆☆☆☆	☆☆☆☆☆	☆☆☆☆☆
小组活动贡献度	☆☆☆☆☆	☆☆☆☆☆	☆☆☆☆☆
工作任务完成度	☆☆☆☆☆	☆☆☆☆☆	☆☆☆☆☆

知识拓展

儿童健康不仅表现为没有疾病或虚弱，还体现在身体、心理和社会功能的完好状态及潜能的充分发展。监测儿童心理行为发育（表2-3-5），是保障和促进儿童健康成长的重要手段。

表 2-3-5　儿童心理行为发育问题预警征象筛查表

年龄	预警征象		年龄	预警征象	
3月	（1）对很大声音没有反应	□	18月	（1）不会有意识地叫“爸爸”或“妈妈”	□
	（2）逗引时不发音或不会微笑	□		（2）不会按要求指人或物	□
	（3）不注视人脸，不追视移动人或物品	□		（3）与人无目光交流	□
	（4）俯卧时不会抬头	□		（4）不会独走	□
6月	（1）发音少，不会笑出声	□	24月	（1）不会说 3 个物品的名称	□
	（2）不会伸手抓物	□		（2）不会按吩咐做简单事情	□
	（3）紧握拳松不开	□		（3）不会用勺吃饭	□
	（4）不能扶坐	□		（4）不会扶栏上楼梯/台阶	□
8月	（1）听到声音无应答	□	30月	（1）不会说 2~3 个字的短语	□
	（2）不会区分生人和熟人	□		（2）兴趣单一、刻板	□
	（3）双手间不会传递玩具	□		（3）不会示意大小便	□
	（4）不会独坐	□		（4）不会跑	□
12月	（1）呼唤名字无反应	□	36月	（1）不会说自己的名字	□
	（2）不会模仿“再见”或“欢迎”动作	□		（2）不会玩“拿棍当马骑”等假想游戏	□
	（3）不会用拇食指对捏小物品	□		（3）不会模仿画圆	□
	（4）不会扶物站立	□		（4）不会双脚跳	□

续表

年龄	预警征象		年龄	预警征象	
4 岁	（1）不会说带形容词的句子	□	6 岁	（1）不会表达自己的感受或想法	□
	（2）不能按要求等待或轮流	□		（2）不会玩角色扮演的集体游戏	□
	（3）不会独立穿衣	□		（3）不会画方形	□
	（4）不会单脚站立	□		（4）不会奔跑	□
5 岁	（1）不能简单叙说事情经过	□			
	（2）不知道自己的性别	□			
	（3）不会用筷子吃饭	□			
	（4）不会单脚跳	□			

注：适用于 0—6 岁儿童。检查有无相应月龄的预警征象，发现相应情况在“□”内打“√”。该年龄段任何一条预警征象阳性，提示有发育偏异的可能。

节选自《3岁以下婴幼儿健康养育照护指南（试行）》附件2

任务四　促进社会性发展

情境案例

小何老师为 12—24 月龄的婴幼儿设计了一个能够促进社会性发展的游戏——“谢谢你不客气”，其中有三个游戏环节。

第一个游戏环节：自我介绍。教师先示范如何自我介绍：“大家好，我是小何老师，今天是小狗的生日，祝你生日快乐呀，这是我送给你的礼物。”接下来引导所有小朋友按照这样的句式进行自我介绍。

第二个游戏环节：教师创设情境，小羊摔倒了，应该怎么做？引导婴幼儿互相帮助，互相说“谢谢你”“不用谢”。

第三个游戏环节：教师创设情境，小猫的水杯找不到了，该怎么办？引导婴幼儿互相帮助，并学会互相说“谢谢你”“不用谢”。

以上游戏主要发展婴幼儿哪些方面的能力？小何老师设计的三个游戏环节的顺序能否调整？在游戏中还应该做好哪些支持？完成表 2-4-1。

表 2-4-1　促进社会性发展工作表单

岗位工作任务：________	实施地点：________	实施时间：________	实施办法：________
1. 小何老师设计的“谢谢你不客气”游戏主要发展婴幼儿的哪些能力？12—24 月龄婴幼儿该能力发展具有什么特点？ ________ ________ ________ 2. 这个游戏发展的核心能力是否符合该年龄段婴幼儿的发展水平？ ________ ________ ________ 3. 小何老师设计的三个游戏环节的顺序能否调整？请说明理由。 ________ ________ ________ 4. 在游戏中还应该做好哪些支持？ ________ ________ ________			

任务描述

此项任务将围绕如何通过游戏发展婴幼儿社会性能力展开，涉及游戏在婴幼儿社会性发展中的价值。在此项任务中，需要理解游戏对提高婴幼儿社会性能力的重要性，了解社会领域游戏的主要类型及指导方法。

任务准备

婴幼儿社会性发展是指婴幼儿的社会化，是婴幼儿心理发展过程中非常重要的一方面。婴幼儿的社会性发展是指婴幼儿在一定的社会环境影响下，在与周围环境和人的互动中自我意识、人际交往能力得到提高，习得一定的社会规范的过程。游戏的趣味性、主动性等特征使得游戏成为婴幼儿社会性发展的重要途径之一。

一、游戏对婴幼儿社会性发展的价值

1. 游戏提高人际交往能力

同伴交往是婴幼儿社会性发展的必要途径。婴幼儿在社会领域游戏中能够很好地发展交往技能。在游戏过程中，婴幼儿需要与同伴进行沟通，如材料的选择、所扮演的角色间的对话。这种沟通在很大程度上能够提高人际交往能力。同时，在游戏过程中，婴幼儿会因为玩具、游戏情节等问题产生冲突，为了游戏的顺利进行，他们必须想办法沟通解决冲突，这能迅速地提高婴幼儿解决人际交往冲突的能力。

2. 游戏促进社会规则的习得

每个人在社会生活中都担任着不同的角色，每种角色都有自己特定的任务和做事的规范。婴幼儿需要通过社会领域游戏来学习和实践这些规范。在社会领域游戏中，婴幼儿通过扮演角色来模仿角色的行为，从而理解角色之间的关系，以及角色在社会中所遵守的行为准则。例如，婴幼儿在玩红绿灯游戏的过程中，会感知到遵守交通规则的重要性，并且会把游戏中习得的社会规则迁移到生活中，在生活中也会自觉遵守交通规则。

3. 游戏促进自我意识的发展

自我意识是人的社会性发展的基础，发展恰当的自我意识是人的社会性发展的第一步。婴幼儿以自我为中心，他们往往从自己的角度出发去考虑问题，去理解周围的事物，不能或很少能从他人的角度去看问题。社会领域游戏在促进婴幼儿从他人角度看问题的能力发展中起着重要的作用。这是因为社会领域游戏主要是婴幼儿根据自己的意愿扮演角色，通过模仿和想象，创造性地反映现实生活的一种活动。在这类游戏中，婴幼儿需要扮演角色，当婴幼儿扮演他人时，由于角色的需要，必须以他人的身份出现，从他人的角度去看问题。这样，婴幼儿可以比较自然地学会改变自己看问题的角度，逐渐克服“自我中心”的观点，使自我意识得到发展与完善。

二、促进婴幼儿社会性发展的游戏

（一）发展人际交往活动的游戏

发展人际交往活动的游戏能够让婴幼儿在互相交流中发展与成人沟通、与同伴沟通的能力。游戏举例如下。

打电话（12—36月龄）：照护者和婴幼儿各拿一部电话机，互相打电话。在打电话过程中，引导婴幼儿学习打电话的一些文明用语，如“你好，我是×××，请问你找谁”“请稍等”“再见”等（图2-4-1）。

借玩具（24—36 月龄）：在游戏过程中，当幼儿需要借玩具时，引导他们说文明用语，如“你好，能把你这个玩具借我玩一下吗”“你好，我能和你一起玩吗”“你好，我能和你互相换玩具玩吗”等。

图 2-4-1　打电话

（二）社会规则类游戏

社会规则类游戏能够让婴幼儿在游戏中习得生活习惯、游戏规则、社会公共规则、集体规则等。游戏举例如下。

收拾玩具（6—36 月龄）：每次玩完玩具，照护者带领婴幼儿一起收拾玩具。如照护者可以手把手带着 12 月龄前的婴儿把玩具“送回家”，边收拾边用夸张的语言说：“送玩具宝宝回家咯，我们真棒呀！”可以锻炼 12 月龄以后的幼儿独自收拾玩具的能力，照护者可以在旁边指导并及时给予鼓励（图 2-4-2）。

图 2-4-2　收拾玩具

红绿灯（12—36 月龄）：在较大的场地中放置红绿灯玩具。当照护者带着婴幼儿遇到红灯时，停止往前，遇到绿灯时，继续前进。随着婴幼儿年龄增长，可以让婴幼儿通过骑车过红绿灯等游戏，增强对交通规则的认知。

（三）发展自我意识的游戏

发展自我意识的游戏能让婴幼儿对自己的相貌、身体、性别、爱好有准确的认知，从而鼓励婴幼儿发现自己的优点和缺点，并且支持和鼓励婴幼儿表达自己的想法，学会简单的自我评价。游戏举例如下。

321 指指指（12—24 月龄）：跟着音乐一起摇摆，音乐停，由照护者说出身体的某个部位，婴幼儿指出自己身体的这个部位。游戏可反复进行。

表情变变变（24—36 月龄）：画出一些表情图片，和幼儿玩抽取表情的游戏，让幼儿把抽到的表情模仿出来。在游戏中让幼儿认知不同情绪。

三、支持婴幼儿社会性发展的策略

（一）明确婴幼儿社会性发展的目标

《托育机构保育指导大纲（试行）》指出情感与社会性领域发展的总目标为：有安全感，能够理解和表达情绪；有初步的自我意识，逐步发展情绪和行为的自我控制；与成人和同伴积极互动，发展初步的社会交往能力。并针对不同年龄段的婴幼儿提出了以下保育要点。

1. 7—12个月

（1）观察了解不同月龄婴儿的需要，把握其情绪变化，尊重和满足其爱抚、亲近、搂抱等情感需求。

（2）引导婴儿理解和辨别高兴、喜欢、生气等不同情绪。

（3）敏感察觉婴儿情绪变化，理解其情感需求并及时回应。

（4）创设温暖、愉快的情绪氛围，促进婴儿交往的积极性。

2. 13—24个月

（1）引导幼儿用表情、动作、语言等方式表达自己的情绪。

（2）培养幼儿愉快的情绪，及时肯定和鼓励幼儿适宜的态度和行为。

（3）拓展交往范围，引导幼儿认识他人不同的想法和情绪。

（4）引导幼儿理解并遵守简单的规则。

3. 25—36个月

（1）谈论日常生活中幼儿感兴趣的人和事，引导其通过语言和行为等方式表达情绪情感。

（2）鼓励幼儿进行情绪控制的尝试，指导其学会简单的情绪调节策略。

（3）创设人际交往的机会和条件，使幼儿感受与人交往的愉悦。

（4）帮助幼儿理解和遵守简单的规则，初步学习分享、轮流、等待、协商，尝试解决同伴冲突。

（二）了解婴幼儿已有社会性发展水平

婴幼儿社会性发展不平衡，社会认知发展相对较快，社会性情感发展较慢，而社会行为极不成熟和稳定。因此，婴幼儿社会领域游戏的设计、游戏活动目标的确定必须建立在婴幼儿身心发展水平和社会性发展水平基础之上。

1. 观察婴幼儿社会性发展行为

照护者在设计社会领域游戏前可以通过观察一日生活中婴幼儿社会性发展行为来了解其已有社会性发展水平。对婴幼儿社会性发展行为的观察，需要注意以下几点。

（1）尽可能在自然环境中进行观察，不能人为干预和限制婴幼儿的行为，并且避免被婴幼儿发现观察者的观察意图。

（2）观察的指标可以包括婴幼儿的同伴关系、分享行为、互助行为、攻击性行为等。

（3）观察时可以采取时间抽样法或者事件抽样法。时间抽样法是指单位时间内（如 30 分钟）婴幼儿各类社会行为的次数。事件抽样法是指观察者先确定观察目的，在观察过程中等待该件事的发生，记录发生的原因、发生的过程、发生的持续时间等。

（4）观察要及时记录，可以借用手机等电子产品记录。

（5）评价婴幼儿社会性发展的水平，要基于长期观察的结果。应避免因偶发事件而对婴幼儿作出不恰当的评价。

2. 评估婴幼儿社会性发展水平

婴幼儿社会性发展水平的评估指标一般包括婴幼儿社会行为、社会适应性和自我意识，具体内容如表 2-4-2 所示。

表 2-4-2　0—3 岁婴幼儿社会性发展水平评估指标

0—3 岁婴幼儿社会性发展水平评估指标			
年龄	社会行为	社会适应性	自我意识
0—3 个月	（1）当看到人的面部表情时活动减少。 （2）哭闹时听到妈妈的呼唤声会安静。 （3）逗引时出现动嘴巴、伸舌头、微笑等情绪表现。 （4）2—3 个月时哭的时间少，哭声分化。 （5）当他人对着婴幼儿微笑时，婴幼儿也会微笑	（1）看见最主要的照护者会笑。 （2）自发微笑迎人，看见人会手舞足蹈表示欢迎。 （3）吃母乳的婴幼儿，只要用固定的姿势将他抱起，他就会寻找奶头。 （4）对婴幼儿讲话或抱着他时他表现安静。 （5）对婴幼儿哼出愉快的节拍，轻轻摇晃婴幼儿，婴幼儿会比较愉悦	婴幼儿不断重复肢体动作
4—6 个月	（1）听到周围或电视上有婴幼儿的声音会转头寻找。 （2）看到妈妈伸出双手，期望抱抱。 （3）妈妈在身边表现生气或愤怒时，婴幼儿会哭起来	（1）用奶瓶吃奶时，会主动抓住奶瓶。 （2）在陌生的环境中会表现不安。 （3）碰到陌生人会躲避。 （4）能够分辨出母亲和其他照护者	（1）拿走婴幼儿正在玩的玩具时，他会表示反对。 （2）会对着镜子中的影像微笑，伸手拍拍镜子。 （3）在婴幼儿看得见的地方喊他的名字，会寻找声音的来源

续表

0—3 岁婴幼儿社会性发展水平评估指标			
年龄	社会行为	社会适应性	自我意识
7—9 个月	（1）懂得成人的面部表情，受责骂或不高兴时会哭。 （2）会挥手再见、招手欢迎。 （3）会注视、伸手去接触另一名婴幼儿。 （4）喜欢交际类游戏，会非常激动地笑。 （5）表现出对家庭成员的喜爱，对熟悉的成人要求抱抱	（1）面对陌生人时，情绪不稳定、忧虑。 （2）可以在成人的帮助下扶着水杯喝水	（1）当玩具被拿走时会激烈反抗。 （2）通过面部表情和动作传达需要。 （3）当成人禁止做某件事时，能够立刻停下
10—12 个月	（1）婴幼儿会模仿照料娃娃，如拍拍娃娃、喂饭等。 （2）经常模仿成人的举动。 （3）服从简单的指令。 （4）成人帮助时会主动配合。 （5）听到表扬时会重复刚才的动作。 （6）哭闹时容易被妈妈安慰。 （7）知道妈妈要离开会哭，并寻找妈妈。 （8）与同伴一起玩玩具时，有对物品的喜好	看见陌生人会焦虑、害怕	正在做的事情被禁止或打断，会很激烈地表达不满
13—18 个月	（1）经提示会说“谢谢”等礼貌用语。 （2）与小朋友一起玩时经常为争夺玩具发生冲突。 （3）开始理解并遵从成人的行为准则和规范。 （4）知道妈妈离开会哭并寻找妈妈	（1）会依赖自我安慰的东西，如毛巾等。 （2）会对陌生人表示新奇。 （3）看见陌生人会焦虑、害怕	（1）能在镜子中辨认自己，并叫出自己的名字。 （2）能够指认鼻子、眼睛等五官中的2~3个或全部。 （3）能够听从劝阻
19—24 个月	（1）不愿把东西给别人，知道这是“我的”。 （2）交际性增强，较少表现出不友好和敌意。 （3）会帮忙做事，如收拾玩具等。 （4）游戏时模仿父母动作。 （5）较为听从妈妈的指示，会为了让妈妈高兴而听话	（1）能够融入陌生环境中。 （2）有一定的自理能力，可以自己穿脱衣服	（1）别人提到婴幼儿的名字时，能够意识到在谈论自己。 （2）可以从一堆照片中辨认出自己的照片。 （3）较为偏爱自己所属性别对应的玩具和游戏

续表

0—3岁婴幼儿社会性发展水平评估指标			
年龄	社会行为	社会适应性	自我意识
25—30个月	（1）能够主动帮助同伴。 （2）模仿家长的行为，看到家长做什么，也要去做。 （3）与同伴的交往增加，交往中会护着自己的东西。 （4）主动表达自己的需求，说出自己想要的东西。 （5）同伴交往中出现一定的合作行为。 （6）能够主动发起同伴交往	（1）能自己穿衣服。 （2）不再怕生，能够很快适应新环境	（1）有一定的自我控制能力，能够遵从一定的规则。 （2）能够从一堆照片中挑出自己的照片
31—36个月	（1）能够理解简单的游戏规则。 （2）乐于和其他婴幼儿一起游戏，能够不打扰其他婴幼儿。 （3）知道如何排队，并耐心等待。 （4）开始学习和同龄同伴分享玩具。 （5）能遵从简单的行为规则，并养成习惯	（1）能够自己穿衣、收拾玩具。 （2）能主动和陌生人打招呼。 （3）能帮助妈妈做简单的家务	（1）开始能够正确地表达失望的情绪，有一定的自我控制能力。 （2）能区分自己和他人的性别

照护者可以根据婴幼儿的行为，通过对比来评估婴幼儿所处的社会性发展水平，为设计社会领域游戏提供依据。

（三）创设生活化的游戏情境，投放适宜的材料

1. 创设生活化的游戏情境

社会领域游戏的属性要求创设生活化的游戏情境。婴幼儿在他们熟悉的、生活化的情境中会感觉到安全，更容易激发参与游戏的兴趣。例如，假如想在角色游戏区发展婴幼儿的社会认知能力，则应该选择娃娃家、超市、医院等婴幼儿喜欢的游戏情境，在这些游戏情境中，婴幼儿进入游戏角色较快，也愿意比较持久地进行游戏。

为了促进婴幼儿的社会性发展，在婴幼儿熟悉的游戏场景中，照护者可以加入一些婴幼儿不熟悉的角色，以此来增加婴幼儿接触不同角色的机会，从而增加他们的社会认知。

社会领域游戏的生活化也要求照护者善于利用生活中的事件来发展婴幼儿的社会性。例如，看到生活老师吃力地搬桌子时，照护者可以迅速地以此事为契机，带领婴幼儿讨论生活老师是否需要帮助，该提供什么样的帮助，以此发展婴幼儿乐于助人的亲社会行为。

2. 投放适宜的材料

在材料安全的基础上，社会领域的游戏材料应该来自生活。照护者可以通过直接利用或者简单制作等途径，让普通的生活材料更加有教育意义。例如，要培养幼儿轮流的意识，可以采用石头剪刀布这样的方式让幼儿进行轮流，或者可以采用让幼儿掷骰子的方式进行轮流。

社会领域的游戏材料也可以来自别的领域。例如，音乐领域的一些游戏材料可以用于发展婴幼儿的认知情感；动作领域中的一些游戏材料可以用于发展婴幼儿的社会规则意识。

（四）细致观察游戏中的婴幼儿，适时适度介入游戏

婴幼儿社会性发展的个体差异较大，在游戏过程中的能力差异属于正常现象。照护者要设计具有不同难度层次的游戏，并在游戏过程中细致观察，及时提供帮助。

婴幼儿喜欢与同伴一起玩，照护者要细致观察集体游戏活动中婴幼儿的行为，及时发现社会性发展中的问题，及时地介入。

1. 观察游戏：以互动性为观察重点

照护者在游戏过程中，需要观察的内容有以下几个方面。

（1）婴幼儿游戏的主题与情节，如婴幼儿的游戏偏好、婴幼儿热衷的游戏情节与主要玩法等。

（2）婴幼儿与环境、材料的互动状态，如哪些材料能引起婴幼儿的游戏兴趣、材料的投放有没有问题、游戏的时空是否合适等。

（3）婴幼儿的社会性发展水平，如婴幼儿在游戏中的规则意识、婴幼儿的交往行为、问题的产生与解决等。

（4）婴幼儿具体的游戏行为，如婴幼儿在游戏中说了什么、做了什么等。

2. 介入游戏：以提高人际交往能力为评价标准

当婴幼儿在游戏中出现下列情况时，照护者可以介入婴幼儿的游戏。

（1）当婴幼儿不能投入游戏活动时，如不停地转换活动、独自游荡或旁观。

（2）当婴幼儿严重违反游戏规则或有安全隐患时，如在“出租车司机”游戏中，某个幼儿故意逆行。

（3）当婴幼儿难以与同伴合作时，如争抢游戏材料，僵持不下。

（4）当婴幼儿一再重复简单的游戏情节时。

（5）当婴幼儿难以将游戏进行下去或出现沮丧情绪时。

（6）当婴幼儿向照护者发出求救信号时。

3. 讲评游戏：以促进规则认知为基准

及时的讲评能够提高游戏质量、发展游戏情节和巩固游戏中所获得的情绪体验。

照护者在讲评游戏中，可以参照以下几点。

（1）讲评的内容应该是婴幼儿游戏中的内容，如婴幼儿遵守规则的现象、婴幼儿自主解决冲突的现象。

（2）讲评的方式是师幼共同讲评。照护者引导婴幼儿自主讲评，照护者引导和补充。

（3）评价婴幼儿游戏的原则是正面评价为主。善于发现婴幼儿游戏中的闪光点并进行表扬。

任务实施

老师，我该怎么办

佳佳今年 2 岁 3 个月了，是一个“内向”的小女孩，入托 3 个月了，总是不和别人一起玩，别人玩的时候，她总是独自找一个角落玩玩具或无所事事，老师帮了她很多次，都没有成功。一天佳佳又在独自一人摆弄玩具。这时，老师决定引导她参与班级中“开火车”的游戏，但是佳佳总是会插队和推搡他人，这也引起了其他小朋友的不满，佳佳又回到了一个人玩耍的状态中。老师和佳佳妈妈进行了沟通，佳佳妈妈说：“佳佳在家里也是，总喜欢乱扔东西，得不到想要的就会发脾气，也从来不和弟弟一起玩耍……”

任务：针对以上情境，完成以下“老师，我该怎么办”活动任务单（表 2-4-3）。

任务分析

在社会性领域游戏实施前，需要评估婴幼儿的社会性发展水平和兴趣点，观察婴幼儿在游戏中的表现，做好评估，及时回应并给予恰当的支持，能根据评估的结果及时调整接下来的游戏活动的难度。

任务操作

表 2-4-3　“老师，我该怎么办”活动任务单

工作内容
根据“老师，我该怎么办”案例描述，回答以下问题： 1. 结合本任务的内容，在“老师，我该怎么办”这个情境中，佳佳存在哪方面的能力缺失？____________________________佳佳这个年龄段该能力发展的目标是________________________________ ____

续表

工作内容
2. 若想提高佳佳的能力，教师需要承担什么角色，并做出什么样的行为？ 角色及行为:______ 角色及行为:______ 角色及行为:______ 3. 教师可以设计哪些游戏来提高佳佳的社会性能力？请简要描述游戏过程。 ______ ______

任务评价

完成表 2-4-4 和表 2-4-5。

表 2-4-4 "老师，我该怎么办"活动任务评估表

项目	主要内容	要点	是否做到
1	描述佳佳的发展能力及该阶段能力发展目标	社会领域能力发展目标及典型行为	□是 □否
2	照护者应在婴幼儿社会领域游戏中承担的角色	根据游戏内容及特点具备多重角色	□是 □否
3	照护者在婴幼儿社会领域游戏中承担不同角色的主要支持行为	科学性、可行性	□是 □否
4	婴幼儿社会领域游戏的反思与调整	科学性	□是 □否

表 2-4-5 "老师，我该怎么办"活动任务综合评价表

评价内容	自我评价	小组互评	教师评价
课堂活动参与度	☆☆☆☆☆	☆☆☆☆☆	☆☆☆☆☆
小组活动贡献度	☆☆☆☆☆	☆☆☆☆☆	☆☆☆☆☆
工作任务完成度	☆☆☆☆☆	☆☆☆☆☆	☆☆☆☆☆

知识拓展

正确认识婴幼儿游戏中的社会互动

如果你长期照护同一群婴儿，那么你可能会发现，曾经行为温和的婴儿开始从他人手里拿走玩具、攻击他人，并拒绝分享材料甚至空间。这并不奇怪，因为婴儿开始为自己的游戏制订计划了。当一个婴儿需要一定的材料来实现他的游戏想法时，他就有了充分的理由来宣告自己所拥有的空间、占有某些道具，以及拿走他认为自己需要的东西。此时，你不应将婴儿的这些身体行为或冲动行为视为霸凌行为。

8—18个月的婴幼儿可能会把玩具递给其他孩子，但他们实际上并不是在分享。他们可能会随时拿回玩具。有时，他们只是想给其他人展示一下玩具而已。他们并未准备好与其他婴幼儿一起玩这个玩具。当他们突然决定进行一项游戏活动时，比如，把教室里的物品都藏起来，他们也并非出现了退步。你应将婴儿占有物品的需求视作他们发展的新阶段，而非退步行为。这有助于你支持婴儿学习轮流、等待以及帮助他们找到新的活动，而不会因为婴儿没能成功地运用正在发展的社交技能而感到沮丧。

16—36个月的幼儿，其社交技能还在发展中，所以照护者需要设定积极的限制并引导幼儿的行为。对幼儿来说，班级中的社会规则应当非常简单。你可以要求他们轻柔地对待彼此和玩具，并遵守安全规则。当你使用此规则为幼儿设定限制时，要以积极的语言进行表述。

“你要轻轻地摸她。”

“你可以扔软软的东西。”

“我们得坐着吃东西。”

“你可以在攀爬架上爬。”

“你可以撕纸，不过我们对待书要温柔点。”

“那样会咬疼别人！你可以咬这个牙胶。”

虽然对婴幼儿说“不准打人”或“不准扔东西”往往比告诉他们你想让他们怎么做更容易，比如，“轻轻地摸”或“沙盘要放在低处”，但是消极的要求对婴幼儿来说更难理解和遵守。另外，当你过度使用“不”或“不准”这类词汇时，婴幼儿就会习惯于听到它们，以至于当你需要阻止真正的问题时，它们就不再具有力量了。不过，有时，即使是积极的表达也会显得机械生硬且毫无意义。例如，你运用它们来引导儿童，手里却忙着做其他事情。因此，当你提醒婴幼儿动作要轻柔或坐着吃东西时，你需要花时间与他们进行一对一的互动，这也是对他们的一种尊重。

节选自JUCKENBILL J，SUBRAMANIAM A，THOMPSON J著《0—3岁婴幼儿游戏》

• 赛证真题

1. 在进行婴幼儿认知活动中的回应性照护时，以下不属于自我认知回应性照护要点的是（ ）。【选自 2023 年中国—东盟职业院校婴幼儿学习与发展技能竞赛题库 单项选择】

A. 在帮助婴幼儿认识五官和身体部位时，照护者的语速要慢

B. 如果婴幼儿无法根据指示准确摸到自己的五官或其他身体部位，照护者不可用语言进行提示

C. 照护者可根据婴幼儿的日常表现帮助他在性格、能力、品质等特征上认识自我

D. 照护者应该大胆地鼓励婴幼儿发现真实的自己，并将婴幼儿的特征从正面加以解释

2.（ ）可以让婴幼儿学习与人合作，学习听从指令，服从规则。【选自 2024 年全国职业院校技能竞赛婴幼儿照护赛项题库 单项选择】

A. 逛街　　B. 亲子游戏　　C. 体育运动　　D. 散步

3. 托育机构应当保证婴幼儿每日户外活动不少于（ ）小时。【选自 2023 年中国—东盟职业院校婴幼儿学习与发展技能竞赛题库 单项选择】

A. 1 小时　　B. 1.5 小时　　C. 2 小时　　D. 2.5 小时

4.（ ）是学习分类与了解积木形状大小的首选游戏。【选自国家中级育婴师职业资格证考试题库 单项选择】

A. 1—3 岁婴幼儿投掷积木的游戏　　B. 1—3 岁婴幼儿藏积木的游戏

C. 1—3 岁婴幼儿排列积木的游戏　　D. 1—3 岁婴幼儿搭垒积木的游戏

5. 婴幼儿在认知游戏活动中，可以促进（ ）。【选自 2023 年全国统一育婴师从业资格证考试题库 单项选择】

A. 手　　B. 脚　　C. 手眼协调　　D. 语言

6. 婴幼儿学习活动的组织形式应以（ ）为主。【选自 2024 年全国职业院校技能竞赛婴幼儿照护赛项题库 单项选择】

A. 游戏　　B. 集体教学　　C. 体育活动　　D. 区域活动

7. 婴儿抓握动作训练的游戏是（ ）。【选自 2024 年全国职业院校技能竞赛婴幼儿照护赛项题库 单项选择】

A. 玩悬挂玩具　　B. 陀螺球　　C. 拨珠子　　D. 抓握玩具

8. 判断是否以游戏为主要方式，要看在幼儿一日活动中，是否有（ ），是否有足够的游戏空间，是否有开展游戏的足够的资源，幼儿是否能积极参与游戏。【选自 2024 年全国职业院校技能竞赛婴幼儿照护赛项题库 单项选择】

A. 足够的游戏机会和时间　　B. 足够的玩具

C. 足够的兴趣　　D. 足够的主动性

9.“小宝宝学唱歌”的游戏是婴儿（　　）训练。【选自 2024 年全国职业院校技能竞赛婴幼儿照护赛项题库　单项选择】

A. 发音　　B. 动作　　C. 指认　　D. 阅读

10. 5 个月婴儿认物训练的游戏是（　　）。【选自 2024 年全国职业院校技能竞赛婴幼儿照护赛项题库　单项选择】

A. 小手拍拍　　B. 欢迎再见

C. 寻找小球　　D. 图谱阅读“弯弯腰”

11. 认知包括感知、记忆、想象、思维和（　　）。【选自 2024 年全国职业院校技能竞赛婴幼儿照护赛项题库　单项选择】

A. 语言　　B. 触觉　　C. 味觉　　D. 视觉

12.（　　）是幼儿认识世界、促进幼儿身心发展的基本活动方式。【选自 2024 年全国职业院校技能竞赛婴幼儿照护赛项题库　单项选择】

A. 集体教学活动　　B. 一日生活活动

C. 智力游戏　　D. 游戏

13. 根据婴幼儿认知领域的发育年龄，制定和设计（　　）的游戏方案。【选自 2024年全国职业院校技能竞赛婴幼儿照护赛项题库　单项选择】

A. 语言领域　　B. 认知领域　　C. 动作领域　　D. 社会领域

14. 婴幼儿早期教育发展分析【选自 2024 年全国职业院校技能竞赛婴幼儿照护赛项题库　视频分析】（视频 1）

视频 1 婴幼儿早期教育发展分析：小金鱼游戏

视频情境：

某托育中心教师正在指导 Mimi（30 个月）、八宝粥（28 个月）和花卷（31 个月）3 个小朋友进行小金鱼游戏。

答题要求：

观察记录婴幼儿的行为表现（含与他人、环境的互动行为）。

根据视频内容回答以下问题：

（1）对婴幼儿的心理发展主要特点进行分析。

（2）对教师的保教言行进行分析，提出改进建议。

请在 40 分钟内完成（含视频观看）。

15. 在某托育中心的一个班级中，孩子们在自由玩耍，乐乐（22 月龄）在玩磁力片，他将磁力片排成长长一列，小手推着向前移动，开心地说着：“车车，车车。”李老师看到后回应道：“哇，乐乐拼了一辆长长的火车呢！”此时，另一位小朋友天天（24 月龄）拿着一辆玩具车跑到照护者面前说：“这是奥迪，大众……”李老师惊讶地回应道:“天天居然认识这么多汽车品牌呢。”一时间其他小朋友也被吸引过来，七嘴八舌地说着各种车：小汽车、货车、挖掘机……下午，李老师将上午孩子们的表现分享给正在准备游戏活动的徐老师，徐老师听后便设计了与车辆相关的游戏活动，游戏活动过程中孩子们的参与性特别高。下午离园时老师将孩子们今天的表现与家长进行沟通，并给出了可以在家里进行的有关“车辆”的游戏。

根据上述情境请分析：

（1）该案例体现了托育从业人员的哪些行为准则？请结合材料进行回答。

（2）你认为托育从业人员还应具备哪些行为准则？请具体说明。

（3）你认为材料中的托育从业人员有哪些行为值得去学习？

【选自2023年中国—东盟职业院校婴幼儿学习与发展技能竞赛题库　材料分析题】

项目二参考答案

项目三 3

阅读中的学习与发展

• 岗位要求

逐渐培养婴幼儿良好的阅读习惯，引导其逐步学会倾听和理解语言，用语言表达自己的需求是托育机构照护者的重要工作内容。《托育机构保育指导大纲（试行）》中指出：“愿意听故事、看图书，初步发展早期阅读的兴趣和习惯”是语言教育的目标之一。良好的阅读习惯和能力，不仅有助于婴幼儿言语、思维等认知能力的形成，对婴幼儿气质、性格、自我意识等社会性发展也有重要的影响。早期阅读中充满着教育的契机，托育机构照护者应该做到：

1. 能为不同月龄婴幼儿提供和阅读图画书，激发婴幼儿早期阅读兴趣。
2. 能创设丰富的阅读环境，提供正确的语言示范，培养婴幼儿早期阅读习惯。
3. 能开展集体讲读等多种阅读活动，提高婴幼儿的理解能力。
4. 能通过延伸阅读活动有效支持婴幼儿自主表达，促进婴幼儿表现力的发展。

• 学习目标

知识目标：

1. 了解早期阅读在婴幼儿发展中的重要价值。
2. 理解婴幼儿在阅读中的心理发展规律。
3. 掌握婴幼儿在兴趣习惯养成、理解和表达能力发展过程中的支持要点。

能力目标：

能根据婴幼儿的不同月龄，进行环境创设、选择材料、指导阅读等岗位工作的准备和实施。

素养目标：

1. 尊重婴幼儿成长特点和规律，关注个体差异，促进每个婴幼儿全面发展。

2. 提供支持性环境，敏感观察婴幼儿，理解其生理和心理需求，并及时给予积极适宜的回应。

• 学习导图

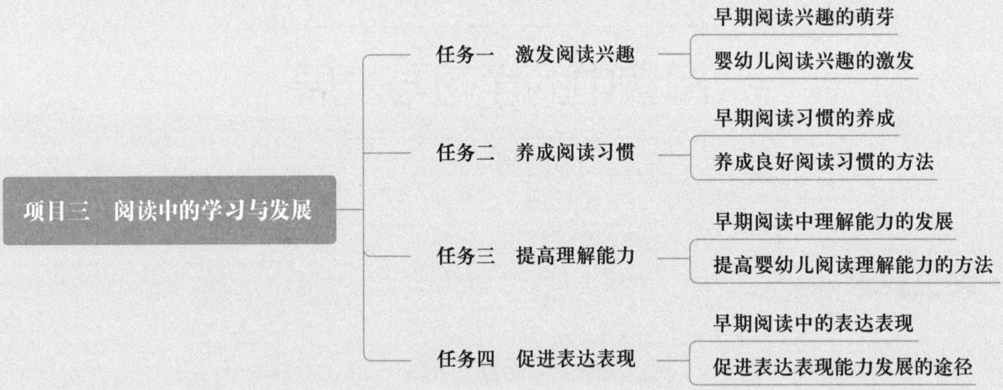

任务一　激发阅读兴趣

情境案例

又到了阅读活动的时间，小鱼老师手拉着18个月的彤彤来到图书架旁边选书。彤彤指着一本书，看着小鱼老师。她今天还是选择了《小熊宝宝绘本》系列里的《你好》，这本书彤彤已经看过两次了。小鱼老师拿出书递给她，笑着对她说："彤彤今天还想看《你好》这本书是不是？"彤彤拿着书高兴地跑到阅读区，并在垫子上坐下来，自己把书打开，看着小鱼老师，迫不及待地说："讲，讲。"小鱼老师坐在她的身后，绘声绘色地讲起来……

早期阅读活动可以培养婴幼儿的阅读兴趣和习惯，使其享受阅读的乐趣。在托育机构中，如何根据婴幼儿的年龄特点为其选择合适的阅读材料？如何激发婴幼儿的阅读兴趣？完成表3-1-1。

表3-1-1　激发阅读兴趣工作表单

岗位工作任务：________	实施地点：________	实施时间：________	实施方法：________
1. 婴幼儿身心发展的哪些方面会影响其早期阅读的特点？ ________ ________ ________			
2. 0—3岁婴幼儿感知觉的发展具有哪些特点？感知觉的发展如何影响婴幼儿阅读的特点？ ________ ________ ________			
3. 0—3岁婴幼儿语言的发展具有哪些特点？语言的发展如何影响婴幼儿阅读的特点？ ________ ________ ________			

续表

4. 早期阅读的图画书有哪些种类？

任务描述

此项任务将围绕激发婴幼儿早期阅读兴趣展开，涉及了解婴幼儿感知觉、言语、动作、注意的发展特点，早期阅读图画书的分类，以及如何根据婴幼儿发展特点为其选择合适的阅读材料，并通过合适的方法激发婴幼儿的阅读兴趣。在此项任务中，需要了解婴幼儿身心发展的特点对早期阅读行为的影响，以及激发婴幼儿阅读兴趣的方法，为婴幼儿选择合适的阅读材料，使其在早期阅读活动中获得学习与发展。

任务准备

早期阅读是阅读的前期准备阶段，也称为前阅读，它是指0—6岁儿童通过图像、文字、成人形象地讲读，以及与成人的互动，来理解图画书内容的活动过程，它是一个融感知、注意、记忆、思维、表达等多种认知于一体的综合过程。通过早期阅读，儿童萌发对图画书的阅读兴趣，养成良好的阅读习惯，学习正确的阅读方法，获得初步的阅读能力。0—3岁婴幼儿早期阅读的重要目的是培养良好的阅读兴趣和习惯，建立婴幼儿与照护者之间良好的互动关系。0—3岁婴幼儿感知觉、言语、动作、注意等方面每天都会发生令人惊喜的变化，而其身心发展的特点会影响早期阅读的特点。

一、早期阅读兴趣的萌芽

婴儿大约在4个月大时开始表现出对书的兴趣和探索，他们会把书放嘴里，舔一舔、咬一咬。到了1岁左右，他们会把书当作玩具，拍一拍、揉一揉、摇一摇、听一听，甚至是撕一撕，享受其中的乐趣。到了2岁左右，他们会拿着图画书要求爸爸妈妈读上很多遍，沉浸在故事里。这些都是他们对图画书感兴趣的表现，在与图画书和照护者的互动中，他们不仅认识了图画书的世界，更是在不断发展各方面的能力。

（一）婴幼儿感知觉发展与早期阅读

感知觉是婴幼儿认识世界的主要通道之一，而感知觉能力的发展无疑会对婴幼儿的早期阅读行为产生很大的影响。

1. 视觉的发展对早期阅读的影响

0—3 岁婴幼儿以阅读图画为主，视觉的发展决定了其对书本的偏好。婴幼儿视力发育水平、对色彩的辨识、识别人脸的能力、对图形的知觉等都会影响其阅读行为。

刚刚出生的婴儿视觉调节能力很弱，无法聚焦，只能看到距离 20 厘米左右的物体，无法分辨色彩，只能感知黑、白、灰，他们更偏爱条纹、棋盘等图案。因此，3 个月以内的婴儿适合用黑白色或具有特定形状图形的图片来刺激其视觉发展，但注视图画的时间不宜超过 2 分钟。此外，婴儿从一出生就表现出对人脸的偏好，照护者应提供相应的图画书来满足他们对面孔识别的偏好，同时，在为婴幼儿讲述图画书时，要注意自己的面部表情与图画书内容的联系。

3—4 个月时，婴儿就能分辨彩色和非彩色。4—8 个月的婴儿喜欢红、橙、黄等暖色，不喜欢蓝、紫等冷色；喜欢明亮的颜色，不喜欢暗淡的颜色。到 8 个月时，其视觉的集中与追随能力已达到成人水平。因此，3—12 个月的婴儿适合阅读色彩视觉激发图画书，尤其适合配有暖色图片的图画书。但要注意，4—12 个月的婴儿注视图画书的时间不宜超过 5 分钟。

1—3 岁时，幼儿对色彩的辨识已经基本形成。2 岁时幼儿的视力基本接近成人水平。因此，在图画书的色彩选择上可以更加多样化，以丰富幼儿的色彩知觉，并逐渐培养他们通过色彩感知图画书中所传递的含义的能力。① 因为 3 岁以内的婴幼儿视觉调节、缓解疲劳的能力较弱，1—3 岁的婴幼儿注视图画书的时间不宜超过 15 分钟。

2. 听觉的发展对早期阅读的影响

0—3 岁婴幼儿还不能实现自主阅读，往往需要照护者陪伴阅读，通过图画和照护者的语言来感知和理解图画书的内容。听觉能力的发展是语言系统发展的基础，也为早期阅读的开展提供了基础。

5—6 个月的胎儿即有听觉，对胎儿最有吸引力的和胎儿最熟悉的是母亲的声音，出生后的新生儿很快就能够从众多声音中分辨出母亲的声音。研究表明，婴幼儿对胎儿期经常听的胎教音乐、故事等也有明显的偏爱。因此，成人讲读图画书对胎儿的发展可以起到一定的促进作用。

婴儿对人类的语音非常敏感，出生几天后就能辨别不同人的声音，尤其表现出

---

① 周兢. 零岁起步：0~3 岁儿童早期阅读与指导［M］. 深圳：海天出版社，2016：47.

对母亲声音的偏好。他们尤其喜欢那些声调较高的、抑扬顿挫的、富于变化的声音。2个月的婴儿可以辨别不同的说话声及同一个人带有不同情感的语调。4个月的婴儿即能注意倾听成人的“儿语”，并显得非常愉快，而对成人间的对话无此反应。[①] 因此，照护者在为婴幼儿讲读图画书时应注意自己的语音语调，要让声音充满变化，激发婴幼儿听故事的兴趣。

此外，1岁以前婴儿的选择性倾听能力较弱，通常难以从多种同时发出的声音中，选择与故事有关的有意义的声音来持续倾听。因此，照护者与婴儿共读图画书时，要选择安静的、无其他声音干扰的环境，这样既有利于他们对图画书的理解，也有利于培养他们的注意力。1岁以后，幼儿选择性倾听的能力逐渐增强，能够逐渐分辨出目标声音和背景声音，并开始将声音与各种事件联系起来。[②]

3. 触觉的发展对早期阅读的影响

触觉是婴幼儿认识世界的重要途径，尤其是对2岁前的婴幼儿来说，他们往往是依靠触觉认识世界和了解事物的性质的，也通过与母亲的身体接触，建立良好的依恋关系。婴幼儿通过口腔和手进行触觉探索，而早期阅读活动也是他们进行触觉探索的过程。

1岁前，口腔探索是婴儿重要的学习方式，他们会把到手的东西放到嘴里“吃一吃，尝一尝”。婴幼儿真正的手的探索活动出现在5个月左右，7个月时会表现得更积极主动。随着月龄的增长，口腔探索会逐渐减少，手指和手的操作会增加，而手眼协调的发展，使婴幼儿手的探索活动更加准确。但要注意的是，2岁前，甚至3岁前，婴幼儿仍会把口腔探索作为手的探索活动的补充。因此2岁以下的婴幼儿喜欢啃咬、拍打、撕咬图画书都是正常的，这是他们对图画书感兴趣的表现。因此，照护者可以选择不同触感的图书材质，满足他们触觉发展的需求。但要注意保证书的材料是安全、无毒的，并保持书本的清洁，以免婴幼儿受到疾病的危害。

早期阅读活动对于婴幼儿感知觉的发展起到了重要的促进作用。例如，阅读过程中，婴幼儿会接触到各种颜色、形状和图案，这有助于他们的视觉发展。研究表明，早期接触丰富多样的视觉刺激对婴幼儿的视觉发展具有重要意义。陪伴阅读时，婴幼儿会听到照护者的语音、语调及文字的节奏，这对他们的听觉发展非常有利，同时，与阅读者的语言互动，会促进婴幼儿语言的发展，触摸书籍的纸张、封面等，会促进他们的触觉发展。触觉敏感的婴幼儿在日后的学习生活中能更好地适应各种环境。

---

① 张永红，曹映红. 学前儿童发展心理学［M］. 3版. 北京：高等教育出版社，2019：74

② 周兢. 零岁起步：0~3岁儿童早期阅读与指导［M］. 深圳：海天出版社，2016：49.

（二）婴幼儿言语发展与早期阅读

婴幼儿言语发展与早期阅读之间存在密切的关系，其言语发展的水平决定了早期阅读的内容和方法，而早期阅读作为一种特定的语言活动，对婴幼儿言语的发展也起着积极的促进作用。婴幼儿时期会经历言语发展的准备阶段、言语的初步发生阶段、不完整句阶段，直至完整句阶段。

1. 言语发展的准备阶段

0—3 个月的婴儿处于简单发音阶段。他们会发出一些简单的音节，如 a、o、e、i、u、ü 等。4—8 个月的婴儿处于连续音节阶段，这个阶段不仅韵母增多，声母出现，而且连续重复同一音节，如 ba-ba-ba，da-da-da 等，但这些音还不具有符号意义。9 个月以内的婴儿，语言的发展虽然尚处于准备期，但此时是大脑储存语言的关键时期。照护者可以选择一些图画形象重复、醒目，内容简单的图画书，用温柔、缓慢的语气和简短的句子讲给他们听。

2. 言语的初步发生阶段

9 个月开始进入最初的词语和句子阶段。在成人的教育下，婴儿渐渐能够把一定的语音与某个具体事物联系起来，语音开始具有一定的意义，但他们能够发出的语音只有很少几个。9 个月的婴儿已经能“听懂”成人的一些言语，能对言语作出相应的反应。但此时引起婴儿反应的主要是语调和整个情境，如说话人的动作表情等，而不是词的意义，一般到 11 个月左右，语词才逐渐从复合情境中分离出来，真正作为独立信号而引起婴儿相应的反应，这才算是真正理解了这个词的意义。① 这个阶段的早期阅读，照护者应在讲述图画书内容时注意自己的语气、语调及动作表情等，使婴儿通过这些更好地理解书中的内容。

3. 不完整句阶段

从 1 岁起幼儿进入了正式学习语言的阶段。这一阶段可以分为单词句阶段和双词句阶段。1 岁后进入单词句阶段，他们喜欢说重叠的字音，如“车车、汪汪”等；1 岁半以后进入双词句阶段，他们开始说由双词或三词组合在一起的“电报句”，如“妈妈抱”。1 岁半以后，幼儿进入语言爆发期，说话的积极性高涨，词汇数量大量增加，2 岁时可达 200 个。这时，他们可以自己翻书看，或者拉着成人的手指着书中的画面要求成人讲给自己听；从大约 2 岁开始，幼儿可以跟成人互动阅读图画书，有时他们也能简单地讲述图画书的内容。

4. 完整句阶段

2 岁以后，幼儿开始学习运用合乎语法规则的完整句子，更准确地表达思想。这一时期的幼儿渐渐能够用简单句表达自己的想法，并开始会说一些复合句。词汇

① 张永红，曹映红.学前儿童发展心理学［M］.3版.北京：高等教育出版社，2019：114.

量迅速增加，到 3 岁时，幼儿已经能够掌握 1 000 个词左右。幼儿词汇量的增加、对词义理解的加深、言语表达技巧的提升使其阅读理解能力逐步提高，让阅读中的分享、讨论、表演成为可能。

（三）婴幼儿动作发展与早期阅读

婴幼儿动作的发展包括粗大动作的发展和精细动作的发展。动作的发展对早期阅读行为有着显著的影响。

1. 粗大动作的发展对早期阅读的影响

婴儿 2—3 个月的时候开始学习抬头，3 个月时能够自主将头竖直，4—5 个月时出现翻身，5—6 个月时学坐，8 个月时可独坐自如。当婴儿能独坐时，可以实现坐姿阅读（图 3-1-1）。婴幼儿粗大动作的发展，为阅读活动提供了基础。

2. 精细动作的发展对早期阅读的影响

3—4 个月的婴儿会进行抓握，但因手眼不协调，还不能准确抓到。5—6 个月的婴儿手眼协调动作发生，能使视觉、触觉、动觉配合行动，从而准确地抓握物体。6 个月以后，婴儿在反复使用手的过程中，积累了相当的经验，逐渐能够灵活有效地使用自己的双手。1 岁以后，幼儿发展了更为熟练的手部动作。精细动作的发展有助于幼儿在阅读过程中更好地操作书本，提高阅读的兴趣和效果。手眼协调的发展可以使幼儿在阅读过程中用手来翻页、指认物体等，提高阅读效率和体验（图 3-1-2）。

彩图 3-1-1 和彩图 3-1-2

图 3-1-1　8 个月的婴儿坐着看书

图 3-1-2　幼儿翻看图书

（四）婴幼儿注意发展与早期阅读

不仅注意的存在与发展影响与阅读相关的感知觉、记忆、思维、想象等，而且注意本身也是阅读、倾听、表达的基础。不同年龄阶段注意力集中的时间不同，年龄越小，注意力集中的时间越短。一般而言，1 岁以内的婴儿注意力集中的时间不超过 1 分钟，2 岁左右的幼儿平均注意力集中时间约为 7 分钟，3 岁约为 9 分钟。因此，对于 3 岁以内的婴幼儿，不能苛求他们保持长时间的注意力进行阅读。

二、婴幼儿阅读兴趣的激发

兴趣是最好的老师，是人们行动的原始动力，对于 0—3 岁的婴幼儿来说更是如此。只有当他们发现书是好玩的，能够感受阅读活动的乐趣时，他们才会愿意亲近图画书，愿意坐下来和照护者享受阅读的过程。那么，如何激发婴幼儿的阅读兴趣呢？

（一）选择合适的阅读材料

适宜的阅读材料是开启婴幼儿早期阅读的钥匙，它关系到婴幼儿是否对阅读感兴趣，是否有愉悦的阅读体验，是否能够继续阅读下去。

1. 图画书的种类

图画书的种类繁多，依据不同的标准可以分为不同的类型。一般可以根据书本的物理特征和内容特征来进行分类。物理特征多指图画书的外在形式，也包含画面与文字的排版等物理属性。[①] 依据图画书的外在形式，可以分为布书、纸板书、触摸书（图 3-1-3）、有声书、布偶书（图 3-1-4）、立体书、洞洞书（图 3-1-5）、翻翻书等玩具书；依据画面与文字的关系，可分为图画书（图画重于文字）、插图书（以文字为主、以图画为辅）。内容特征主要指故事风格、主题、体裁或其他内容属性。依据文学特点，可以分为文学性图画书和非文学性图画书；依据主题，可以分为自然认知主题、父母与家的主题、日常生活主题、同伴与游戏主题等；依据体裁，可分为儿歌、童话和故事等。需要指出的是，图画书的分类并不是非此即彼，而是融合了多种物理特征和内容特征。[②]

图 3-1-3　触摸书

图 3-1-4　布偶书

图 3-1-5　洞洞书

①②　汤蕾，岳爱，关宏宇. 0—3 岁婴幼儿早期阅读的理论与实践［M］. 上海：华东师范大学出版社，2022：40，41.

2. 图画书的选择原则

为婴幼儿选择合适的阅读材料，需要遵循以下几点原则。

（1）要以婴幼儿身心发展的特点为依据。首先，要关注婴幼儿感知觉的发展，利用好玩具书。照护者可以选择布书、触摸书、有声书、洞洞书、翻翻书、贴纸书、立体书等开展早期阅读，调动婴幼儿多通道、多感官进行学习。其次，要符合婴幼儿认知发展水平，不要超龄选择。要以培养婴幼儿阅读兴趣和习惯为目标，选择契合婴幼儿认知发展水平的阅读材料，尤其是要摒弃“看书识字”的错误观念。最后，要根据婴幼儿言语发展特点，选择适宜的阅读材料。照护者要根据不同阶段的特点，为婴幼儿提供适宜的阅读材料，并通过照护者多元化的陪伴阅读方式促进其在语音、词汇、语义理解、句子与句式、情境性言语、语言技巧等方面的发展。

（2）要以婴幼儿的生活经验与兴趣为依据。婴幼儿的经验和兴趣有时与发展阶段相契合，有时与他们经历的刺激相关，成人要善于发现、善于总结，及时提供学习支持。因此，照护者要有意识地选择与婴幼儿生活贴近的内容和他们感兴趣的内容。例如，7—12 个月的婴儿对生活中的动物、玩具、蔬菜、水果等主题的内容很感兴趣，随着婴幼儿生活范围的扩大、生活经验的丰富，成人为其提供的阅读范围可以从最初的以个人生活为主，逐渐扩展到家乡、祖国、世界等。阅读的内容也可以逐步增加道德规范、公共规则、传统文化、多元文化等内容，促进其社会性的发展。

（3）要选择经典、优秀的作品。一部作品之所以能够流传或者被广泛认可，是因为经过了岁月的洗礼和实践的考验。国内外有很多经典作品值得去阅读和推广。可以为婴幼儿选择我国古代经典蒙学作品、国学经典、传统民间故事、童谣、现当代儿童诗等内容。

（二）创设良好的阅读环境

温馨、良好的阅读环境是早期阅读活动顺利开展的基本保障，能够更好地激发婴幼儿的阅读兴趣，使他们能自主、自愿地参与进来。

首先，要选择一个安静舒适、光线充足的场所作为阅读空间，确保没有噪声或其他干扰，帮助婴幼儿集中注意力。其次，要准备适宜的家具，可以是舒适的地垫或是高度适宜的桌椅，使其在阅读时能够保持舒适的姿势，避免疲劳。照护者应以开放的态度与婴幼儿一起探索和学习，也可以邀请婴幼儿共同创设安全、舒适、温馨的阅读环境。

（三）建立温馨的阅读互动关系

0—3 岁的婴幼儿要认识书中的图画，欣赏、理解图画所描述和表达的内容需要成人的帮助和引导。因此，早期阅读的开展形式往往是亲子阅读或师幼共读，即照护者的陪伴阅读（图 3–1–6）。早期阅读活动吸引婴幼儿的不仅仅是图画书，还有照护者陪伴阅读活动自身的魅力。在温馨的交流互动中，婴幼儿获得充足的安全感和信任感，享受着愉悦的陪伴时光，也进一步萌发出对早期阅读活动的兴趣。

图 3–1–6　温馨陪伴阅读

任务实施

任务分析

面对不同年龄阶段的婴幼儿，托育机构照护者应根据其年龄特点和发展水平等开展早期阅读活动，为其选择合适的阅读材料是激发婴幼儿阅读兴趣的第一步。本任务是为 8 个月的瑞瑞、1 岁 8 个月的萱萱、2 岁 6 个月的淘淘选择合适的阅读材料。

任务操作

选择合适的阅读材料

1. 准备工作

（1）物品准备：不同种类的图画书。

（2）照护者准备：了解不同年龄阶段婴幼儿的发展特点和图画书的不同种类。

2. 实施步骤

（1）分析婴幼儿身心发展特点：从感知觉、语言、动作、注意等方面分析7—12月龄、1—2岁、2—3岁婴幼儿的身心发展特点。

（2）根据物理特征选择图画书：根据年龄段的特点初步选择不同物理特征的图画书。

（3）根据内容特点选择图画书：从初步选好的图画书中，为不同阶段的婴幼儿选择合适内容的图画书。

（4）填写选书记录单（表3-1-2）：为婴幼儿填写选书记录单，确保为其选择的图画书种类丰富多样，能激发他们的阅读兴趣。

表3-1-2　选书记录单

日期	姓名	年龄	书名	物理特征	内容特征

任务评价

填写表3-1-3和表3-1-4。

表3-1-3　选择合适的阅读材料任务评估表

项目	主要内容		操作要点	是否做到
准备工作	物品准备	不同种类的图画书	（1）物理属性分类：布书、触摸书、声响书、立体书、洞洞书、翻翻书等。 （2）内容属性分类：根据体裁、主题等分类	□是 □否
	照护者准备	了解婴幼儿身心发展特点和图画书种类	了解不同年龄段婴幼儿感知觉、语言、动作等方面的发展特点	□是 □否
实施步骤	分析婴幼儿身心发展特点	7—12月龄	（1）喜欢暖色、明亮色，能够感知成人在讲故事时的表情和状态，注视时间不超过5分钟；喜欢声调较高、抑扬顿挫的声音，选择性倾听能力较弱；处于口腔探索期。 （2）处于言语发展的准备阶段，并进入最初的词语阶段。 （3）能独立坐立，准确地抓握	□是 □否

续表

<table>
<tr><th>项目</th><th colspan="2">主要内容</th><th>操作要点</th><th>是否做到</th></tr>
<tr><td rowspan="8">实施步骤</td><td rowspan="2">分析婴幼儿身心发展特点</td><td>13—24 月龄</td><td>（1）对色彩辨识的能力基本形成，注视时间不超过 15 分钟；选择性倾听能力逐渐增强；口腔探索减少，手的探索增加。
（2）处于不完整句阶段，1 岁半后进入语言爆发期。
（3）手眼协调、手部操作能力提高</td><td>□是
□否</td></tr>
<tr><td>25—36 月龄</td><td>（1）2 岁时婴幼儿的视力基本接近成人水平，注视时间不超过 15 分钟。
（2）进入完整句阶段，3 岁左右基本掌握口头语言</td><td>□是
□否</td></tr>
<tr><td rowspan="3">根据物理特征选择图画书</td><td>7—12 月龄</td><td>小开本、容易翻动的，满足手部探索的书，如布书、纸板书、触摸书、洞洞书、声响书等</td><td>□是
□否</td></tr>
<tr><td>13—24 月龄</td><td>翻翻书、纸板书、立体书、贴纸书等</td><td>□是
□否</td></tr>
<tr><td>25—36 月龄</td><td>立体书、贴纸书、普通的纸质图画书等</td><td>□是
□否</td></tr>
<tr><td rowspan="3">根据内容特点选择图画书</td><td>7—12 月龄</td><td>（1）认知类（颜色、形状、表情情绪、物品、动作等）。
（2）动物、蔬菜、水果、生活等主题。
（3）儿歌、童谣等</td><td>□是
□否</td></tr>
<tr><td>13—24 月龄</td><td>（1）认知类（颜色、形状、分类等）。
（2）动物、生活、家庭、交往、规则等主题。
（3）儿歌、童谣、句式重复的故事等</td><td>□是
□否</td></tr>
<tr><td>25—36 月龄</td><td>情节简单、有趣，题材涉及面广</td><td>□是
□否</td></tr>
</table>

表 3-1-4　选择合适的阅读材料任务综合评价表

评价内容	自我评价	小组互评	教师评价
课堂活动参与度	☆☆☆☆☆	☆☆☆☆☆	☆☆☆☆☆
小组活动贡献度	☆☆☆☆☆	☆☆☆☆☆	☆☆☆☆☆
工作任务完成度	☆☆☆☆☆	☆☆☆☆☆	☆☆☆☆☆

知识拓展

认识“绘本”

绘本，即图画书，指以绘画为主并附有少量文字的书籍。

绘本起源于西方，诞生于19世纪下半叶的欧美。在19世纪，随着印刷技术的进步和儿童文学的兴起，绘本逐渐发展成为一种独立的儿童读物形式。这时候的绘本，不仅在讲故事的方式上更加生动形象，而且开始注重艺术性和教育性，对儿童的成长和教育产生了积极影响。进入20世纪，日本、韩国、中国台湾地区等亚洲地区也涌现出了许多优秀的绘本作品。

在这个过程中，一些国际知名的绘本大奖应运而生，它们不仅表彰了那些优秀的绘本作家和插画家，也推动了绘本艺术的发展和传播。

国际知名的绘本大奖包括以下三个。

（1）凯迪克奖：设立于1938年，由美国图书馆协会颁发，是美国极具权威的绘本奖项，为纪念19世纪英国绘本画家伦道夫·凯迪克而设立。

（2）国际安徒生奖：设立于1956年，由国际少年儿童读物联盟颁发，被誉为儿童文学的诺贝尔奖，以表彰在儿童文学领域作出杰出贡献的作家和插画家。

（3）凯特·格林纳威奖：设立于1955年，由英国图书馆协会颁发，以纪念19世纪伟大的童书插画家凯特·格林纳威女士。

这些大奖的设立，不仅是对绘本作家和插画家艺术成就的肯定，也为我们挑选优质的绘本提供了参考。

改革开放后，随着经济的发展和文化交流的增加，西方的绘本开始进入中国，对中国本土的绘本创作产生了影响。这一阶段，中国绘本开始逐渐形成自己的特色，涌现出一批结合中国传统文化和现代审美的绘本作品。近年来，中国原创绘本发展迅速，涌现出许多优秀的绘本作家和作品，如《团圆》《荷花镇的早市》等。这些作品不仅在国内受到欢迎，在国际上也获得了一定的认可。当前，原创绘本作品在市场上占比越来越高，题材多样，既有传统文化主题，也有现代生活、自然科学等主题。同时，中国的绘本创作和出版也在学习和借鉴中不断发展，绘本的艺术性和教育性在不断提升。

资料来自网络

任务二　养成阅读习惯

情境案例

18个月的苗苗最近很喜欢一本触摸有声书，今天上午加餐刚结束，她一如既往地拉着琪琪老师去找这本书，让琪琪老师打开第一页，念出书名“听，什么声音”，接着琪琪老师翻一页，她点一下图中的按钮，琪琪老师问：“这是什么声音？”苗苗开心地回答：“开门！”看到第五页有个小宝宝上厕所，她边按按钮边说“冲水”。看完这一页，她又一次心满意足地合上书交给琪琪老师，琪琪老师拉着她一起把书放回原位。这套流程已经持续了一周，琪琪老师每次都很配合，从不打断苗苗的节奏，也不强迫她继续阅读。每次苗苗上厕所时，琪琪老师都让她自己按按钮，听到哗哗的流水声问她：“这是什么声音？”“冲水。”两人相视而笑，为她们之间的默契而开心。

25个月的熙熙刚来不久，琪琪老师在与家长的交流中了解到熙熙不喜欢阅读，熙熙妈妈说：“有时候能自己安静地看会儿书，但很快就拿着书跑来找我，我给她讲她也不认真听，还抱着兔子玩偶在旁边摆弄，没讲几句就要我和她一起玩玩具。”琪琪老师听出了问题，微笑着说：“熙熙妈妈别着急，2岁的孩子在阅读中更多时候是希望获得情感交流，需要父母真正做到和孩子一起阅读，而且每个孩子的发展特点有所不同，需要的阅读环境也不一样，我们需要放松地去观察，如熙熙喜欢什么样的书？是不是喜欢抱着玩偶听？”

根据以上案例，请结合任务准备完成表3-2-1。

表3-2-1　养成阅读习惯工作表单

岗位工作任务：________	实施地点：________	实施时间：________	实施办法：________
1. 在与苗苗共同阅读的过程中，琪琪老师的哪些做法值得肯定？ ________ ________ ________			

续表

2. 熙熙妈妈在陪伴阅读过程中存在哪些问题？
3. 自我归纳：苗苗在阅读过程中表现出了什么个性心理特征？
4. 熙熙在阅读过程中表现出了什么个性心理特征？
5. 创设阅读环境需要注意哪几个方面的问题？

任务描述

此项任务将围绕如何帮助婴幼儿养成阅读习惯展开，涉及了解婴幼儿在阅读中的发展特点、规律及指导方法。在此项任务中，需要理解习惯培养在婴幼儿早期阅读能力发展方面的积极意义，掌握培养阅读习惯的要点及其指导方法。

任务准备

早期阅读是人生阅读的初始阶段，是婴幼儿凭借变化着的色彩、图像、文字和成人形象的讲读，来理解以图为主的低幼儿童读物的过程，是一个融观察、记忆、思维、表达等多种认知于一体的综合过程。[①] 对于3岁前的婴幼儿来说，阅读的过程也是情感和社会性发展的复杂的心理过程，兴趣也许能吸引他们短暂的注意力，但怎样帮助婴幼儿养成良好的阅读习惯，让他们把阅读视作生命中和睡觉、吃饭一样

① 翟云. 0~3岁婴幼儿早期阅读指导［M］. 上海：复旦大学出版社，2019：10.

必不可少的事情，则是每一位照护者都将面临的问题。

一、早期阅读习惯的养成

（一）良好的专注力是习惯养成的前提

《托育机构保育指导大纲（试行）》中明确提出，应该培养25—36个月的幼儿在感兴趣的事情上保持一定的专注力。说明这个月龄范围的幼儿注意力发展水平足以完成一些需要专注力的活动了，如阅读。婴幼儿集中注意的能力，可以使他们排除周围环境的干扰而专注于眼前的图画书，这是养成阅读习惯的起点。年龄越小，注意力集中的时间越短，一般2岁的幼儿，平均注意力集中的时间大约为7分钟，他们能够在照护者的腿上坐一会儿，阅读一本简单的图画书（图3-2-1）。3岁时注意力集中的时间大约为9分钟，已经能够坐下来专心地阅读一会儿了（图3-2-2）。婴幼儿的注意力在这一阶段是无意注意占优势，这种特征说明了注意力是不能被强迫的，当婴幼儿觉得某个事物值得关注的时候，他们就对其保持注意。因此照护者在充分尊重婴幼儿注意力发展规律的基础上，应该通过选择婴幼儿感兴趣的图画书、创设安全、温馨、安静的阅读环境、提供适宜的阅读指导等吸引他们的注意力，提升他们专注力的发展水平。

图3-2-1　2岁幼儿阅读

图3-2-2　3岁幼儿独自阅读

彩图3-2-1和彩图3-2-2

（二）充分的秩序感是习惯养成的核心

情境案例中的苗苗在琪琪老师的帮助下已经探索出了一套属于自己的阅读流程，她会在固定的时间以固定的方式和固定的人一起阅读图画书。苗苗处于秩序的敏感期，她在用自己所认识到、感受到的方式与环境建立链接，建立秩序。处于秩序敏感期的婴幼儿，在完成一件事情时会有自己的计划和步骤，如果这时候成人随意打破他们的秩序，就会让他们感到痛苦。最常见的有两种表现，即纠正错误和反复阅读。在阅读过程中，2岁的幼儿经常会反复阅读图画书中的某一页或几页，会经常让照护者反复讲读某一页的内容，有时候会纠正照护者的错误，或者因为照护者读的内容与他们以前听到的不一样而感到生气。实际上这些行为恰恰是婴幼儿认知发展上的一种进步，照护者应该为他们取得的成就感到骄傲，并且敏锐地意识到这种秩序感的建立必将有助于婴幼儿养成良好的阅读习惯。

秩序感的养成有助于婴幼儿获得安全感，他们会更加积极地探索和学习，逐渐学会独立处理问题，自我控制和调节能力也在此过程中得到发展，他们能够更好地适应环境，更加专注于自己感兴趣的事情。这些习惯和能力会延伸到婴幼儿学习与生活的各个方面，对他们的成长和发展有着重要的影响。

（三）积极的自我意识是习惯养成的关键

从1岁起，婴幼儿逐渐表现出真正的自我认同，他们开始了解自己的样子，关注自己的感受，并且通过表达自己的情绪和需求来要求独立，这些都标志着婴幼儿自我意识的萌芽。

许多图画书以自我意识为主题，如《我喜欢自己》（图3–2–3）、《我的情绪小怪兽》（图3–2–4）等。《我喜欢自己》中一只小猪用自己的外貌、爱好和能力充分展示了自己，《我的情绪小怪兽》善用颜色表达情绪，让婴幼儿认识不同的情绪。

对于2岁后的幼儿，在图画书阅读过程中，照护者还可以通过共同探讨迁移主人公的种种思想和行为来促进婴幼儿自我意识的发展，让幼儿在勇敢的表达中培养自信和独立思考的品格。当幼儿感受到照护者的积极回应，体会到自己在图画书阅

图3-2-3　图画书《我喜欢自己》

图3-2-4　图画书《我的情绪小怪兽》

读中获得的独特成就，他们就会对图画书阅读产生更大的热情，这正是阅读习惯养成的关键。开头的情境案例中，苗苗与琪琪老师之间会心的一笑再次证明了积极的自我意识在婴幼儿阅读习惯养成的过程中具有重要的意义，当照护者尊重婴幼儿的个人能力，并在婴幼儿发展新能力时作出积极的反应，婴幼儿就能体验到照护者因他们的成就而产生的喜悦，感受自身能力并享受掌握的新技能。[①]

总之，阅读可以帮助婴幼儿发展自我意识和自尊心，帮助他们更好地处理和应对不同的情境，通过阅读，婴幼儿也可以培养自我调节和控制行为的能力，提高自控力和抗挫折能力，这样在快乐的阅读体验中，逐渐养成良好的阅读习惯，获得认知、情感和社会性的发展。

二、养成良好阅读习惯的方法

（一）创设良好的阅读环境

《托育机构保育指导大纲（试行）》明确指出，创设丰富和应答的语言环境，提供正确的语言示范，保持与婴幼儿的交流与沟通，引导其倾听、理解和模仿语言。环境对婴幼儿的影响是潜移默化的，创设良好的阅读环境有助于婴幼儿养成良好的阅读习惯。

1. 有序、自主的物质环境

托育机构阅读区域的墙面和地板颜色要柔和，以便婴幼儿的目光一直被吸引到图画书中，将图画书放在与婴幼儿视线平齐且他们伸手可及的开放式架子上，照护者应让婴幼儿自己选择喜欢的书，可以将两本图画书分开放置，以便婴幼儿认真地做出选择。有序、自主的阅读环境如图 3-2-5 和图 3-2-6 所示。

图 3-2-5　有序的阅读环境

图 3-2-6　自主的阅读环境

① COPPLE C，BREDEKAMP S，KORALEK D，等. 0—3 岁婴幼儿发展适宜性实践［M］. 洪秀敏，宋佳，赵思婕，等译. 北京：中国轻工业出版社，2020：69.

为婴幼儿提供适宜的图画书，图画书中所描绘的人物应该是多种多样的。在婴幼儿挑选的过程中，照护者要仔细观察婴幼儿自己能做什么，并根据需要提供支持。例如，当婴幼儿触摸、拿取图画书时，照护者应立即回应他们的探索，并允许多种形式的操作，如转动、抚摸、挤压等。当发现婴幼儿对某一本图画书感兴趣时，可以支持并帮助他们按固定位置练习归位，这种有秩序的摆放操作能够激发婴幼儿的持续关注，使其保持一段时间的阅读兴趣。另外，适度的仪式感同样也会增强婴幼儿对一件事情的执着。例如，吃饭、睡觉这样的事情，每次餐前小游戏、摆放餐具、分配座位、用餐等固定环节会让婴幼儿投入其中，睡前故事、轻柔的音乐等睡前仪式会让婴幼儿很享受睡觉这件事。阅读同样如此，照护者如果能在阅读前和婴幼儿进行一些安静的小游戏或简单的对话，配上有仪式感的音乐，让婴幼儿先安静下来再进行阅读，坚持一段时间就会发现，婴幼儿会渐渐习惯这种有仪式感的阅读方式。

2. 安全、放松的心理环境

与其他学习形式相比，阅读是综合性极强的非常复杂的活动，对于 3 岁前的婴幼儿而言更是如此。因此，照护者对早期阅读的目的、价值等方面的科学认识十分重要。照护者要走出阅读就是识字、看画、听故事、学习知识等误区，努力为婴幼儿提供安全、放松的心理环境，激发婴幼儿的阅读兴趣，培养婴幼儿的阅读习惯。

情境案例中的熙熙妈妈认为熙熙不喜欢阅读，她的理由仅仅是自己在讲的时候熙熙没有安静地坐着听，这表明熙熙妈妈既不了解 2 岁幼儿的阅读心理特点，也没有搞清楚阅读的目的究竟是什么，这也正是她焦虑的来源。如果熙熙妈妈能按照琪琪老师的指导去尝试，认识到阅读习惯培养的长期性，调整自己的期待，让自己放松下来，仔细观察熙熙，认真投入图画书的内容，找到图画书与熙熙的契合点，支持、鼓励熙熙用自己的方式主动探索，保护她对周围世界的好奇心，相信熙熙一定能够被图画书吸引，养成良好的阅读习惯。

（二）实施有效的指导方法

1. 游戏化阅读

游戏是婴幼儿的天性，阅读过程也应该是充满乐趣的游戏化过程。因此，游戏化阅读是照护者指导婴幼儿养成阅读习惯的有效的指导方法之一。

“游戏化阅读，作为指导 0—3 岁图画书阅读的一种指导方法而言，就是把图画书阅读和孩子的游戏结合起来，把图画书阅读变成孩子喜欢的游戏，从而让孩子喜欢阅读图画书；同时又要利用游戏，以孩子能接受的方式进行图画书的阅读活动，培养孩子初步的阅读习惯和阅读行为。”① 在阅读过程中，过分强调阅读的技术性，如

---

① 周兢. 零岁起步：0~3 岁儿童早期阅读与指导［M］. 深圳：海天出版社，2016：180.

正确的发音、正确的语调等，可能会使婴幼儿有不必要的负担，由此产生逆反心理不再阅读。照护者应该注重阅读的愉悦性。对于2岁前的婴幼儿，照护者还可以运用玩偶等与他们一起做游戏，创设放松、安全的环境，让婴幼儿感受到阅读的乐趣，提高阅读的积极性，养成良好的阅读习惯（图3–2–7）。

图3–2–7　游戏化阅读

2. 个体化阅读

图画书《小蓝和小黄》讲述了一个关于自我认知的故事，有助于婴幼儿认识自己和别人的区别，意识到自己的存在。积极的自我意识有助于阅读习惯的养成和创造力的发展。在婴幼儿自我意识形成的过程中，照护者尤其要关注婴幼儿的个性化需求。有的婴幼儿在意文字的韵律感、幽默感，有的则喜欢沉浸在美好的期待中，还有一些婴幼儿对充满爱的主题表现出强烈的兴趣，照护者要细心观察。个体化阅读是一种亲密的一对一活动，可以使婴幼儿和照护者之间的情感交流更加紧密，这也是吸引婴幼儿投入阅读中的重要原因。尤其对于具有紧张或易怒等情绪问题的特殊婴幼儿而言，个体化阅读更有价值，当他依偎着照护者一起阅读图画书时会逐渐放松下来，沉浸在分享图画书的体验中。

在个体化阅读中，照护者应鼓励婴幼儿自由阅读，给他们足够的自由和时间，不要强迫他们在一定时间内读完一本书，也不要限制他们的阅读选择，让婴幼儿能够自由地探索和选择自己喜欢的书籍，通过努力独立阅读而获得巨大的成就感，从而让阅读成为他们的兴趣爱好，促使他们在图画书阅读中不断探索、尝试和学习。

任务实施

任务分析

托育机构照护者应根据婴幼儿在专注力、秩序感及积极的自我意识等影响阅读习惯养成的重要因素方面的发展特征，尝试通过创设良好的阅读环境，实施有效的指导方法，关注婴幼儿的表现，敏感回应婴幼儿，支持婴幼儿养成良好的阅读习惯。本任务为观察阅读区环境创设的图片，围绕具体观测点进行分析并提出合理化建议。

任务操作

观察分析阅读区环境创设

1. 准备工作

（1）环境准备：光线充足、安静专注。

（2）物品准备：清晰的环境创设图片、观察分析表。

（3）照护者准备：了解婴幼儿阅读习惯形成的心理过程；掌握阅读环境创设的基本原则和方法。

2. 实施步骤

（1）明确观察目的：了解如何通过环境创设帮助婴幼儿养成良好的阅读习惯。

（2）确定观察内容：明确阅读环境创设要点；了解阅读环境与婴幼儿阅读心理特点之间的关系。

（3）观察示例图片（图 3-2-8 和图 3-2-9），填写阅读区环境创设观察分析表（表 3-2-2）。

彩图3-2-8和彩图3-2-9

图 3-2-8　示例图片 1

图 3-2-9　示例图片 2

表 3-2-2　阅读区环境创设观察分析表

项目	示例图片 1	示例图片 2
专注力		
秩序感		
自主意识		
游戏化阅读		
个体化阅读		
总结分析		
提出建议		

（4）小组讨论交流，达成一致观点。

（5）分享观点，教师指导评价。

任务评价

完成表 3-2-3 和表 3-2-4。

表 3-2-3　观察分析阅读区环境创设任务评估表

项目	主要内容		操作要点	是否做到
准备工作	环境准备	光线充足、安静专注	减少噪声和视线干扰	□是 □否
	物品准备	清晰的环境创设图片、观察分析表		□是 □否
	照护者准备	了解婴幼儿阅读习惯形成的心理过程；掌握阅读环境创设的基本原则和方法	自主学习时圈画关键词	□是 □否
实施步骤	明确观察目的	了解如何通过环境创设帮助婴幼儿养成良好的阅读习惯		□是 □否
	确定观察内容	明确阅读环境创设要点；了解阅读环境与婴幼儿阅读心理特点之间的关系		□是 □否
	观察示例图片并填写分析表	（1）具体观测点：专注力、秩序感、自主意识、游戏化阅读及个体化阅读。 （2）总结分析。 （3）提出建议	按照从点到面的顺序进行观察，围绕专注力、秩序感、自主意识、游戏化阅读和个体化阅读五个方面进行分析	□是 □否
	讨论交流、分享观点	小组交流，分享观点并达成共识，提出合理化建议	集中观点、达成共识，提出的建议有创新、易操作	□是 □否

表 3-2-4　观察分析阅读区环境创设任务综合评价表

评价内容	自我评价	小组互评	教师评价
课堂活动参与度	☆☆☆☆☆	☆☆☆☆☆	☆☆☆☆☆
小组活动贡献度	☆☆☆☆☆	☆☆☆☆☆	☆☆☆☆☆
工作任务完成度	☆☆☆☆☆	☆☆☆☆☆	☆☆☆☆☆

知识拓展

游戏化阅读的指导策略

“我是主角”这种角色扮演游戏是让孩子成为图画书中的角色。“主角是我”则不是单纯的角色扮演游戏，而是让孩子成为图画书中的一部分。所谓“主角是我”是把图画书中的主角的名字变成孩子的名字，把孩子变成故事的主角。只要碰到故事主角，都把它变成孩子的名字，孩子自然而然地走进了故事里，成了主人公，去故事的世界里体验和徜徉。甚至还可以把孩子的玩具、朋友等的名字都加到故事里面去，这样一部以孩子为主角的故事大戏就上演了。想一想，孩子听到这样的故事，会不会对这本图画书充满兴趣？

比如，《好饿的小蛇》就变成了《好饿的牵牵（dá）》，故事也变成了：

好饿的牵牵扭来扭去在散步，她发现了一个圆圆的苹果。你猜猜，好饿的牵牵会怎么样？啊呜，咕咚，啊，真好吃！

第二天，好饿的牵牵扭来扭去在散步，她发现了一根黄色的香蕉。你猜猜，好饿的牵牵会怎么样？啊呜，咕咚，啊，真好吃！

第三天，好饿的牵牵扭来扭去在散步，她发现了一个三角形的饭团。你猜猜，好饿的牵牵会怎么样？啊呜，咕咚，啊，真好吃！

第四天，好饿的牵牵扭来扭去在散步，她发现了一串紫色的葡萄。你猜猜，好饿的牵牵会怎么样？啊呜，咕咚，啊，真好吃！

第五天，好饿的牵牵扭来扭去在散步，她发现了一个带刺的菠萝。你猜猜，好饿的牵牵会怎么样？啊呜，咕咚，啊，真好吃！

第六天，好饿的牵牵扭来扭去又在散步，这回，她发现了一棵结满红苹果的树。你猜猜，好饿的牵牵会怎么样？扭来扭去爬上树，然后，啊，张开大嘴，还是咕咚！

这样的故事，孩子的兴趣是不是会爆棚？这样的故事，孩子会不会很有兴趣和你一起去阅读？在阅读这样的图画书的时候，孩子一定会舞足蹈，自然而然地想要表演出来。如果我们每次阅读都能让孩子充满兴趣和快乐，还用担心孩子不能变成一个真正的阅读者吗？

节选自周兢主编《零岁起步：0~3岁儿童早期阅读与指导》，有删改

任务三 提高理解能力

情境案例

年轻的照护者小美老师虽然工作时间不长，但对待工作非常认真。她所在班里

有8个小朋友，年龄在24—36个月之间，她在准备陪孩子们一起阅读时选择了《别让太阳掉下来》，并写下了详细的活动方案，但在第二天阅读的过程中还是遇到了不小的挑战。

彩图 3-3-1

图 3-3-1 《别让太阳掉下来》

在讲读图片中的这一页（图3-3-1）时，26个月的果果立刻去玩具柜上抱来了毛茸茸的熊猫玩偶，孩子们都围过来用手摸着，小美老师不知道该继续讲读还是停下来等待，正准备翻到下一页时，33个月的毛毛走上来，指着跑在最前面的小动物问：“这是谁？”

共读结束后，小美老师在反思时一脸困惑：2岁多的孩子在看图画书时已经关注到画面中的很多细节，那么文字没有涉及的部分要不要讲？怎么讲？他们能理解吗？怎么帮助孩子们理解呢？完成表3-3-1。

表 3-3-1　提高阅读理解能力工作表单

岗位工作任务：________	实施地点：________	实施时间：________	实施办法：________
1. 小美老师在与孩子们阅读图画书时遇到了哪些问题？			
2. 在陪伴共读过程中需要重点关注的环节有哪些？			
3. 自我归纳：果果和毛毛的表现反映了婴幼儿阅读心理发展中的哪些要点？			
4. 还有哪些帮助婴幼儿提高理解能力的阅读策略？			

任务描述

此项任务将围绕如何帮助婴幼儿提高阅读理解能力展开，涉及了解婴幼儿在阅读中的心理发展特点、规律及指导方法。在此项任务中，需要理解早期阅读在提高婴幼儿认知、情感、社会能力发展中的重要性，了解发展要点及掌握指导方法。

任务准备

很多人认为 3 岁前的婴幼儿根本不会阅读，对他们来说，书只是拿来咬和撕的。但是，当发现 1 岁幼儿不厌其烦地翻动一本玩具书，2 岁幼儿指着画面上的人脸自言自语说着什么时，会不会产生这样的疑问：为什么会出现这些行为？他们的大脑是怎么运作的呢？随着脑科学研究技术的飞速发展，婴幼儿在阅读中表现出的令人费解的行为逐渐得到科学的解释，更加验证了早期阅读中理解能力的发展是有规律的，照护者必须从专业的角度客观看待婴幼儿的行为，以适宜的回应支持婴幼儿理解能力的发展。

一、早期阅读中理解能力的发展

（一）阅读中的感知整合

成人在阅读中需要大脑多区域的共同协作，比如，当读到“还放了一些胡萝卜，那汤可真甜”时，大脑处理和响应味道的部分就会被激活。如此说来，当婴幼儿听故事的时候，是否能“看到故事情境”呢？许多学者认为，“在早期儿童时期就已经建立起视觉表象需要激活视觉神经通道的联系。早期儿童听故事，能够帮助他们连通视觉和听觉及语言神经环路的联系，能够发展他们创造性的心理想象能力，能够发展他们的叙事及阅读理解能力。”[①] 这种多通道整合的优势发展了婴幼儿的想象力。

6 个月的婴儿把书放进嘴里仅仅是为了咬吗？

发展心理学告诉人们，0—1 岁是婴幼儿思维方式的准备时期，凭借眼看、耳听、鼻闻、嘴尝、手摸等发展其感知觉能力，并在此基础上产生萌芽状态的表象。1 岁开始逐渐处于直觉行动思维发展时期，婴幼儿只有通过直接摆弄具体事物才能思考问题，视听嗅味触等多感官的共同合作也将在婴幼儿直觉行动思维的引领下，通过大胆的尝试不断推进阅读理解能力的发展。

---

① 周兢. 汉语儿童早期阅读与读写能力发展研究［M］. 上海：华东师范大学出版社，2020：7.

（二）阅读中的分类经验积累

正如前面提到的问题：6 个月的婴儿把书放进嘴里仅仅是为了咬吗？有没有可能是通过味道判断书和面包的区别？通过软硬来区分书和手帕？这种处于萌芽期的分类能力正是理解能力的基础。

3 岁前的婴幼儿分类能力大致经过三个时期的发展：3—4 个月时，婴儿已经能区分有生命的和无生命的事物；10 个月时，婴儿能够根据自己的理解按事物的某一显著特征进行分类，如将自己的玩具分为有声音的和无声音的；1 岁以后，幼儿已经开始对事物按照颜色、形状等更普遍的性质进行分类，2 岁时这种分类能力已经相当成熟。①

阅读中对于信息的分类和组织能力是理解人、事、物之间关系的前提，2 岁幼儿在阅读《米菲在海边》时，会拿出自己的兔宝宝玩偶去反复探索和对比观察，正如前面“情境案例”中的果果，已经能对生活中的很多事物进行简单的分类，并凭借这种分类能力逐渐理解生活中更复杂的社会关系，从而更有效地解决问题。

（三）阅读中的意图理解

《小雨后》是一本中国水墨画风格的绘本，雨后的乡村空气清新、芳草鲜美，小女娃娇憨可爱，小狗阿毛如影随形，一人一狗在小雨后玩得不亦乐乎。“大战蛤蟆搬救兵”是故事的高潮，不远处，老牛慢悠悠地喝着水，小女娃使劲儿牵牛着急去“迎战”，小狗阿毛也来帮忙。这张跨页的画面（图 3-3-2）虽然没有一个字，但一动一静、一快一慢在画面上呈现出的张力让人物的状态生动起来，小女娃倾斜如飞的身体、伸出的胳膊及被小狗叼起的衣角也充满了诙谐幽默的趣味。

这样的画面设计对于 2—3 岁的幼儿来说是一个十分有趣的心理游戏。心理学认

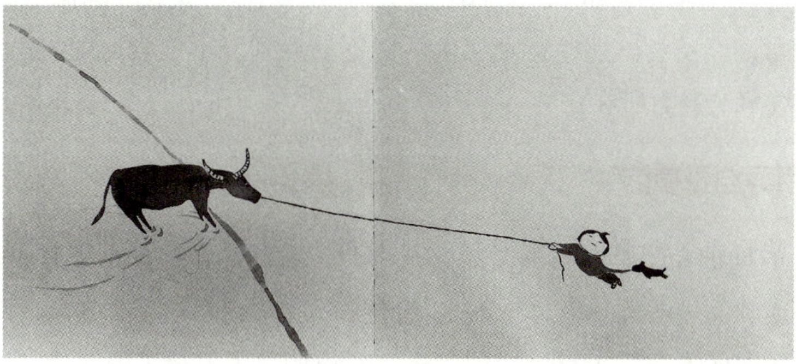

彩图 3-3-2

图 3-3-2 《小雨后》跨页的画面

① COPPLE C，BREDEKAMP S，KORALEK D，等. 0—3 岁婴幼儿发展适宜性实践［M］. 洪秀敏，宋佳，赵思婕，等译. 北京：中国轻工业出版社，2020：48.

为，“婴儿对他人动作意图的正确推理是一种重要的社会认知能力，有利于婴儿根据他人意图来调整自己的行为以适应更好的社会互动。”[①] 同样的动作可能会有不同的原因，只有理解行动者的意图才能真正理解动作的意义。意图理解能力在 1 岁前出现，对婴幼儿未来的社会交往、社会认知及语言能力的发展影响深远。婴幼儿在早期阅读中获得的时间、空间理解能力及在此基础上形成的因果关系认知的萌芽，都将促进婴幼儿在动作意图上的理解，从而促进社会交往。更为神奇的发现是，婴幼儿面孔识别的发展特点对理解图画书也有着不同程度的影响，从生活中真实的面孔到图画书中抽象的面孔，从分辨人脸的表情到表情反映的情绪状态，照护者在陪伴共读时表现出的表情、状态是婴幼儿理解图画书的重要媒介。

二、提高婴幼儿阅读理解能力的方法

根据婴幼儿在阅读理解能力发展过程中的特点，采用亲子共读的方式是最适合的。托育机构中的照护者在与婴幼儿建立了稳定的信任关系后，运用陪伴共读的方式帮助婴幼儿在探索、模仿、共享的体验中不断提高阅读理解能力。

（一）鼓励自主探索

婴幼儿对阅读的兴趣更多来自“玩”图画书，通过触摸、摆弄、翻动、咬、拍、抓等多种感官活动协作，共同完成对书的外部特征的探索。6 个月以后，婴幼儿非常喜欢抠东西、戳洞洞，喜欢用手探索周围的世界，洞洞书、翻翻书、摸摸书、拉拉书等正是这个阶段适宜的阅读材料。例如，洞洞书系列《猜猜我是谁？》非常适合 6—12 个月的婴儿，抠、挖、戳的过程，不仅能促进婴幼儿小肌肉群、精细动作及手眼协调能力的发展，还能发展他们关注细节的能力及引发探究事物的欲望。当婴幼儿把手伸入洞洞抠挖物品时，他们能感受到物品的形状及其在洞洞中的不同方位，发展知觉能力，以及尝试那些在真实生活中不易遇到或不能尝试的想法和感觉，这也是图画书故事的魅力所在。[②]

（二）引导自觉模仿

18 个月的柚柚在阅读图画书时能够观察照护者的动作并进行即时模仿，当照护者用食指点读画面中的熊猫时，柚柚也伸出食指指向它（图 3–3–3）；当照护者伸出五指模仿画面中熊猫的爪子时，柚柚也边观察边伸出了五指（图 3–3–4）。这是婴幼儿早期的模仿。

---

① 王争艳，武萌，赵婧. 婴儿心理学［M］. 杭州：浙江教育出版社，2015：348.

② 默里. 婴幼儿心理学［M］. 张安也，译. 北京：北京科学技术出版社，2020：225.

图 3-3-3　即时模仿 1

图 3-3-4　即时模仿 2

模仿是个体自觉或不自觉地对新观察识记的人和物进行模拟、复制和表现的学习行为，是个体学习的重要方式。[①] 婴幼儿从出生开始就已经在模仿了，比如，模仿成人的表情和声音，虽然还不能明白表情的意义，但随着模仿技能的熟练，这种无意识、不自觉的模仿会逐渐发展成有意识、自觉的模仿，从把模仿当作目的到把模仿作为达到目的的手段，从模仿外部特征到模仿内部特征，从即时的模仿发展到延迟模仿。

22 个月的小鹿不仅可以熟练地运用即时模仿帮助自己理解和记忆，也已经能够通过自主阅读完成延迟模仿，他通过回忆上一次照护者陪伴阅读时的做法，用自己的动作和语言进行了情境重现，具体过程如下。

小鹿拿起上次共读时的洞洞书，从封面开始看起，按照老师之前的做法一页一页翻着，他完全沉浸在自己喜欢的书里，独自完成了选书、翻页、指点、说出名称等和照护者陪伴阅读时形成的所有习惯动作（图 3-3-5 至图 3-3-9）。

图 3-3-5　选书

图 3-3-6　翻页

图 3-3-7　指点

① 王争艳，武萌，赵婧. 婴儿心理学［M］. 杭州：浙江教育出版社，2015：348.

图 3-3-8　说出名称

图 3-3-9　动作模仿

以上过程说明小鹿已经具备了延迟模仿的能力，在第二次独自阅读过程中主动将第一次共读时的动作和语言模仿出来，大大提高了记忆和理解能力。

（三）支持自由共享

与建立了信任关系的照护者一起阅读，不仅能让婴幼儿感受到温暖安全、幸福快乐，更能让他们在共享体验中获得全面发展。

首先，共读是建立在双方共同注意的心理过程中的，共同注意的发展也会在共读中逐渐深化。

共同注意是涉及自我、他人及第三方的物品或者事件的注意调节，即在三方的互动中，一个人和他人建立眼神接触，跟随或指示他人注意同一个物体或事件，两个人关注同一物体和事件的过程①（图 3-3-10 和图 3-3-11）。

婴幼儿共同注意的发展大致经历了两个阶段：被动的共同注意和主动的共同注意。

3 个月大的婴儿开始跟随成年人注视附近的物体，这是共同注意的萌芽。9 个月时通过共同注意与他人注意到了普通的第三个物体，且每个人都知道对方正在看什么。虽然这种交流是短暂和沉默的，但此时正是共同注意发展的契机，照护者应及时用行为或语言进行回应。婴幼儿到 12 个月时能根据他人的注视和姿势而注意同一个物体，开始出现被动的共同注意。2 岁时幼儿能够灵活地使用自己的姿势、眼睛接触使他人注意某个物体、事件或者他们自己转移注视或手势来达到共同注意，这标志着主动的共同注意已经形成。

在情境案例中，在共同阅读《别让太阳掉下来》时，33 个月的毛毛指着图中跑

① 王争艳，武萌，赵婧. 婴儿心理学［M］. 杭州：浙江教育出版社，2015：344.

图 3-3-10　共同注意 1

图 3-3-11　共同注意 2

在最前面的动物问：“这是谁？”这种对细节的关注和好奇并不是一出生就具备的，像毛毛这样能够指示他人注意同一个物体的能力（主动的共同注意）也是共同注意发展到一定阶段才形成的。

由此可见，共同注意反映着人类学习和发展的心理和行为过程，婴幼儿使用手势或眼神是为了和他人共享经验或积极的评价，这种交流更多是社会性的。这也更加证明了婴幼儿理解能力的发展是建立在认知、情绪情感和社会性等共同发展的基础上的，早期阅读恰恰在这些方面具有独特的优势。

其次，互动策略作为共读中常见的一种积极回应方式，在提高婴幼儿理解能力方面具有决定性作用。

在情境案例中，小美老师的困惑在于，这一页的文字很简单：突然，起风了！打雷了！接着，下起了大雨。但是图画中的内容比这句话表达的多很多，那么文字没有涉及的部分要不要讲？怎么讲？

文字和图画间水乳交融的关系是图画书最大的特色，文字和图画之间是相互补充、相互依赖的，适合婴幼儿的图画书文字会更少，更多信息是通过图画来传递的。对于 2—3 岁的幼儿来说，时间、空间知觉的发展及因果关系的萌芽都在积极推动他们的意图理解向前发展，照护者及时的词语支持将成为他们阅读理解中的有效助力。因此，小美老师应在原文的基础上用词语补充画面隐藏的内容，可以这样讲：“突然，起风了！打雷了！接着，下起了大雨。”然后，指着最前面的小猴子说：“小猴子跑得最快，他在前面领着大家跑进山洞去躲雨。”

这种直接的描述式表达非常适合 7—12 个月的婴儿，他们正处于词语积累的重要时期。《托育机构保育指导大纲（试行）》中指出，向婴儿复述生活中常见物品和动作，帮助其逐渐理解简单的词汇。例如，指着图片中的熊猫说：“这个黑眼睛、黑耳朵、胖乎乎、有一条圆圆的小尾巴的动物叫熊猫。”

除了描述式的补充信息，对 12 个月以后的幼儿还可以使用不同的互动策略，最常用的是启发式重复提问。启发式重复提问是指通过再次提问引导幼儿运用事物之间的联系进行对比和联想，这种策略适用于 12—24 个月的幼儿。例如，在刚刚阅读过《母鸡萝丝去散步》（图 3-3-12）后可以这样提问："母鸡萝丝的尾巴是什么颜色的？看，它的尾巴的颜色和房子的颜色是一样的。"相比描述和重复提问，照护者的开放式提问往往更能激发幼儿的思考，适合 24—36 个月处于因果关系萌芽期的幼儿。例如，"狐狸在干吗？它为什么悄悄地跟着母鸡萝丝？"

彩图 3-3-12

图 3-3-12 《母鸡萝丝去散步》

最后，共读的过程不只是认知的过程，婴幼儿与照护者之间充满爱和乐趣的互动是陪伴共读的关键。因此，照护者与婴幼儿之间建立起安全、稳定、信赖的关系是前提，只有在温暖安全的阅读环境中，婴幼儿与照护者才能进入图画书共享这段神奇的阅读之旅，婴幼儿的理解能力也会在这种共享体验中逐渐获得发展。

任务实施

任务分析

托育机构照护者应根据婴幼儿阅读理解能力的年龄阶段特点，实施陪伴共读活动，关注婴幼儿的表现，敏感回应婴幼儿，支持婴幼儿阅读理解能力的发展。本任务是为 24—36 个月的幼儿选择适宜的方式完成陪伴共读。

任务操作

陪伴共读（24—36 个月的幼儿）

1. 准备工作

（1）环境准备：温暖安全、光线适宜。

（2）物品准备：图画书（适龄）、手偶。

（3）照护者准备：仪表端庄、情绪饱满。

（4）婴幼儿准备：选择喜欢的图画书和舒服的姿势。

2. 实施步骤

（1）自主探索：幼儿通过多感官协作自主探索图画书（翻、摸、看等），照护者语言支持。

（2）共同阅读：①按照封面—前环衬—扉页—正文—后环衬—封底的顺序与幼儿共读；②要注意图文相依，运用适当的互动策略补充重要信息；③引导幼儿模仿书中的动作或游戏；④利用开放式问题引导幼儿主动思考与表达。

（3）整理工作：①指导幼儿将图画书等材料归位，如“请把图画书放在第二层书架上，可以放在《蚂蚁和西瓜》的旁边”；②照护者与幼儿一起整理环境。

（4）总结和延伸：①对幼儿在不同环节展现出来的行为进行肯定和鼓励，如“毛毛今天有一个很大的发现，她看到了跑在最前面的是小猴子”“点点小朋友刚刚在整理图画书时做得很好，谢谢你”；②引导幼儿通过画画、游戏等延伸活动继续阅读图画书，或共同商量计划一次手偶剧表演，激发幼儿对下次共读的期待。

任务评价

完成表 3-3-2 和表 3-3-3。

表 3-3-2　陪伴共读任务评估表

项目	主要内容		操作要点	是否做到
准备工作	环境准备	温暖安全、光线适宜	减少噪声和光线干扰	□是 □否
	物品准备	图画书（适龄）、手偶	手偶是辅助材料	□是 □否
	照护者准备	仪表端庄、情绪饱满		□是 □否
	婴幼儿准备	选择喜欢的图画书和舒服的姿势	尊重幼儿兴趣和意愿，幼儿可自主选择图画书	□是 □否

续表

项目		主要内容	操作要点	是否做到
实施步骤	自主探索	幼儿通过多感官协作自主探索图画书（翻、摸、看等）	互动策略	□是 □否
	共同阅读	（1）按照顺序与幼儿共读。 （2）图文相依，运用适当的互动策略。 （3）引导模仿。 （4）开放式提问	（1）语速较慢、语调较高、语气夸张等，吸引幼儿的注意力。 （2）注意培养幼儿的阅读习惯	□是 □否
	整理工作	（1）材料归位。 （2）整理环境	运用语言支持等互动策略，如“请把图画书放在第二层书架上，可以放在《蚂蚁和西瓜》的旁边”	□是 □否
	总结和延伸	（1）肯定和鼓励。 （2）画画、游戏、手偶剧表演等延伸活动	运用语言支持等互动策略，如“毛毛今天有一个很大的发现，她看到了跑在最前面的是小猴子”“点点小朋友刚刚在整理图画书时做得很好，谢谢你”	□是 □否

表 3-3-3　陪伴共读任务综合评价表

评价内容	自我评价	小组互评	教师评价
课堂活动参与度	☆☆☆☆☆	☆☆☆☆☆	☆☆☆☆☆
小组活动贡献度	☆☆☆☆☆	☆☆☆☆☆	☆☆☆☆☆
工作任务完成度	☆☆☆☆☆	☆☆☆☆☆	☆☆☆☆☆

知识拓展

0—3岁婴幼儿阅读图画书时的理解内容如表3-3-4所示。

表 3-3-4　0—3 岁婴幼儿阅读图画书时的理解内容

理解难度	理解内容
理解图画书	（1）认识图画书，听到别人说看图画书时能指向图画书或把图画书拿出来
	（2）认识不同的图画书，通过封面能区别不同的图画书，能指出听过的图画书
	（3）认识图画书的封面，知道阅读时封面朝上
	（4）知道图画书有内页，阅读时会从前往后或从后往前翻书

续表

理解难度	理解内容
理解图文符号	（1）听故事时会看图画，知道故事内容与图画有关
	（2）认识并能指出或说出图画书的主角
	（3）能够指认图画中的一些关键信息，如角色、物品等
	（4）在成人提示下能将听到的故事与相应的图画联系起来，理解简单的情节
	（5）能自主理解图画书的部分单幅图画，在成人的帮助下能联系不同的图画进行观察和理解
理解故事	（1）与成人共读图画书时能用动作、表情或“咿咿呀呀”对成人作出回应
	（2）能边看图画书边说出书中熟悉的物品的名称
	（3）能回答成人有关图画书故事内容的简单问题
	（4）能用多种动作、姿势、表情和简单的词语来模仿图画书中的角色
	（5）能针对图画书故事内容向成人提问
	（6）能边看图画书边讲出局部情节
	（7）能边看图画书边较为简单连贯地讲出故事的主要情节

节选自周兢主编《零岁起步：0~3岁儿童早期阅读与指导》，有删改

任务四　促进表达表现

情境案例

在共同阅读了图画书《冰糖葫芦，谁买？》之后，托小班的孩子们天天谈论着冰糖葫芦，“冰糖葫芦，冰糖葫芦……”他们学着绘本里的情节快乐地吆喝着。看到孩子们这么感兴趣，温老师带着大家进行了一次延伸阅读活动，通过制作糖葫芦（图 3-4-1 和图 3-4-2）、分享糖葫芦、售卖糖葫芦，让孩子们更加真切地体会图画书中的情节，以及图画书之外更多精彩、有趣的真实生活。

图 3-4-1 制作糖葫芦 1

图 3-4-2 制作糖葫芦 2

“温老师，糖葫芦味道怎么样？是不是嚼起来有脆脆的感觉呢？”

“我来帮温老师选吧，这串带橘子的也特别好吃！”

“你需要糖葫芦吗？”

“我可以选一个吗？”

“可以的！”

“谢谢你！”

这些 1—3 岁的孩子们把亲手制作的糖葫芦分享给老师，分享给路上遇见的小朋友，在此过程中孩子们的情感获得了发展，语言越来越丰富，就连平时不爱说话的孩子也十分兴奋地参与进来。

根据以上案例，请结合任务准备完成表 3-4-1。

表 3-4-1 促进表达表现能力的发展工作表单

岗位工作任务：______	实施地点：______	实施时间：______	实施方法：______
1. 案例中的温老师组织的延伸阅读活动有什么作用？ ______ ______ ______			
2. 促进婴幼儿表达表现的方式有哪些？ ______ ______ ______			

续表

3. 自我归纳：阅读中婴幼儿情绪表现的年龄特点是什么？   4. 阅读中婴幼儿语言表达的年龄特点是什么？   5. 运用围裙剧表演促进婴幼儿表达表现能力时应该注意什么？

任务描述

此项任务将围绕如何帮助婴幼儿促进表达和表现能力的发展展开，涉及了解婴幼儿在阅读中的发展特点、规律及指导方法。在此项任务中，需要理解早期阅读在提高婴幼儿语言表达及情绪情感发展水平上的重要意义，掌握发展要点及其指导方法。

任务准备

婴幼儿的思维非常活跃，他们能以多种方式了解周围的世界，因果关系意识的萌芽使他们很快认识到，如果采取一些行动或尝试通过肢体、语言与他人交流，就可能获得回应。《托育机构保育指导大纲（试行）》指出，应该创造条件和机会，使幼儿多听、多看、多说、多问、多想，谈论生活中的所见所闻。早期阅读既能推动思维的发展又能促进婴幼儿自信地表达表现，与他人进行很好的交流，照护者应该创设良好的阅读环境，在阅读中为婴幼儿提供跳一跳就能战胜的挑战，并为他们提供丰富的练习机会，以促进婴幼儿的学习与发展。

一、早期阅读中的表达表现

（一）阅读中的情绪表现

情绪理解是情绪表现的前提，情绪理解是指婴幼儿对情绪信念和情绪反应的认识，为婴幼儿情绪交流和社会交往奠定基础。[①]7个月的婴儿能识别照片中的人的高兴、生气、悲伤等面部表情，12个月开始能辨别高兴、喜欢、生气等不同情绪，13个月后已经能够模仿图画书中的人物表情，说明婴幼儿的情绪发展已经由最初的情绪识别和理解阶段进入情绪表达阶段。针对13—24个月的幼儿，照护者应该在阅读中关注他们的表情，引导他们用表情、动作和语言等方式表达自己的情绪（图3-4-3）。25—36个月的幼儿喜欢谈论日常生活中感兴趣的人和事，这个时期的婴幼儿在思维发展过程中出现了"泛灵论"，即将万事万物视为与自己一样有生命的个体，他们与动植物、大自然之间建立的平等关系经常促使他们用亲切的语言来对话，自然流露的情感既丰富了幼儿的情绪表达，也让他们的语言更加鲜活生动，因此可以引导他们更多地通过语言表达情绪情感。

图3-4-3　用动作和表情表达情绪

早期阅读中有很多关于调节情绪的经典绘本，如《猜猜我有多爱你》（图3-4-4和图3-4-5），阅读不仅能够帮助婴幼儿学会辨别积极情绪和消极情绪，更能指导其学会简单的情绪调节策略。

① 刘婷. 0—3岁婴幼儿心理发展与教育［M］. 上海：华东师范大学出版社，2021：60.

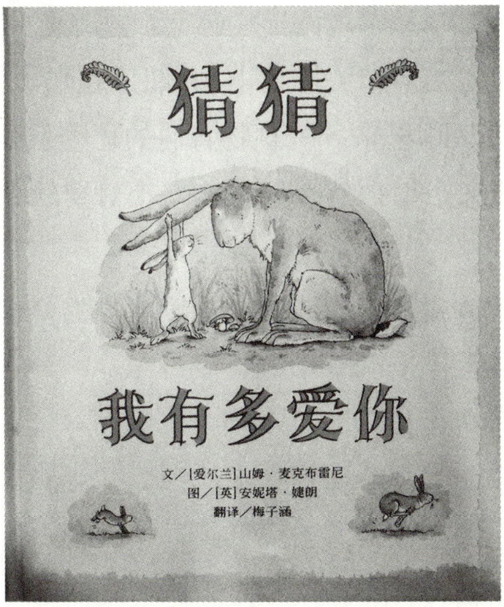

图 3-4-4 《猜猜我有多爱你》封面

图 3-4-5 《猜猜我有多爱你》结尾

（二）阅读中的语言表达

婴幼儿表达能力的发展建立在理解的基础之上，语言理解先于语言表达。7—12个月的婴儿能够模仿简单发音，更多用表情、声音、动作表达需求，虽然不能说话，但在与成人共读时能通过发出“咿咿呀呀”的声音作出回应；13—24个月时能模仿词语和短句，语言和实物、动作逐渐建立起联系，在阅读过程中会喃喃自语或是向成人提问；25—36个月时能够说完整的简单句子，这个阶段的幼儿从翻页、指点、说出图中名称，到手指图画述说图画书中人物行动，逐步发展到用口语表述图画内容的能力，但还不能把画面连成一个完整的故事。

根据以上发展特点，24个月以下的婴幼儿早期阅读时应该以声音的模仿和词汇的丰富为主，与他们生活经验相关的图册、卡片或常识类图画书较适宜。25个月以后，随着幼儿生活经验的丰富和语言能力的提高，早期阅读应该更关注视野的开阔和生活感受的加深，儿歌、童话和生活故事类图画书都是很好的选择。

节奏感、韵律感非常强的儿歌对几个月的婴儿就很有吸引力，12个月前的婴儿会伴随着成人念儿歌的声音“应和”，这是语言表达的教育契机，照护者可以着重让他们感知儿歌中的高潮部分，激发主动表达的欲望。12个月以后，声音、图画、人物及熟悉的场景都会成为幼儿阅读中关注的对象，那些音韵和谐、形象生动、场景熟悉的图画书会吸引他们反复诵读。

童话类图画书中的幻想和夸张满足了婴幼儿对世界的好奇，吸引他们去感受人与人之间的温情友爱。例如，《彩虹色的花》（图3-4-6）中，善良的花给了小蚂蚁一片花瓣当小船，给了小蜥蜴一片花瓣做衣服，给了小老鼠一片花瓣做扇子，正是这样单纯友善的分享让婴幼儿感受到了友情的美好。

故事类图画书以婴幼儿熟悉的生活事件为主，如《拔萝卜》《谁藏起来了》《小男生上厕所了》等自我照顾系列，《橘子，你从哪里来》等食物背后的秘密系列，这些故事与婴幼儿的日常生活紧密相连，读起来亲切自然、轻松幽默，对婴幼儿有着特殊的吸引力。

读完《橘子，你从哪里来》，孩子们了解到橘子产自南方，因为南方的气候和环境适合橘子树生长，由此产生了下面一段对话。

“老师，北京是北方，对吗？不适合橘子树生长！”

“对！”

“所以我们只能在超市看到橘子！”

“我老家是南方，下次回去我去看看橘子树！”

通过阅读故事类图画书，婴幼儿的生活经验在不断拓展，语言表达也日渐丰富。

（三）阅读中的艺术表达

早期阅读以图画为主，图画这种艺术表达形式能够极大地促进自我意识的萌芽，24—36个月的幼儿逐渐进入自我感知、自我体验、自我表达的高潮期，随着想象、思维、言语的不断发展，他们对图画的理解越来越深入，表达表现也越来越自信和主动。

读完图画书《花生，你从哪里来》，30个月的美宝在品尝了亲手挖出来的花生后，用花生壳完成了一幅美术作品（图3-4-7），她解释自己的作品：“贴上绿色的叶子，还有黄色的小花，对了，我觉得花生有点孤单，做条毛毛虫陪它吧。”

彩图3-4-6和彩图3-4-7

图3-4-6 《彩虹色的花》

图3-4-7　花生壳制作美术作品

34 个月的悦悦在认真地给主角“花”做着彩虹色的衣裳，图画书《彩虹色的花》她已经读过很多遍了，“我知道每个小动物看见花的时候，花是什么样子的！”她自信地表达着对图画书中人物的理解，并凭借丰富的想象用艺术方式生动地表达着自己的想法（图 3-4-8）。

图 3-4-8　制作作品表达对图画书的理解

二、促进表达表现能力发展的途径

在婴幼儿的成长过程中，每种能力的发展水平都会影响到其他能力的发展，表达表现能力也是在记忆、想象、理解等各种能力的综合影响下逐渐发展起来的，这种复杂的能力需要多样化的发展途径，其中对话式阅读和延伸阅读是极有针对性的两种。

（一）对话式阅读

对话式阅读是美国心理学家怀特赫斯特 1988 年首次提出的一种指导孩子阅读的方法，它不同于传统的阅读方式，既要讲述图画书中的文字，又要在理解的基础上讲述图画中隐藏的内容；既要运用提问引导婴幼儿阅读，又要根据婴幼儿的回答给予及时有效的反馈；既要鼓励婴幼儿正确地理解图画书中的内容，又要充分尊重婴幼儿对图画书理解的独到之处。

在图 3-4-9 中，文字是这样叙述的：“兔子家的窗台上，还放着一篮子月饼和一

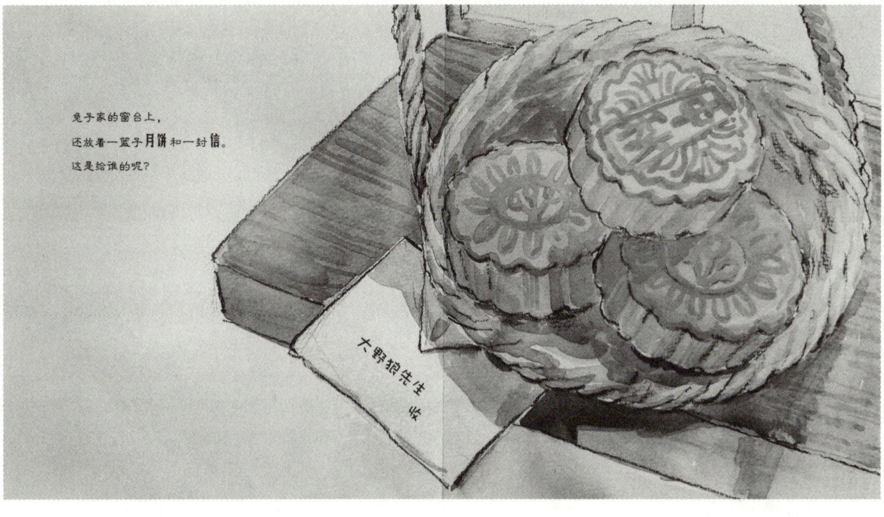

彩图 3-4-9

图 3-4-9　图画书《中秋节快乐》

封信。这是给谁的呢？”文字中并没有回答这个问题，但从图画中我们可以看到，月饼篮下面压着一封信，信封上清晰地写着“大野狼先生收”，这就是图画中隐藏的内容，是对话式阅读中需要特别关注的部分。

在对话式阅读中，成人与婴幼儿之间是平等的，对图画书内容的理解应该抱有宽容和接纳的态度，2 岁的幼儿已经开始大胆地表达自己的想法，并试图通过语言和动作的交流让成人接受他们的想法，照护者应鼓励这种行为，而不是仅仅将自己对图画书的理解强行灌输给幼儿。

对话式阅读带给婴幼儿的应该是主动探索获得的个性化体验，这些体验可能来自图画书中的某个情节与婴幼儿生活经验的碰撞，也可能来自成人与婴幼儿之间的高质量交流。这些交流中蕴藏着无尽的智慧和创造力，较少的文字和丰富的画面拓宽了婴幼儿理解的范围，让他们能够更加富有创造性地表达和表现。

（二）延伸阅读

延伸阅读是以图画书内容为本，与婴幼儿一日生活的各环节建立联系，通过体验和创造不断构建新经验的阅读过程，主要包括生活中的经验积累、游戏中的自我体验和表演中的自由创作三种方式。

在图画书《冰糖葫芦，谁买？》中有一个情节是这样描述的（图 3-4-10）：这天，一个卖糖葫芦的老爷爷推着车，照例走进了猫眼儿胡同。“冰糖葫芦儿——”吆喝声在深长的胡同里响了起来，冬天的胡同里立刻飘起了甜丝丝的糖浆味儿。

图 3-4-10　图画书《冰糖葫芦，谁买？》

教育家陶行知先生曾说“生活即教育”，充满烟火气的生活味道在文字和画面之间来回流转。情境案例中的温老师发现，孩子们每次看到这一页都很兴奋，忍不住学着图画中的情景叫卖：“冰糖葫芦儿——”这种生活场景让他们觉得陌生而又新奇，这正是很好的学习契机，于是温老师带着孩子们进行了一次延伸阅读活动，通过真实地制作糖葫芦、分享糖葫芦、售卖糖葫芦，让孩子们更加真切地体会了书中的情节。在这个过程中，婴幼儿不仅通过模仿学会了发音、懂得了词意，更在活动中逐渐感受到“冰糖葫芦儿——”这样的叫卖声所蕴含的甜蜜、友好、希望、向往等人与人之间的美好情感，虽然在他们这个年龄还不能完全理解这些情感，但一定会在他们心里种下“幸福的种子”。同时这些生活经验的积累和情感能力的丰富会极大地促进婴幼儿表达表现能力的发展。

有计划地针对婴幼儿年龄特点开展一些图画书故事表演活动也是促进婴幼儿表达表现能力发展的一种延伸阅读形式。例如，围裙剧（又称“故事剧场”或“围裙故事”），就是一种表演故事的方式。

与一般的绘本剧相比，围裙剧的表演更加注重因材施教，根据婴幼儿的个性特点，设计相符合的剧本，一本本经典的图画书内容全部浓缩在老师身上系的围裙上：丰富的背景色彩、生动的动物形象、抑扬顿挫的故事讲述。这些都会让婴幼儿完全进入绘本故事中，他们非常喜欢这样有趣的“有声动画故事”。一个完整的围裙剧从图画书故事的选取到围裙场景的制作饱含了照护者对婴幼儿满满的爱。在观赏表演、师幼互动的过程中，婴幼儿的感受力和表现力都在潜移默化地不断提升。这种非正式的学习，大大提高了婴幼儿对阅读的兴趣。

任务实施

任务分析

托育机构照护者应根据婴幼儿理解能力和表达能力的年龄阶段特点，实施延伸阅读活动，关注婴幼儿的表现，敏感回应婴幼儿，支持婴幼儿阅读中表达表现能力的发展。本任务是为2—3岁幼儿表演围裙剧。

任务操作

表演围裙剧

1. 准备工作

（1）环境准备：温暖安全、光线适宜。

（2）物品准备：图画书、围裙、美工工具及材料。

（3）照护者准备：仪表端庄、情绪饱满。

2. 实施步骤

（1）选择并改编图画书：根据 2—3 岁幼儿阅读特点选择适宜的图画书故事，并根据自己的特色进行合理加工。

（2）设计表演方案：确定角色及其表现方法（声音、表情、动作、与婴幼儿互动等）；确定需要的道具、背景等。

（3）制作道具及背景：根据故事情节制作手偶等简单道具及背景等。

（4）现场展示：运用道具及背景等进行有感染力的表演。

任务评价

完成表 3-4-2 和表 3-4-3。

表 3-4-2　表演围裙剧任务评估表

项目	主要内容		操作要点	是否做到
准备工作	环境准备	温暖安全、光线适宜	减少噪声和光线干扰	□是 □否
	物品准备	图画书、围裙、美工工具及材料		□是 □否
	照护者准备	仪表端庄、情绪饱满		□是 □否
实施步骤	选择并改编图画书	根据 2—3 岁幼儿阅读特点选择适宜的图画书并改编	对图画书进行合理加工，体现个人特色	□是 □否
	设计表演方案	（1）确定角色及其表现方法。 （2）确定需要的道具及背景等	可列表完成此环节	□是 □否
	制作道具及背景	根据故事情节制作道具及背景等	道具和背景等的制作要精细，重点考虑使用的材料如何展现故事情节	□是 □否
	现场展示	运用道具及背景等进行有感染力的表演	（1）语气、语调、动作、表情符合角色形象和故事内容。 （2）讲述富有童趣，可加入音乐元素（童谣等），符合婴幼儿认知与欣赏。 （3）亲和力强，恰当设计与婴幼儿的互动，能激发婴幼儿的倾听兴趣	□是 □否

表 3-4-3　表演围裙剧任务综合评价表

评价内容	自我评价	小组互评	教师评价
课堂活动参与度	☆☆☆☆☆	☆☆☆☆☆	☆☆☆☆☆
小组活动贡献度	☆☆☆☆☆	☆☆☆☆☆	☆☆☆☆☆
工作任务完成度	☆☆☆☆☆	☆☆☆☆☆	☆☆☆☆☆

知识拓展

幼儿为什么爱唠叨?

2岁的幼儿正处于口语发展的关键期，幼儿词汇量迅速增加，喜欢说话，喜欢重复。照护者不能对幼儿没完没了地说话感到不耐烦，更不能粗暴对待。

照护者要用正确的方法引导幼儿不仅爱说，还要发音准确、词能达意，使之进一步发展语言。

第一，丰富幼儿的词汇。2—3岁是幼儿语言迅速发展的阶段，如果照护者没有时间陪伴幼儿，幼儿没有足够的机会去听、去说、去模仿，就会导致他词汇量不足。针对这种情况，照护者要注意多陪伴幼儿，多和他谈话，幼儿在与成人的谈话中可以模仿学习语言。

第二，提高幼儿的表达能力。明智的照护者应懂得教导幼儿说话的技巧。照护者要以身作则，和幼儿说话时缓慢而清晰，多用简单句；倾听幼儿说话时，面带微笑、适时赞美；在与幼儿交流时要注意幼儿发音准确，遇到问题要给予正面引导。

第三，亲子共玩语言游戏。2岁的幼儿喜欢听简短的故事和儿歌，更愿意与成人一起玩游戏。例如，看图说话游戏，照护者买或做小卡片，每张卡片贴上物品或动作的图片，或者做一个“神秘盒”，玩抽卡片的游戏，即让幼儿从盒子里抽出卡片，练习说话，丰富幼儿的词汇，提高其语言理解和表达能力。

节选自洪秀敏主编《0~3岁婴幼儿发展与照护》，有删减

• 赛证真题

1. 关于幼儿进行看图讲故事练习描述正确的是（　　）。【选自2024年全国职业院校技能竞赛婴幼儿照护赛项题库　单项选择】

A. 成人讲述几遍后，让幼儿复述，熟练后由幼儿讲述给成人听

B. 让幼儿想象着编故事，成人讲述给幼儿听

C. 成人讲故事的速度要快，词语越是华丽越好

D. 成人讲故事时可以让幼儿一边玩一边听

2.（　　）以前是婴幼儿学会与人沟通的最佳时期，要为婴幼儿提供丰富的语言环境。【选自国家中级育婴师职业资格证考试题库　单项选择】

A. 1 岁　　B. 2 岁　　C. 3 岁　　D. 6 岁

3. 对 2 岁前的婴幼儿开展听和说能力训练时，应选择（　　）的读物。【选自国家中级育婴师职业资格证考试题库　单项选择】

A. 有声　　B. 无声　　C. 卡通　　D. 以上都是

4. 我们引导婴儿阅读主要是促进（　　）的发展。【选自国家中级育婴师职业资格证考试题库　单项选择】

A. 其听力有所发展　　B. 婴儿的智力、情感、身体的健康

C. 婴儿的智力发展　　D. 刺激大脑的发育

视频 2　围裙剧——绘本故事表演

5. 亲子阅读的常用方式有（　　）。【选自全国职业院校早期教育专业保教知识技能竞赛题库　选择题】

A. 陪孩子一起表演　　B. 陪孩子一起看动画片

C. 带着孩子一起阅读　　D. 和孩子一起欣赏童话剧

视频 3　围裙剧——绘本故事表演

6. 为婴幼儿选、讲故事的基本要求：（　　）。【选自全国职业院校早期教育专业保教知识技能竞赛题库　选择题】

A. 根据婴幼儿年龄选择故事　　B. 针对婴幼儿个性选择故事

C. 抓住教育时机选择故事　　D. 以上都是

项目三参考答案

7. 选手赛前准备适合 2—3 岁年龄段婴幼儿故事，选故事呈现形式（围裙剧、手偶剧、皮影戏、提线偶等），要求需自备相关道具（现场不提供任何物品），竞赛现场进行讲述和表演（表演中需融入音乐元素，如歌谣、童谣、节奏、律动等）。（注：所用物品自行准备，竞赛现场不提供任何物品！）【选自 2023 年中国—东盟职业院校婴幼儿学习与发展技能竞赛题库　实操题：婴幼儿阅读活动中的回应性照护】（参见视频 2 和视频 3）

项目四 4

交往中的学习与发展

• 岗位要求

《托育机构保育指导大纲（试行）》中情感与社会性的目标包括："与成人和同伴积极互动，发展初步的社会交往能力。"引导婴幼儿学习与成人及同伴交往、发展情绪和行为的自我控制，逐渐培养婴幼儿良好的交往能力和初步的规则意识，是托育机构照护者的重要工作内容。具备初步的交往能力和规则意识，不仅有助于增进婴幼儿对自我和他人的认识、形成和发展人际关系、促进人格健全发展，还对其认识周围社会环境、适应集体生活等有着重要影响。婴幼儿交往中的学习与发展是在早期人际交往与社会适应过程中进行的，托育机构照护者应该做到：

1. 能指导婴幼儿父母敏感察觉与识别婴幼儿发出的信号，理解其情感需求并及时回应，建立亲子安全依恋。

2. 能观察了解并以平等态度主动亲近婴幼儿，与其建立信任和稳定的情感联结，构建积极的师幼关系。

3. 能创造机会，支持婴幼儿与同伴的交流互动，学习交往技能，体验交往乐趣，提高与同伴交往的能力。

4. 能建立一日生活和活动常规，开展规则游戏，帮助婴幼儿理解和遵守规则，逐步发展规则意识，促进集体规则适应。

学习目标

知识目标：

1. 了解早期人际交往在婴幼儿发展中的重要价值。
2. 理解婴幼儿在早期人际交往中的心理发展规律。
3. 掌握促进婴幼儿交往能力和规则意识发展的支持要点。

能力目标：

能根据婴幼儿不同的月龄，进行环境创设、材料选择、交往指导等岗位工作的准备和实施。

素养目标：

1. 尊重婴幼儿成长特点和规律，关注个体差异，促进每个婴幼儿全面发展。
2. 提供支持性交往环境，敏感观察婴幼儿，理解其生理和心理需求，并及时给予积极适宜的回应。

学习导图

- **项目四　交往中的学习与发展**
  - 任务一　建立亲子安全依恋
    - 认识亲子安全依恋
    - 形成亲子安全依恋的策略
  - 任务二　构建积极师幼关系
    - 认识师幼关系
    - 构建积极师幼关系的策略
  - 任务三　提高同伴交往能力
    - 同伴交往的发生发展
    - 提高同伴交往能力的方法
  - 任务四　促进集体规则适应
    - 规则意识的萌芽与发展
    - 培养婴幼儿适应集体规则

任务一　建立亲子安全依恋

情境案例

亮亮的出生，给年轻的父母带来极大的喜悦。3 个多月时亮亮就会对妈妈和爸爸笑了，但他还是最“黏”妈妈。亮亮的爸爸工作很忙，很少有时间陪伴他，亮亮主要由妈妈来带，可以说妈妈走到哪里，他就跟到哪里，甚至连上厕所都要跟着。妈妈经常因为生气忍不住责骂亮亮，亮亮哇哇大哭后，妈妈会后悔自己的行为。妈妈重返工作岗位后，10 个月的亮亮上了托育机构，2 个月后他还是十分抗拒入托，变得更加敏感和胆小，也不爱玩游戏，妈妈对此很苦恼。面对这种情况，托育机构照护者应如何帮助亮亮和他的父母呢？完成表 4–1–1。

表 4-1-1　建立亲子安全依恋工作表单

岗位工作任务：________	实施地点：________	实施时间：________	实施办法：________
1. 亮亮的妈妈（父母）在亲子交往陪伴孩子的过程中遇到了哪些问题？ ________ ________ ________			
2. 亲子交往与陪伴过程中需要重点关注的事项有哪些？ ________ ________ ________			
3. 自我归纳：亮亮的表现反映了婴幼儿亲子交往发展中的哪些要点？ ________ ________ ________			
4. 还有哪些帮助婴幼儿建立亲子安全依恋的策略？ ________ ________ ________			

任务描述

此任务将围绕如何帮助婴幼儿建立亲子安全依恋展开，涉及了解婴幼儿亲子交往的学习与发展特点及指导方法。在此项任务中，需要理解亲子安全依恋对婴幼儿健康发展的重要性，了解亲子交往中婴幼儿的社会行为、自我认知和依恋形成，并掌握建立亲子安全依恋的方法。

任务准备

父母是孩子的第一任老师。在血缘和共同生活的基础上，父母与子女之间建立的相互关系即亲子关系，是婴幼儿最早建立的一种人际关系。亲子依恋是婴幼儿对主要照料者（通常是父母）形成的持久、稳定而强烈的情感关系。依恋不仅是个体安全感、归属感、信赖感、亲切感形成与发展的基础，而且是认知能力、健全人格形成与发展的重要基础。乐观、信任、同情心、自制力、自主感甚至责任心，都是由依恋感衍生发展而来的。照护者必须客观认识亲子依恋，并从专业的角度指导父母树立科学的育儿理念，掌握科学育儿知识和技能，使婴幼儿建立亲子安全依恋，促进婴幼儿身心健康发展。

一、认识亲子安全依恋

（一）亲子交往中婴幼儿的社会行为

婴儿从出生起就与周围社会环境发生关联，他们对他人的注意明显高于对物品的注意。刚出生的婴儿对人脸的图案表现出较浓的兴趣，并能够模仿成人的面部表情。1 月半的婴儿出现真正具有社会意义的微笑[①]，虽然不能区分他人，但喜欢微笑的人脸。3 个月前的婴儿对所有接近他的人没有选择偏好，也没有特定的依恋对象，对所有人的反应几乎是一样的。此时的亲子交往行为主要是与父母（照护者）之间的情绪交流，通过微笑、哭泣、抓握等本能反射，对父母表达自己的生理需求，并出现一些简单回应行为，如通过挥舞手臂、踢动双腿回应成人的声音。早期亲子交往中的社会行为以情绪性沟通为主。

随着年龄的增长，婴幼儿能够根据视觉、听觉等线索进行追踪和再认，开始识别熟悉的人和不熟悉的人，并逐渐建立起对不同的人的不同反应。6 个月开始，婴儿

---

① 周念丽. 0—3 岁婴幼儿观察与评估［M］. 上海：华东师范大学出版社，2021：20.

对父母或者其他熟悉的照护者表现出更多的亲近、微笑和要求抱抱，有些婴儿开始认生，对于陌生人，他们只会看或者微笑一下或不予理会，甚至会有明显的躲避行为和害怕的表情。

8 个月时婴儿有了特定的依恋对象，主要是母亲，喜欢被母亲抱着坐和玩耍，不愿意离开母亲。10 个月时婴儿的亲子交往手段增多，通过语言和动作配合，如给他穿衣服，会主动伸手臂，会配合做出“再见”的动作，亲子关系更密切。1 岁后的幼儿与父母（或者其他熟悉的照护者）互动更主动，会用声音、动作和表情吸引父母的注意，对一些游戏（如躲猫猫）乐此不疲，会要求反复玩。他们喜欢模仿他人的动作和行为，照护者做什么，他们也会跟着做什么，有跟随行为。家里的哥哥或姐姐，更是婴幼儿模仿的对象，模仿行为更加明显。

（二）亲子交往中婴幼儿的自我认知

当父母开始感到婴幼儿不像原来那么听话了，明明不会做的事情偏抢着“我来，我来”，结果越帮越忙，弄得父母无可奈何。这是亲子交往中婴幼儿自我认知发展的体现。婴幼儿在与照护者的亲密相处中逐渐认识自我、建立自信、培养情感和拓展能力。3 岁前婴幼儿自我认知发展主要经历“不认识、萌芽、初步认识”三个阶段。

第一阶段，父母看到婴儿把自己的手指、脚趾当玩具，甚至吮吸啃咬，要随时关注和巧妙制止。这是因为 4 个月前的婴儿还没有自我认知。5—8 个月的婴儿看到镜子中的自己，表现出兴趣，但他并不认识这是自己。随着动作发展，7—9 个月的婴儿自我独立性发展，开始爬行，探索欲增强。婴儿一开始对别人喊自己的名字毫无反应，经过父母反复强化后，会循声寻找声音的来源。这个阶段的婴儿还无法分辨自我和外部世界之间的界限，即还没有真正的自我认知。

第二阶段，10—12 月时婴儿开始热衷探索，根据自己的意愿行事，如尝试自己吃饭，挑选食物。他们表达自我的意愿更强，如果被限制某种行为，就会用哭闹、发脾气、扔东西等激烈的方式发泄不满。12—24 个月时幼儿逐渐会使用自己的名字称呼自己，如“宝宝，抱抱”。在亲子交往中，婴幼儿在照镜子时逐渐认识镜子里的原来是“我”，从照片中辨认出自己，开始出现了自我认知的萌芽。当婴幼儿能够意识到自己时，自豪、羞愧、尴尬等复杂的情绪出现才会成为可能。

第三阶段，2—3 岁时幼儿对照镜子不再恐惧，反而喜欢上照镜子，他们会认真观察镜子里的自己，和自身进行比较，还会做出丰富的表情。2 岁时幼儿开始人生第一个叛逆期，自理能力有了一定发展，会拒绝父母的帮助，要求“我来”。他们有强烈的自我主张，物权意识增强，经常说“不”，通过反抗父母的要求来显示其独立性。“自我中心”特征明显，2 岁之后的幼儿迎来了更高水平的自我中心化，3 岁时自我中心式的自我认知达到顶峰，此后才能认识到自己的能力有限。婴幼儿能理解父母的要求，说“不”只是显示他的能力和存在感。婴幼儿开始会说“我的”“我要”“我来”，当婴幼儿会正确使用“我”和“你”时，标志着自我认知更客观、更社会化。当婴幼儿意识到自己的成功和失败时，自信和挫败、骄傲和羞愧的感情得以发展。这个阶段的婴幼儿也开始认识自己的性别，知道男孩女孩，出现了早期的性别认同。

（三）亲子交往中婴幼儿的依恋形成

依照鲍尔比的观点，婴幼儿一出生就本能地靠近他们的养育者（父母），但依恋关系是婴幼儿在与父母较长时间的亲子交往过程中形成的。

亲子依恋关系形成主要有以下四个阶段。0—3 个月是前依恋期。婴儿已能辨认出母亲的声音和气味，但还没有形成依恋，对留在陌生人身边还没有什么反应。3—6 个月是依恋关系建立期。亲子交往中开始有较明确的依恋对象。婴儿见到母亲的时候，会自然地微笑、大笑，还会“咿咿呀呀”地说话，在母亲抱时能很快安静下来。婴儿知道照护者会对他们发出的信号给予反应，开始形成信任感。6—24 个月是依恋关系明确期。7 个月时会主动接近依恋对象（主要是母亲），寻求其关注，与其建立特殊的情感联结，并出现明显的陌生人焦虑和分离焦虑。当依恋对象离开时，婴儿会通过哭闹等方式进行反抗。24 个月之后是目标调节的伙伴关系期。此时幼儿具有了一定的自我意识，能理解和考虑依恋对象的想法和离开的需要，知道他们爱自己不会抛弃自己。因此如果父母要离开一段时间时，幼儿表现出理解并能调整自己的情绪和行为反应，大声哭闹行为减少，分离焦虑也会逐渐减少。

3 岁前是婴幼儿形成亲子依恋的重要时期（2 岁前尤为重要）。也就是说，如果婴幼儿在早期人际交往中体验到爱和信任，他就会觉得自己是可爱的，这个世界是值得信任的，即使遇到压力，他也知道父母会支持自己，有信心去挑战和解决问题。

安思沃斯发现婴幼儿有三种依恋类型：安全型依恋、矛盾型依恋和回避型依恋。后面两种属于不安全依恋。安全型依恋是最合适的亲子依恋类型，母亲在场时，婴幼儿能积极探索周围环境，偶尔与母亲眼神交流，对母亲微笑或与母亲交流；母亲离开时，婴幼儿探索行为受到一定影响，表现出不安、难过甚至哭泣，想要找回母亲。当母亲回来时，婴幼儿会立即寻求与母亲接触，并能在短暂的拥抱安抚后平静情绪，继续投入探究活动。与父母建立安全型依恋的婴幼儿，会把与父母的关系转化为一种内在的安全模式。有足够安全感的婴幼儿的情绪更为稳定，对父母的依赖更适度，并能积极地探索周围世界，与陌生人建立新的良好联结，能较快地适应新环境。

二、形成亲子安全依恋的策略

在充分认识亲子安全依恋重要性与发展特点的基础上，托育机构照护者要指导婴幼儿父母掌握亲子交流与游戏陪伴的知识与技能，以帮助婴幼儿形成亲子安全依恋。

（一）营造安全温馨的家庭环境

家居环境要安全、舒适、整洁。家庭中要提供符合婴幼儿年龄特点的用具，符合婴幼儿发育水平的玩具、图片和图书等，设置相对固定和安全的婴幼儿活动区域，空间和设施要符合婴幼儿的发展特点和发育水平。

更重要的是，3 岁前的婴幼儿要由稳定的监护人照护，如无特殊情况，婴幼儿照护应由其亲生父母承担，有利于营造温馨、和谐、愉悦的家庭氛围。在提供高质量的亲子交往的同时，也要构建良好的夫妻关系和亲友关系，家人之间应保持一致的养育观念和态度。避免忽视婴幼儿，正确处理亲子问题，坚决杜绝一切虐待婴幼儿的家庭暴力，包括冷暴力。

促进核心家庭内部成员共同参与育儿，形成夫妻同工、祖辈适度参与的动力机制，营造家庭友好照护环境。[①]《全国家庭教育指导大纲（修订）》中明确指出要重视发挥家庭各成员角色的作用。应积极发挥父亲在婴幼儿照护中的重要作用。营造父亲参与的良好环境，引导父亲意识到参与子女照护的意义与深远影响，启发其观念的改变，愿意和妻子共同积极参与育儿过程。可开展一些祖辈喜闻乐见的学习培训、咨询辅导等活动，为促进祖辈高质量参与家庭教育搭建平台，有效地推动和谐家庭建设，形成两代父母优势互补的家庭教育合力（图 4-1-1 和图 4-1-2）。

（二）提供高质量的亲子陪伴

有的父母觉得工作很忙，没有时间陪伴婴幼儿。虽然亲子陪伴与时长有关，但更重要的是亲子互动质量的优劣。通过抚摸、拥抱、牵手等身体的亲密接触，辅助眼神、表情、手势等肢体语言进行经常性的亲子交流；尽早使用温和亲切的语言同婴幼儿进行交流，特意放慢语速，或者重复婴幼儿的发声，表达对婴幼儿的关注、喜爱、鼓励、支持和安慰来培养亲情，让婴幼儿感受到父母的关爱，促进亲子交流互动，增进亲子感情，建立亲子安全依恋。鼓励 1 岁后的幼儿参与简单的自我服务和家庭劳动，不仅能增加亲子陪伴时间，享受亲子互动时光，还能增强婴幼儿的自信心和独立性。亲子互动时间每天不少于 1 小时。工作忙的父母可以充分利用婴幼

① 洪秀敏，朱文婷. 全面两孩政策下婴幼儿照护家庭支持体系的构建——基于育儿压力、母职困境与社会支持的调查分析［J］. 教育学报，2020（1）：34–42.

图 4-1-1　托育园“趣”阅读活动

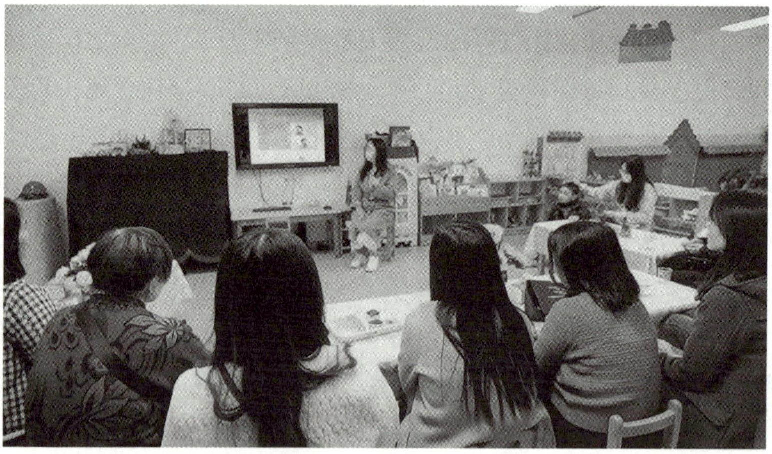

图 4-1-2　托育园中的家长学习活动

儿入睡前的陪伴机会，聊天、讲故事、看图书或者轻松的娱乐游戏，也能促进亲子的交流互动（图 4-1-3 和图 4-1-4）。

顺应婴幼儿生长发育水平和运动发育规律，父母要充分利用室内和户外各种条件和场所，与婴幼儿一起进行不拘形式的游戏和运动。例如，利用日常用品或各种玩具进行地板活动，照护婴幼儿安全爬、走、跑、跳，并通过参与、互动、示范等方式引导婴幼儿尝试不同的活动，一起玩皮球、开汽车、看图书、搭积木、涂鸦、拼图等。需要特别指出的是，要多开展亲子互动游戏，如躲猫猫、模仿动物叫声、指认身体部位、拍手游戏、叫名字、照镜子、模仿打电话、念儿歌、听指令拿东西、简单律动等。亲子互动游戏可促进婴幼儿认知、语言、情感及社会交往等全面发展。提倡其他家庭成员的加入，父亲参与的亲子互动游戏，活动量更大，婴幼儿积极性更高（图 4-1-5 和图 4-1-6）。

图 4-1-3　爸爸陪我阅读

图 4-1-4　妈妈陪我涂色

图 4-1-5　爸爸和我游戏

图 4-1-6　爸爸逗我开心

（三）敏锐觉察，及时回应婴幼儿需求

敏锐觉察婴幼儿的信号，迅速观察并敏感了解婴幼儿的表情、声音、动作、情绪及口头请求，要对婴幼儿提供的线索作出反应，准确识别并满足婴幼儿的需求。例如，小月龄婴儿还不会说话，在困了、饿了、难受的时候常常通过哭闹来引起父母的注意，饥饿的哭声比较短且有规律，伴随着头转来转去找奶吃。困的时候除了哭，眼睛会盯着一个方向并会揉眼睛，这些信号需要父母敏锐识别并给予及时、恰当、积极的回应，满足婴幼儿的生理和心理需求。在婴幼儿照护过程中，如果父母对婴幼儿的需求不敏感，往往无法给予满足，或者对婴幼儿过分热情，刺激过度，婴幼儿会对父母是否在场漠不关心，容易形成回避型依恋。如果父母对婴幼儿需求的态度不一致，时而热情时而冷淡，那么婴幼儿容易形成矛盾型依恋，他们对父母的态度也是矛盾的，一方面想与父母接触，另一方面又有些抗拒。婴幼儿缺乏安全

感，直接影响其独立性、主动性、自信心、探索欲、自我控制的发展。对待婴儿，要持有一种平等、尊重的态度，凡事要和他们商量、分享。婴幼儿语言表达受限，但他们可以听懂父母的话。例如，当某个婴儿不想睡觉、哭闹，手一直指向外面时，父母可以询问："宝贝还不想睡觉，想去外面玩，对吗？"耐心观察其表情和倾听其"语言"有助于理解婴幼儿。及时恰当的回应必须建立在观察识别婴幼儿的需求的基础上。

敏锐觉察婴幼儿的个性，父母需要了解自己孩子的气质类型与特点，为改善养育方式提供科学依据。有的婴幼儿活泼、好动、爱笑，喜欢与人身体接触；有的婴幼儿暴躁，爱哭闹，不喜欢拥抱，属于高需求的婴幼儿。父母应克服偏见，遵循婴幼儿的气质特点，并匹配相应的抚育方式。在婴幼儿哭闹时，不要采用冷漠、斥责，甚至惩罚的态度对待，当婴幼儿见到陌生人不愿打招呼时不强迫，当婴幼儿聚精会神玩某个东西时不故意激怒，也不逗弄他……研究表明，只要父母调整自己的抚育方式，满足婴幼儿的合理需要，任何一种气质特点的婴幼儿都可以形成安全依恋。因此，父母需要根据婴幼儿的气质特点因材施教，提高回应性照护水平，让婴幼儿顺其自然地成长。①

（四）以身作则树立良好榜样

父母是婴幼儿养育照护的第一位"老师"，首先要加强学习，主动关注自身健康，保持健康生活方式，提高生活质量，及时发现和缓解养育焦虑，维持平和、稳定的情绪状态，保持身心健康，为婴幼儿提供安全依恋关系示范。同时，父母还是婴幼儿成长发育过程中的第一面"镜子"，当遇到生活问题和亲子冲突时，父母要注意调节、控制自己的情绪，不能强迫、控制婴幼儿的发展，要创造信任的机会，建立积极的互动模式，树立安全依恋关系的榜样。恰当引导婴幼儿缓解分离焦虑，理解其痛苦和不满，尽可能满足其心理需求，不能满足的，需解释原因。例如，妈妈要去上班时婴幼儿哭闹，此时妈妈可以告知婴幼儿上班是自己的工作，希望他能理解，并表示下班会尽快赶回家陪伴他。婴幼儿具有很强的模仿能力，父母与他们朝夕相处，是他们自觉、不自觉模仿的对象。因此，父母要时刻注意自身的言行举止，在亲子交往爱的陪伴中，共同成长，在安全亲子依恋建立的过程中双向奔赴。

---

① 张小梅. 亲子安全依恋的影响因素及培养策略［J］. 智库时代，2022（37）：216–219.

任务实施

任务分析

亲子安全依恋的建立依赖于高质量的亲子陪伴。托育机构照护者应深入观察、记录、分析婴幼儿与父母的亲子互动模式，根据婴幼儿与父母亲子互动的现状，提出有效促进高质量陪伴的策略，促进亲子安全依恋关系的形成。

任务操作

观察亲子互动模式（13—24 个月的幼儿）

1. 准备工作

（1）环境准备：温暖安全、光线适宜。

（2）物品准备：2~3 种玩具材料（适龄），如积木嵌盒、厨房角色游戏玩具、《动物动物捉迷藏》等。

（3）照护者准备：衣着适宜活动、情绪饱满，熟悉亲子互动观察评估检表。

（4）家长准备：衣着适宜活动，情绪饱满，熟悉活动流程。

（5）婴幼儿准备：身心舒适、情绪稳定，选择喜欢的互动材料。

2. 实施步骤

（1）活动介绍：托育机构照护者出示材料，介绍高质量亲子陪伴的要求，家长与孩子自选互动材料进行 15 分钟的亲子互动。

（2）观察评估：照护者观察亲子互动情况，对照亲子互动观察评估检表（表 4–1–3）进行记录；对婴幼儿在活动中的行为表现进行肯定和鼓励。

（3）讨论分析：安排婴幼儿休息；结合观察评估检表，照护者与家长分析亲子互动的质量。

（4）总结反馈：根据亲子互动质量分析情况，给予家长有针对性的高质量亲子陪伴建议；家托联系，跟踪高质量亲子陪伴成效。

任务评价

完成表 4–1–2 和表 4–1–4。

表 4-1-2　观察亲子互动模式评估表

<table>
<tr><th>项目</th><th colspan="2">主要内容</th><th>操作要点</th><th>是否做到</th></tr>
<tr><td rowspan="5">准备工作</td><td>环境准备</td><td>温暖安全、光线适宜</td><td>减少噪声和光线干扰</td><td>□是
□否</td></tr>
<tr><td>物品准备</td><td>2~3 种玩具材料</td><td>适宜相应月龄的婴幼儿操作</td><td>□是
□否</td></tr>
<tr><td>照护者准备</td><td>衣着适宜活动，情绪饱满，熟悉亲子互动观察评估检表</td><td></td><td>□是
□否</td></tr>
<tr><td>家长准备</td><td>衣着适宜活动，情绪饱满，熟悉活动流程</td><td></td><td>□是
□否</td></tr>
<tr><td>婴幼儿准备</td><td>身心舒适，情绪稳定，选择喜欢的互动材料</td><td>尊重婴幼儿兴趣和意愿，婴幼儿可自主选择亲子互动材料</td><td>□是
□否</td></tr>
<tr><td rowspan="3">实施步骤</td><td>活动介绍</td><td>介绍高质量亲子陪伴的要求，家长与孩子自选材料进行亲子互动</td><td>（1）能清楚地向家长介绍高质量亲子陪伴的要求，对互动形式不加干涉和指导。
（2）亲子活动时间为 15 分钟左右，根据实际情况有所调整</td><td>□是
□否</td></tr>
<tr><td>观察评估</td><td>能够围绕亲子互动观察评估检表指标观察记录互动情况（一名照护者组织活动，一名照护者根据活动需要拍照片和视频）</td><td>亲子互动观察评估检表观察要点：
（1）情感支持：营造温暖的情绪氛围，家长对婴幼儿表现出亲密的、自然的身体接触，能积极地表达。
（2）积极回应：家长对孩子的线索、情绪、语言、兴趣和行为积极应答。
（3）鼓励探索：家长积极支持和鼓励婴幼儿进行探索、尝试、获取技能、发挥主动性、表达好奇心、发挥创造力和游戏。
（4）适切指导：家长与婴幼儿进行分享式对话和游戏，对婴幼儿进行认知刺激，解说和提问</td><td>□是
□否</td></tr>
<tr><td>讨论分析</td><td>能够完成亲子互动观察评估检表“情感支持、积极回应、鼓励探索、适切指导”四个维度的亲子互动情况分析</td><td>营造宽松的分析讨论氛围，鼓励家长介绍婴幼儿在家情况。提出建议要考虑其接受程度，循序渐进</td><td>□是
□否</td></tr>
</table>

续表

项目	主要内容		操作要点	是否做到
实施步骤	总结反馈	（1）向家长解读观察结果。 （2）根据亲子互动的观察分析结果给予针对性的促进亲子高质量陪伴的建议	例如，在刚才的亲子互动中，您虽然关注到了宝宝对积木玩具不感兴趣，但即使是在他表现出拒绝的情况下，您依然想要他按照您自己的想法进行积木的匹配。建议您与宝宝亲子互动时不仅要及时捕捉到他的需求，而且要尊重宝宝活动的自主性，可以通过语言和动作鼓励与支持他继续探索："宝宝不想按形状匹配了呀，你听一听积木还能发出好听的声音呢……"	□是 □否

表 4-1-3　亲子互动观察评估检表

一、情感支持				
观察指标	观察内容	缺失	较少出现	频繁出现
（1）说话温柔、亲切	家长的语调是亲切的、温柔的，说话声音虽小、话虽少，但是语调轻柔	0	1	2
（2）微笑地看着孩子	家长微笑着面对孩子，也许当微笑发生时家长和孩子并没有直接看着对方	0	1	2
（3）赞赏孩子	家长用积极的语言评论孩子的特点或孩子正在做的事情，包括跟孩子说"谢谢"	0	1	2
（4）与孩子身体亲密接触	如家长亲切、自然地拥抱孩子	0	1	2
二、积极回应				
观察指标	观察内容	缺失	较少出现	频繁出现
（1）关注孩子所做的事情	家长通过评论、表现出兴趣、帮助或参与孩子活动等方式来关注和回应他们所做的事	0	1	2
（2）灵活应对孩子的活动、兴趣的变化	可以接受孩子对新活动或新玩具的选择，抑或同意孩子以异于平常的方式玩玩具	0	1	2
（3）以理解或接受的态度来回应孩子的积极或消极情绪	家长通过显示出理解或接受的表现来回应孩子的积极或消极情绪，如家长可以描述孩子的感受，并向孩子表达相似的感受或表示同情	0	1	2

续表

二、积极回应				
观察指标	观察内容	缺失	较少出现	频繁出现
（4）当孩子说话或发出声响的时候关注孩子	当孩子发出声响时，家长清晰地看着孩子的脸，或者家长当视线受阻时会移动位置或把头转向孩子	0	1	2
（5）回应孩子的话	重复孩子的话，询问孩子所表达的意图，回答孩子的问题	0	1	2
三、鼓励探索				
观察指标	观察内容	缺失	较少出现	频繁出现
（1）给出建议后等待孩子的回应	家长在说出孩子可以做的事后停顿一下等待孩子回答或做事，无论孩子是否真正作出回应	0	1	2
（2）支持孩子自己做一些事情	当孩子试着在没有帮助的情况下做一些事情的时候，家长予以鼓励，在提供帮助或支持之前让孩子试着去做一些事情	0	1	2
（3）对孩子做的事情表现出热情	家长夸奖孩子或者拍手，或以其他方式积极回应孩子正在做的事情，如抚摸孩子，点头、微笑或者问孩子关于活动的问题	0	1	2
四、适切指导				
观察指标	观察内容	缺失	较少出现	频繁出现
（1）向孩子解释某些事情的原因	无论孩子是否提出问题，家长都可说一些可以回答“为什么”的话	0	1	2
（2）建议开展活动来延伸孩子正在做的事情	家长向孩子建议拓展其当前正做的事，但并不打断孩子的兴趣、行为或游戏	0	1	2
（3）示范或者描述某一活动的步骤	为孩子示范或者描述某一活动的步骤	0	1	2

注：本表参考美国犹他州立大学罗格曼教授编制、上海师范大学李雪莹修订的亲子互动核检表（PICCOLO）编制。

表 4-1-4　观察亲子互动模式综合评价表

评价内容	自我评价	小组互评	教师评价
课堂活动参与度	☆☆☆☆☆	☆☆☆☆☆	☆☆☆☆☆
小组活动贡献度	☆☆☆☆☆	☆☆☆☆☆	☆☆☆☆☆
工作任务完成度	☆☆☆☆☆	☆☆☆☆☆	☆☆☆☆☆

知识拓展

婴幼儿家庭教养类型及其表现和影响如表 4-1-5 所示。

表 4-1-5　婴幼儿家庭教养类型及其表现和影响

类型	表现	影响
民主型	家长会对孩子提出明确合理的要求并耐心地向孩子解释原因。同时会关怀、体贴孩子，理解和支持孩子的兴趣，满足孩子的合理需求，尊重孩子处理自身事务的方式，给孩子一定的自由	孩子容易形成亲切温和、情绪稳定和深思熟虑的性格或者形成独立、直爽、积极协作的性格
专制型	家长缺乏热情的情感反应，很少考虑孩子的愿望和要求；对孩子的一举一动都横加限制，要求孩子无条件地遵循有关的规则，如果违反规则，父母就会采取强硬措施，有的甚至动用暴力	孩子容易变得顺从、唯唯诺诺、创造性受到压抑、无主动性、合作性差，也容易形成对抗、自卑、焦虑、退缩的性格特征
放任型	家长对孩子极为关怀，对孩子的要求会作出快速反应，不会或很少对孩子的行为提出要求，同时也不告诉其不良行为的后果。当孩子出现违规的行为时，采取忽视或接受的态度，不会批评或惩罚	孩子容易任性、以自我为中心，具有较强的冲动性和攻击性，缺乏责任感，自信心不足，自我控制能力弱，更易产生不良行为
忽视型	家长对孩子既缺乏爱的情感和积极反应，又缺少行为的要求和控制，亲子间交往甚少，对孩子缺乏基本的关注与了解，对孩子的行为举止不加干涉	孩子自控能力弱，没有归属感，为人冷漠、孤僻，对生活消极，缺乏自信和安全感，可能存在社会交往能力缺陷，容易形成攻击性强等性格特征

任务二　构建积极师幼关系

情境案例

某托育机构苗苗班（托小班）由 15 名 13—24 月龄的幼儿（其中有 9 名男孩、6 名女孩）、3 位照护者（2 位教师，1 位保育员）组成。每天早上都有个别幼儿在入园时不愿意与家长分开、哭闹不止，其中 19 个月的豪豪哭得最厉害（在进餐、午睡时间段还会发脾气、哭一会儿）。照护者要花费大量时间去哄他们。部分家长也对此很不放心，在工作期间一直发信息来询问幼儿的情况。刚参加工作不久的燕子老师感到力不从心。

22个月的霖霖用了近5周来适应托育机构的生活，但每天早上跟妈妈告别时都会掉眼泪、情绪不高，霖霖性格较温和、内向，有时会说不喜欢照护者，哭着找妈妈，对班级的集体活动也不太感兴趣，燕子老师经常安抚他，还陪着他玩游戏。某一天的故事分享活动上，霖霖趁老师不注意，离开座位走到活动室的角落。燕子老师请他回到座位，他摇头表示不要。燕子老师就安抚他，把他抱回原位。燕子老师希望幼儿能够喜欢她、信任她，开开心心地入园并度过愉快的一天，她该怎么跟幼儿建立积极的师幼关系呢？完成表4–2–1。

表4–2–1　构建积极师幼关系工作表单

岗位工作任务：______	实施地点：______	实施时间：______	实施方法：______
1. 案例中的燕子老师在照护婴幼儿时面临着哪些问题？ ______ ______ ______			
2. 你认为构建积极师幼关系的要点是什么？ ______ ______ ______			
3. 自我归纳：霖霖的表现反映了师幼交往发展中的哪些要点？ ______ ______ ______			
4. 还有哪些构建积极师幼关系的方法？ ______ ______ ______			

任务描述

此项任务将围绕如何构建积极的师幼关系展开，涉及了解托育机构中的师幼关系及构建积极师幼关系的方法。在此项任务中，需要理解积极师幼关系对于幼儿认知、情绪、个性发展的重要性，了解婴幼儿在师幼交往中的心理发展特点及表现，掌握构建积极师幼关系的方法。

任务准备

《托育机构保育指导大纲（试行）》指出：照护者应与婴幼儿建立信任和稳定的情感联结，使其有安全感。婴幼儿进入托育机构后，在照护者身边的时间几乎与在父母身边的时间一样多（睡眠时间除外）。照护者在婴幼儿成长中承担着非常重要的作用。如何才能够使婴幼儿对照护者产生安全感，并愿意与之建立信任和稳定的情感联结呢？

一、认识师幼关系

师幼关系是指学前儿童在幼儿园中与教师形成的以情感、认知和行为交往为主要表现形式的心理关系。[①] 师幼关系和谐与否在很大程度上影响着婴幼儿对托育机构的喜爱程度、同伴关系、社交能力、行为问题及学习发展等。理想的托育机构照护者应该为婴幼儿提供丰富的认知学习材料和环境，调整好婴幼儿的活动水平，为婴幼儿的行为和技能发展提供支持，促进婴幼儿的学习与发展。师幼互动是师幼关系建构的基础。

（一）师幼互动中的认知发展

3 岁以内的婴幼儿主要依靠感官和动作来探索世界，如通过触摸、尝试、听觉和视觉来认识周围的环境。大量的研究显示，充足的刺激能够促使婴幼儿脑部形成新的神经通道，婴幼儿感受到的东西越多，能力发展得越快。因此，为婴幼儿提供有效的听觉、视觉、触觉刺激，以及频繁的师幼互动将为他们发展认知提供可能性。婴幼儿在师幼关系中得以成长，当他们在这一关系中感到安全时，就会想“我可以探索了，可以冒险了”“我可以去发现周围有些什么”“我可以尝试新事物了”，而这种探索便是学习。在一个玩具材料方便拿取并随时可用的托育环境中，婴幼儿可以充分地与玩具材料互动，获得感知觉经验。当然，这需要婴幼儿有足够的活动能力，因此照护者要帮助较小的婴幼儿进行翻身、爬行、拉起站立、行走等方面的练习，保证婴幼儿能靠自己拿到玩具材料。随着年龄的增长，幼儿对环境的

① 马林阁，梁宗保. 师幼关系与儿童社会适应研究概述［J］. 幼儿教育，2016（12）：42-45.

探索需求更大，他们对音乐、运动、感官活动、角色扮演游戏、阅读等多种活动感兴趣，喜欢照护者坐在身边陪伴自己，和自己进行互动。

4—7 个月的婴儿会通过某个偶然的机会（如晃动摇铃，它会发出响声）无意中理解因果关系，接着会继续将某个东西在桌面上敲打或者丢到地板上，观察照护者的一连串反应，这是他们学习因果关系和理解自身影响周围环境能力的一种重要方式。8—12 个月的婴儿对什么都充满好奇，但注意的时间也很短，他们会不断地寻找、摆弄玩具材料，在探索中观察物体的特点，逐渐理解关于形状、材质、大小的概念。在观察中他们也会理解即使物体离开自己的视线也仍然存在，即获得“客体永久性”概念。1—2 岁的幼儿在模仿中学习，照护者说过的话或做过的事（好的或不好的）可能在他们游戏和学习过程中被一次次重演。同时，他们会频繁地与亲密的照护者进行互动，期待得到回应，这些回应会为他们提供支持和鼓励。2—3 岁的幼儿不再仅仅依靠触摸、观察、摆弄和倾听来了解这个世界，学习过程有了更多思考的成分，他们的语言水平和理解能力有所提升，每天不停地提出各种问题，或具体，或抽象，并在探寻和回应中得到发展。①

（二）师幼互动中的情绪表现

婴幼儿离开家庭进入托育机构，对于他们来说，托育机构是陌生的环境，照护者也是陌生的对象，往往会产生分离焦虑。分离与依恋是相对应的，依恋关系建立得不好的婴幼儿也难以处理分离的情绪。安斯沃斯的陌生情境实验结果展示了婴幼儿与父母的依恋类型和表现。安全型依恋是最理想的亲子依恋类型，安全型依恋的婴幼儿也比较容易适应托育机构的新环境，尽管也有对父母的依赖、不想到托育机构的表现，但是能较快适应托育机构新环境。在某种程度上，婴幼儿对照护者的依恋与他们对父母的依恋一样，也是以感情为纽带的。婴幼儿依恋的对象是那些对他们的行为作出敏感反应并提供细心照顾的照护者，也就是说，如果婴幼儿意识到照护者能够密切关注他们，及时满足他们的需要，那么，婴幼儿便会对照护者产生依恋的情感。

鲍尔比通过观察把婴幼儿的分离焦虑分为三个阶段：第一阶段为反抗阶段，主要表现为号啕大哭，又踢又闹；第二阶段为失望阶段，主要表现为仍然哭泣，吵闹减少，不理睬他人，表情迟钝；第三阶段为超脱阶段，主要表现为接受外人的照料，开始正常的活动，如吃东西、玩玩具，但是看见妈妈时又会出现悲伤的表情。当然，不同依恋类型的婴幼儿的分离适应性表现有所区别，情绪反应的强度和持续性也会有所不同。有些婴幼儿的分离焦虑症状比较严重，会出现大哭大闹、情

---

① 谢尔弗.美国儿科学会育儿百科［M］.6版.陈铭宇，周莉，池丽叶，等译.北京：北京科学技术出版社，2016：303.

绪易怒、注意力难转移等现象；而有些婴幼儿的分离焦虑没有较为明显的反抗行为，但对托育机构的人、物的兴趣不高，较难融入集体。他们都需要良好的师幼关系来支持积极情绪的发展。婴幼儿会对自己的主要照护者产生类似于依恋的情感，随着婴幼儿对托育机构和照护者的适应，他们对托育机构也会建立基本的归属感。在这种情况下，婴幼儿开始形成良好的习惯和行为。此时，他们也许会遇到一些问题，如对玩具材料不满意，或不愿意遵守规则，进而通过哭闹来解决问题。2 岁左右的婴幼儿通常会表达很丰富的情绪情感，而正面情感的培养很重要。能频繁得到鼓励和表扬的婴幼儿，其自信心和安全感会更足，会表现得更独立也更好。

（三）师幼互动中的个性差异

婴幼儿自身所具有的特征，如气质倾向、行为特征、早期的人际关系等，会对师幼互动产生重要的影响。开朗、外向且行为积极的婴幼儿受到教师关注与反馈的机会更多，而比较内向、不爱表现的婴幼儿得到的关注、反馈较少。在进入托育机构前，婴幼儿与父母之间的情感依恋情况，关系着他们与照护者进行互动过程中所表现出的自我价值感与行为动机，并间接影响着他们的学习与环境适应能力。

二、构建积极师幼关系的策略

（一）营造温馨探索性托育环境

托育机构是为婴幼儿服务的，应注重保教环境的创设。《托育机构保育指导大纲（试行）》指出，托育机构是实施保育的场所，应当提供健康、安全、丰富的生活和活动环境，配置符合婴幼儿月龄特点的家具、用具、玩具、图书、游戏材料和安全防护措施，并根据场地条件合理确定收托规模，配备符合要求的保育人员。周淑惠教授提出，适合婴幼儿的保教环境应该是一个如家庭般温馨、安全、整洁，且强调游戏探索、社会互动的多样机能与开放学习的空间。在实施时，照护者还要根据不同年龄段婴幼儿的需求来创设环境。例如，乳儿班的婴幼儿需要充足的睡眠，更需要一个能够保障睡眠的环境；托小班的幼儿正处在学步阶段，更需要一个能满足他们探索的班级环境（图 4–2–1）。

照护者在照护婴幼儿时，要保障他们安全活动，与他们建立温暖和谐的关系，支持他们去探索，给予他们足够的关心和包容。照护者对婴幼儿的关心可以通过语言、动作、表情等传达信息的具体方式来表现，让婴幼儿接收到关爱的信息。例如，照护者在早上和每名婴幼儿打招呼，敏感地发现他们何时需要鼓励；陪在婴幼

图 4-2-1　温馨的环境

儿身边，让他们感受到照护者可以随时回应他们的需求；经常和他们说话，给他们唱歌；当他们不安时给他们拥抱，当他们难过时给予安慰；了解他们，知道他们的家人甚至兄弟姐妹的名字，以及他们有什么喜好等。在这样一个温馨和谐的探索型托育环境中，让婴幼儿感知到"我被尊重、我被喜爱、我是有能力的学习者"。

只有能够识别与支持婴幼儿认知发展的标志性事件，照护者才能够在师幼互动中促进其学习与发展。对于 4—7 个月的婴儿，可以为他们提供验证因果关系所需的适宜物体，鼓励他们实践自己的"理论"，这对他们很重要。对于 8—12 个月的婴儿，可以帮助他们学习物体恒存定律，跟他们玩捉迷藏，只要不停地变化游戏中的物体，他们几乎可以永不厌倦地玩下去。对于 1—2 岁爱模仿的幼儿，照护者要注意自己的行为，为他们树立榜样，并积极回应他们频繁的互动。对于 2—3 岁的幼儿，在遇到问题时尝试着与他们讲道理，严肃对待他们的提问，耐心解答或者一起探寻，扩展他们的知识，满足他们的好奇心，让他们学会有条有理地思考问题。

（二）积极回应，坚持正向评价

《托育机构保育指导大纲（试行）》将"积极回应"作为托育机构保育工作应遵循的基本原则之一正式提出，由此显示出回应性照护在儿童早期发展中的重要地位。《3 岁以下婴幼儿健康养育照护指南（试行）》对"积极回应"的要求是"养育人要了解各年龄段婴幼儿身心发展特点，在养育照护中应关注婴幼儿的表情、声音、动作和情绪等表现，理解其所发出的信号和表达的需求，及时给予恰当、积极的回应。"

婴幼儿离开家庭进入托育机构生活，面对的是与亲人分离的焦虑，以及对陌生环境的恐惧，识别和应对婴幼儿分离焦虑的适应性表现和应激反应，是照护者与婴幼儿建立依恋关系，促进他们情绪发展的关键。为此，照护者要想与婴幼儿建立良好的师幼关系，应做到真诚与温情、尊重与共情、接纳但不纵容。首先，要对婴幼儿表现出发自内心的关注、兴趣、友好，借助微笑、轻抚等身体语言进行表达，坦诚并适时地鼓励婴幼儿，根据不同的婴幼儿和情境作出回应，让婴幼儿感受到教师的真诚与温情。其次，要尊重婴幼儿并能与之共情，相信他们的学习和行动能力，允许婴幼儿自由探索、独立思考和解决问题，设身处地地站在婴幼儿的角度看待和理解问题，与他们保持交流，了解他们的感受。再次，要无差别地接纳所有婴幼儿，无论他们表现出何种行为状态、气质与性格，都应做好心、知、行的回应准备。这种接纳不等于纵容婴幼儿的破坏性或伤害性行为，而是要做到既接纳他们，又引导其表现出得体的行为①（图 4–2–2）。

图 4–2–2　安抚

在托育机构中，婴幼儿的需求能否得到满足取决于照护回应的适宜性，因此照护者应以符合婴幼儿年龄特点、身心发展规律的方式，结合具体情境，灵活使用回应策略。在日常照护中，照护者对婴幼儿的积极关注和真诚沟通有助于提升回应的适宜性。例如，当婴幼儿入托后，照护者应主动与他们打招呼，有意识地引发对话，耐心倾听，提出有意义的问题并作出回应来扩展互动的内容，同时注意语言的丰富性。当婴幼儿通过自己的尝试和努力获得成功时，照护者积极、恰当的称赞与表扬十分重要。照护者的反馈越具体和个性化，说清楚到底哪里做得好，就越能让婴幼儿感受到自己的努力带来的喜悦，增强自我效能感。当然，婴幼儿也会通过手势、表情、声音、动作等表达他们的需要和想法，因此，照护者需要有意识地运用所有感官来捕捉婴幼儿释放的各种信号并给予积极正向的回应。例如，用简单易懂的句子问婴幼儿“你想要什么”“是这样吗”“你想让我帮忙做什么”，然后观察他们的反应，通过不断互动来增进理解，据此回应婴幼儿寻求关注的需求，把握教育契机（图 4–2–3）。

图 4–2–3　与幼儿耐心沟通

（三）关注个体差异，因材而育

婴幼儿的个体差异性极为明显，照护者要接受他们的差异性表现，并回应不同的照护需求。回应且积极的照护，就是回应每个个体的需求，把每名婴幼儿视为有独自发展轨迹、有独自发展节奏的个体，照护者按照他们的特性和发展需求来回应。

① 刘馨，李倩. 托育机构回应性照护的内涵、理论依据及实践思考［J］. 学前教育，2022（21）：4–8.

针对不同性格类型的婴幼儿，照护者要给予不同的回应。对于易怒易哭的婴幼儿，也许用语言和拥抱进行安抚的效果会更好，转移注意力有助于他们重新集中精力。有些婴幼儿比较温和，容易适应环境，但仍然会有不想去托育机构或情绪低落的时候，照护者不要忽视他们，每天要跟他们有独处的时间，给予他们足够带着爱的关注和鼓励。内向或害羞的婴幼儿也需要特别关注，他们较为安静，需求不多，很容易被认为他们很满足，或者他们表现得不是很爱笑，照护者就会失去跟他们玩的兴趣。但这样的婴幼儿往往比其他个体需要更多的单独接触，需要照护者告诉他们怎样活跃起来和参与周围的活动。例如，在活动前，给他们足够的时间去热身，确保其他人接触他们时慢慢来，试着带他们参与同伴活动时，先带他们在旁边坐一会儿（图 4-2-4）。一旦他们有了安全感，渐渐就会对周围的人产生更多的反应。[①] 照护者要抓住接送时间与家长沟通婴幼儿在园的行为，或者与家长电话细致沟通某些具体问题，做好家托共育。

图 4-2-4　支持内向幼儿做早操

针对不同年龄段的婴幼儿，照护者要给予不同的回应。在给 7—12 个月的婴儿喂奶粉或者换尿布时，不要想“我在喂他们，这是个任务”，要想想如何与婴幼儿建立安全的依恋关系。在喂养时，照护者可以设身处地地感受婴幼儿的需求，有意识地慢下来，让婴幼儿充分品尝食物的口感和味道。当 13—24 个月的幼儿频繁地发出信号时，照护者不仅要回应他们的信号，而且回应要及时、恰当。例如，当幼儿伸手拉照护者的胳膊，试图带照护者去看看新的发现时，照护者不要拒绝他，遵从他的邀请跟随他，能让他获得极大的满足。对于托大班的幼儿（25—36 个月），照护者可能会有计划地指导幼儿开展活动，但也要后退一步看看幼儿在做什么，要让幼儿去激发、追求自己的兴趣，并在幼儿体会到快乐的地方作出回应。这会让幼儿产生探索新事物的意愿，并认为自己是个好相处的人，于是能够在良好师幼关系的基础上去建立和发展新的关系。

① 谢尔弗．美国儿科学会育儿百科［M］．6版．陈铭宇，周莉，池丽叶，等译．北京：北京科学技术出版社，2016.

任务实施

任务分析

托育机构照护者应根据婴幼儿入托后的行为表现判断其分离焦虑水平，能够敏锐地观察到婴幼儿的生理和心理需求，提供积极的回应和照护，帮助婴幼儿顺利度过分离焦虑阶段。

任务操作

积极回应照护（13—24个月幼儿）

1. 准备工作

（1）环境准备：温暖安全、光线适宜。

（2）物品准备：2~3种玩具材料（适龄），如积木桌、学步车、绘本等。

（3）照护者准备：面带微笑、情绪饱满，熟悉入托陌生情境下依恋分离（分离焦虑和陌生焦虑）的常见适应表现和应激反应。

（4）婴幼儿准备：选择喜欢的玩具材料并操作。

2. 实施要点

（1）识别与接纳：①了解婴幼儿的年龄、喜好、家庭成员等基本信息，识别婴幼儿是否有分离焦虑的表现；②无差别地接纳所有婴幼儿，无论他们表现出何种行为状态（如紧张、不安、烦躁），都应做好心、知、行的回应准备。

（2）安抚与陪伴：①灵活而有层次地转移婴幼儿的注意力；②陪伴在婴幼儿身边，主动关心安抚婴幼儿。

（3）倾听与回应：给予婴幼儿无限的温柔与爱，时刻关注着婴幼儿注意力的变化，倾听婴幼儿的需求并及时回应。

（4）总结和延伸：对每个婴幼儿在不同环节展现出来的行为进行肯定和鼓励。

任务评价

完成表4-2-2和表4-2-3。

表 4-2-2　积极回应照护评估表

项目		主要内容	操作要点	是否做到
准备工作	环境准备	温暖安全、光线适宜	减少噪声和光线干扰	□是 □否
	物品准备	玩具材料	适宜相应月龄的婴幼儿操作	□是 □否
	照护者准备	面带微笑，情绪饱满，熟悉入托陌生情境下依恋分离（分离焦虑和陌生焦虑）的常见适应表现和应激反应		□是 □否
	婴幼儿准备	选择喜欢的玩具材料并操作	尊重婴幼儿的兴趣和意愿，婴幼儿可自主选择玩具材料	□是 □否
实施要点	识别与接纳	（1）了解婴幼儿的年龄、喜好、家庭成员等基本信息，识别婴幼儿是否有分离焦虑的表现。 （2）无差别地接纳所有婴幼儿，无论他们表现出何种行为状态（如紧张、不安、烦躁），都应做好心、知、行的回应准备	（1）根据婴幼儿分离焦虑的三个阶段的表现判断婴幼儿的分离焦虑程度。 （2）面带微笑地迎接并陪伴婴幼儿	□是 □否
	安抚与陪伴	（1）灵活而有层次地转移婴幼儿的注意力。 （2）陪伴在婴幼儿身边，主动关心安抚婴幼儿	（1）为婴幼儿提供玩具或给婴幼儿讲故事等转移注意力。 （2）如有需要，可以尝试环抱、抱起来、轻轻抚摸头、拍背等肢体接触	□是 □否
	倾听与回应	给予婴幼儿无限的温柔与爱，时刻关注着婴幼儿注意力的变化，倾听婴幼儿的需求并及时回应	当婴幼儿又要沉浸于分离焦虑中时，迅速转移目标，用其他的玩具、书或其他婴幼儿来转移其注意力	□是 □否
	总结和延伸	对每个婴幼儿在不同环节展现出来的行为进行肯定和鼓励	面带微笑地给予婴幼儿具体的鼓励，如“你会自己操作这个玩具了，你真聪明，请你再操作一遍可以吗”“你刚才打翻了水杯，我很开心你来找我帮忙，我很愿意帮助你”	□是 □否

注：积极回应照护在一日活动中均可进行，本任务以晨间接待的时间段为主。

表 4-2-3　积极回应照护任务综合评价表

评价内容	自我评价	小组互评	教师评价
课堂活动参与度	☆☆☆☆☆	☆☆☆☆☆	☆☆☆☆☆
小组活动贡献度	☆☆☆☆☆	☆☆☆☆☆	☆☆☆☆☆
工作任务完成度	☆☆☆☆☆	☆☆☆☆☆	☆☆☆☆☆

知识拓展

师 幼 关 系

师幼关系虽然是所有入托婴幼儿共同经历的一种人际关系，但是，即使在同一个班级中，面对同一个照护者，不同的婴幼儿在与照护者的行为往来中所获得的行为与情感资源的差别也是很大的。众多研究表明，现实中师幼关系存有许多种模式，豪斯等研究者从幼儿角度出发，根据幼儿在互动中的情感表现与行为方式将师幼关系分为安全型、依赖型、积极调适型与消极调适型四种。冯婉桢等国内研究者将师幼关系分为亲密型、矛盾型、疏离型与冲突型四类，研究结果显示，疏离型是当前师幼关系的主要表现类型，指出亲密型是最理想的师幼关系状态。①亲密型师幼关系表现为高亲密、低冲突，即教师与幼儿之间的亲密度较高，冲突性较低。教师与幼儿之间保持较高的亲密度，能够支持幼儿积极地探索周围环境来学习；同时，教师与幼儿保持适度的距离，彼此之间的冲突较少，给幼儿以安全感。亲密型关系中的幼儿能够主动与教师亲近，喜欢和教师玩游戏，表现出对教师的依赖和信任，想和教师做好朋友，主动分享自己的心情和体验等。师幼关系量表如表4-2-4所示。

表 4-2-4　师幼关系量表

请根据您目前和幼儿的关系对下列陈述进行判断，根据与实际情况的符合程度做出选择（其中1表示“完全不符合”、2表示“不太符合”、3表示“不能确定”、4表示“比较符合”、5表示“完全符合”），并在每个题目相应的数字上画“√”。

序号	题目	符合程度
1	我和他/她之间的关系亲密而感情深厚	1 2 3 4 5
2	他/她和我似乎总是在互相对抗	1 2 3 4 5
3	当他/她情绪低落时，会向我寻求安慰	1 2 3 4 5
4	当我跟他/她有身体上的接触或亲密动作时，他/她会感到不自在	1 2 3 4 5

① 冯婉桢，蒋杭柯，洪潇楠. 师幼关系类型及其影响因素分析［J］. 学前教育研究，2018（9）：50-60.

续表

序号	题目	符合程度
5	他/她很珍惜和我之间的关系	1 2 3 4 5
6	当我表扬他/她的时候，他/她会自豪地微笑	1 2 3 4 5
7	他/她很自然地把有关他/她自己的一些信息分享给我听	1 2 3 4 5
8	他/她很容易对我生气	1 2 3 4 5
9	他/她会很努力地取悦我	1 2 3 4 5
10	他/她觉得我对他/她不公平	1 2 3 4 5
11	体察他/她的感受对我来说是很容易的	1 2 3 4 5
12	他/她把我看成惩罚和批评的来源	1 2 3 4 5
13	他/她在受到惩罚之后会一直生气或产生抵触情绪	1 2 3 4 5
14	他/她做了错事的时候，对我的脸色或语气能作出相应的回应	1 2 3 4 5
15	与他/她的相处耗尽了我的精力	1 2 3 4 5
16	我注意到他/她会模仿我的行为或做事的方式	1 2 3 4 5
17	当他/她心情不好的时候，我就知道这一天将会漫长而又煎熬	1 2 3 4 5
18	他/她对我的情绪会突然发生变化，或者让我感到难以捉摸	1 2 3 4 5
19	我尽了最大的努力，可是我对自己和他/她相处还是感受不舒服	1 2 3 4 5
20	当他/她想从我这儿得到什么东西时，会哼哼唧唧或者哭起来	1 2 3 4 5
21	他/她会跟我耍花招，或者来操纵我	1 2 3 4 5
22	他/她会坦诚地与我分享心情和体验	1 2 3 4 5
23	与他/她的相处让我感到自己作为一名教师是自信而称职的	1 2 3 4 5

资料来源：李佳玲．建立亲密师幼关系的策略及其有效性检验［D］．成都：四川师范大学，2019.

注：题目 2、4、8、10、12、13、15、17、18、19、20、21 为冲突性维度，其余题目为亲密性维度，高亲密、低冲突的师幼关系是理想的师幼关系。

任务三　提高同伴交往能力

情境案例

2 岁 3 个月的豆豆在妈妈的陪伴下来到了托育机构，这时班上大部分婴幼儿已经开始自主游戏了。“豆豆早！”托小班的小王老师和豆豆亲切地打招呼，豆豆眼睛立马“逃开”，小身体慢慢“挪”到妈妈的身后，抿着小嘴一声不吭。小王老师继续和豆豆讲话，班上的小鱼刚好在门边，好奇地看着豆豆，学着老师叫他“豆豆，豆豆”。班上的其他幼儿都已选择自己喜欢的玩具，开始今天的“工作”。也有几个幼儿在一起玩汽车玩具。乐乐开着“小汽车”，自言自语：“车子开起来了，嘟嘟嘟，太好玩了！”佳佳先是看着乐乐玩，过一会儿，就一把抢过乐乐的“小汽车”，乐乐不乐意，张开嘴巴哭了起来。作为托育机构的照护者，小王老师该如何开展回应性照护，提高婴幼儿的同伴交往能力呢？完成表 4-3-1。

表 4-3-1　提高同伴交往能力工作表单

岗位工作任务：______	实施地点：______	实施时间：______	实施方法：______
1. 案例中的小王老师在照护豆豆时面临着哪些问题？她的解决方式如何？ ______ ______ ______ 2. 你认为 0—3 岁婴幼儿同伴交往的要点是什么？ ______ ______ ______ 3. 自我归纳：案例中豆豆的表现反映了婴幼儿同伴交往中的哪些特点？ ______ ______ ______ 4. 还有哪些提升同伴交往能力的方法？ ______ ______ ______			

任务描述

此项任务将围绕如何帮助婴幼儿提高同伴交往能力展开，涉及了解婴幼儿在托育机构中的同伴关系发展特点、规律及指导方法。在此项任务中，需要理解同伴交往对促进婴幼儿认知、情感、社会性发展的重要性，学习提高婴幼儿同伴交往能力的方法。

任务准备

《托育机构保育指导大纲（试行）》指出，婴幼儿情感与社会性的目标包括与成人和同伴积极互动，发展初步的社会交往能力。同伴交往，通常指的是个体与同龄人之间的社交互动，这种互动可以包括友谊、合作、竞争、冲突解决等多种社交行为。0—3 岁婴幼儿的社会交往以亲子交往为主，进入托育机构后，开始了与同龄伙伴间的交往，并在交往中表现出社交方式和社会接受性之间的差异。同伴交往在婴幼儿生活中所占比重越来越大，婴幼儿的社会行为及如何与人相处的知识是通过同伴交往习得的，同伴交往之间互相模仿、比较和学习，促进自我认知的发展。托育机构中的班级就像一个婴幼儿成长中的“小社会”，如果在这里建立良好的同伴关系，将对婴幼儿的社会性发展、情感健康和认知能力具有不可估量的价值，有着亲子交往所无法替代的作用。婴幼儿同伴交往能力弱，交往技能不足，婴幼儿照护者应在充分认识同伴交往的重要性及其发展特点的基础上，采取各种措施，促进婴幼儿进行同伴之间的良好互动，提高其同伴交往能力。

一、同伴交往的发生发展

（一）同伴交往发展的阶段

婴幼儿同伴交往分为三个阶段：以“物”交往、单一交往、相互作用的交往，分别表现出不同的社交行为。以“物”交往阶段（0—12 个月）：这个阶段婴幼儿的交往主要集中在玩具或物品上，而不是同伴本身。虽然 2 个月时婴儿就开始对其他的婴幼儿感兴趣，6 个月时能向同伴微笑和发出“呀呀”声，但是这些反应并不是真正的社会性反应。即使 10 个月之前的婴儿在一起，也只把同伴当作物体或活动的玩具来看待。12 个月时，婴幼儿之间出现了许多社交行为，如大笑、打手势和模仿。在整个第一年期间，大部分社交行为是单方面发起的，他们还不能主动追寻或期待从同伴那里得到相应的社会反应。单一交往阶段（12—18 个月）：幼儿开始出现某些带有应答性特征的交往行为。他们已经能对同伴的行为作出反应，如互相拍对方或给对方拿玩具等，并试图去控制对方的行为。他们能区别自己与他人，对自己的物品有很强的控制欲。幼儿之间的游戏主要是独自游戏，没有主动与同伴交往的意识。相互作用的交往阶段（24—36 个月）：同龄幼儿之间互补的相互作用出现了，多以奔跑、蹦跳、追逐或敲击玩具中的相互模仿形式出现。幼儿之间的游戏主要是平行游戏，能遵守一些简单的规则，会相互模仿、轮流游戏。幼儿的同伴交往开始复杂，模仿行为也更加普遍，发展出互补和互惠的游戏角色，但他们还不会协商与合作。在游戏中有时会伴有消极行为，主要是争抢玩具等。

（二）同伴交往中的自我成长

1. 交往技能的发展

婴幼儿往往只能从自己的视角出发，只能考虑到自己的体验和需要，按照自己的意愿去行事。在共同生活和交往的过程中，婴幼儿逐渐意识到同伴的存在，案例中小鱼模仿老师叫豆豆的名字，霖霖会用动作和出声来吸引其他小朋友的注意，交往技能就这样逐渐发展。同伴交往为婴幼儿提供了理解和表达情感的机会。在与同伴的互动中，他们学会了识别和响应他人的情绪，如快乐、悲伤或愤怒。这种情感认知的提升有助于他们建立同理心，更好地理解和关心他人。霖霖入托情绪不佳时，同班的梅梅会用语言安慰他，还会邀请他一起玩玩具。在与同伴的交往中，婴幼儿逐渐学习如何与他人沟通、分享和解决冲突。通过观察和模仿同伴的行为，婴幼儿能够理解轮流、等待和分享的概念，这些都是社会互动中不可或缺的元素。在同伴交往中，婴幼儿经常面临各种问题和挑战，如玩具的争夺、游戏规则的遵守等。这些情境要求他们学会协商、妥协和初步学习如何去解决问题。通过这些实践，他们的交往技能得到了显著提升。

2. 自我概念的形成

在同伴群体中，婴幼儿开始形成自我概念，包括自我认同和自尊心。通过与同伴的比较和竞争，他们能够认识到自己的优点和不足，从而促进自我评价和自我价值感的发展。同伴交往鼓励婴幼儿独立思考和行动。在没有成人直接干预的情况下，他们需要自己作决策并承担责任，这种自主性的培养有助于他们成长为独立的个体。

3. 语言能力的发展

在与同伴的互动中，婴幼儿有机会练习和扩展他们的语言技能。他们通过模仿、对话和提问来获取新词汇和语法结构，从而提高语言理解和表达能力。随着语言表达能力的发展，婴幼儿会通过语言主动发起交往行为。

婴幼儿同伴交往是自我成长的重要途径。通过与同伴的互动，婴幼儿在交往技能、自我概念、语言能力、问题解决能力、自主性等多个方面得到了显著的发展。家长与托育机构的照护者应当鼓励和支持婴幼儿与同伴积极交往，为他们提供一个安全、支持和有助于交往的环境，以促进他们的全面发展。

（三）同伴交往中的亲社会行为

婴幼儿同伴交往中的亲社会行为是指那些有助于建立和维护积极社会关系的行为，包括分享、助人、安慰和表达同情、合作等。这些行为对于婴幼儿的社会化过程和情感发展极为重要，有助于他们成为有同理心、能融入社会的人，照护者在日常与婴幼儿互动中对其亲社会行为应注意识别并回应。

1. 分享行为

分享是亲社会行为的基础，通过分享玩具、食物或其他物品，婴幼儿学习到公平和体验慷慨的快乐，同时也能够增进与同伴之间的友谊和信任。在物品比较充足的情况下，婴幼儿在照护者鼓励下愿意分享玩具或食物（图 4–3–1）。当然 2 岁左右的幼儿自我中心表现明显，物权意识很强，如果他们不愿意分享，不能强制或批评他们，以免引起他们的反抗。

2. 助人行为

帮助他人是婴幼儿在同伴交往中表现出的另一种亲社会行为。他们可能会帮助同伴解决问题、提供安慰或在需要时给予支持。这种行为不仅能够增强婴幼儿的自尊心和自我效能感，还能够促进他们的道德发展。例如，皓皓主动扶起摔倒的小朋友；兰兰是老师的小帮手，会帮助老师分勺子，帮助小朋友卷袖子，主动帮助小朋友捡起地上的花片。

3. 安慰和表达同情行为

当同伴遇到挫折或不愉快时，婴幼儿通过提供安慰和表达同情来展现亲社会行为。这可能包括拥抱（图 4–3–2）、轻拍背部或用言语安慰。这种行为有助于建立情感联系，同时也让婴幼儿学会理解和关心他人的感受。

图 4–3–1　分享食物

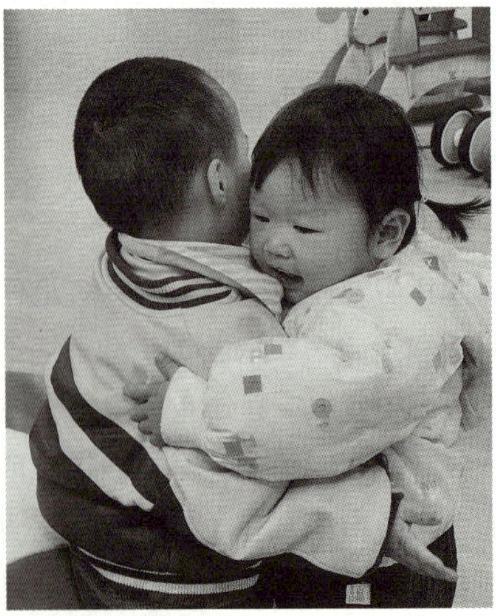

图 4–3–2　拥抱安慰

4. 合作行为

合作是指两个或多个个体为了共同的目标或利益而一起工作。在托育机构中，有些托大班幼儿有了较好的玩伴“朋友”，他们通过合作游戏，如娃娃家、搭积木、组队比赛等，形成初步的合作意识，体验到合作的快乐。这种合作经验能够增强他们的社交技能和集体归属感。当然 3 岁前婴幼儿的合作意识弱，合作行为较少。由于他们自我控制能力和交往协商技能的限制，婴幼儿之间合作游戏中经常出现冲突、攻击性行为。

（四）同伴交往中的攻击性行为

因为婴幼儿的语言表达能力尚在发展过程中，所以多数时候还不能清晰地向对方表达自己的需求、想法，也不能理解伙伴的表达及行为。婴幼儿与同伴交往的经验相对较少，社交技能还很欠缺，很难通过轮流、等待、交换、合作、分享等方式来化解矛盾，所以拥有不同需求的婴幼儿之间特别容易发生冲突而产生攻击性行为。同伴交往中的攻击性行为是婴幼儿成长过程中的一种自然现象，通常表现为身体上的推搡、打人、咬人、争抢玩具，或是言语上的大声喊叫甚至哭闹（如某幼儿在打了小伙伴后自己先哭）等。3 岁前的婴幼儿的攻击性行为主要是工具性攻击，是为了抢夺玩具或其他物品。这些行为虽然在一定程度上可能会让人担忧，但它们也是婴幼儿探索世界、表达自我和学习社交技能的一部分。美国心理学家霍姆伯格的研究发现，12—16 个月的幼儿相互之间的行为有一半具有破坏性或冲突性，随着年龄的增长，2 岁半左右，幼儿与同伴之间的冲突性交往只有最初的 20%。[①] 在婴幼儿时期的攻击性行为案例中，产生原因包括情绪情感表达不当、以自我为中心、动作先于表达、空间游戏材料安排不当等。照护者应了解婴幼儿同伴交往中攻击性行为的原因，并采取有效的应对策略，帮助婴幼儿学习社交技能，提高同伴交往能力。

二、提高同伴交往能力的方法

（一）创设促进同伴交往的环境

创设适宜的婴幼儿同伴交往环境，需要综合考虑安全性、空间布局、刺激材料、社交机会、行为示范、情绪支持和家长参与等多个方面。在这样的环境中，婴幼儿可以在安全、愉快和支持的氛围中发展社交技能，为他们未来的人际关系打下坚实的基础。

---

① 刘力娟，岳毅力．学前儿童发展心理学［M］．北京：北京出版社，2020：261-266.

确保婴幼儿交往的环境安全、舒适，没有危险物品，地面柔软，空间足够供他们自由活动。在这样的环境中，婴幼儿会感到放松，更愿意探索和与同伴互动。构建适宜的空间布局，提供足够的开放空间供婴幼儿爬行和行走，以便他们自由移动和探索。将活动区域划分为不同的功能区，如阅读区、艺术区、建构区等，以满足不同婴幼儿的兴趣和需求。设置一些可以刺激婴幼儿感官的材料，如自然色彩的物品、不同质地的材料、有趣的声音等。提供各种适龄的玩具，如布书、软塑动物、积木、音乐器材等，以激发婴幼儿的好奇心和探索欲。为托小班投放种类较少、同类数量较多的材料，以满足婴幼儿独自游戏、平行游戏的需求。托大班可适当减少同类玩具，以促进婴幼儿之间的协商、分享、轮流等交往行为。

定期组织小组活动，如简单的游戏、歌曲和舞蹈，举行集体生日会，鼓励婴幼儿与同伴互动。提供角色扮演的场景和道具，如厨房、医院游戏中的道具等，促进婴幼儿之间的想象游戏和合作。照护者应该通过自己的行为为婴幼儿树立积极的社交榜样，如分享、轮流和礼貌交流。当婴幼儿展现出积极的社交行为时，给予及时的肯定和鼓励。为婴幼儿提供一个可以随时返回的安全基地，如一个舒适的角落或照护者的怀抱，以便他们在感到不安时能够获得安慰。

（二）体验同伴交往的乐趣

组织适龄的游戏活动，设计简单、有趣的游戏活动，如音乐和动作游戏、堆积木、简单的角色扮演等，这些活动能够鼓励婴幼儿一起玩耍，分享快乐，并在互动中学习社交规则。2 岁以下的婴幼儿在游戏中的相互影响有两种途径，即相互模仿和同伴反馈。婴幼儿与同伴之间的年龄相近，身心各方面的发展水平类似，双方的社交地位平等，因而同伴的反馈更真实、自然和及时，也更需要友好、积极的社交行为。托育机构照护者可以引导婴幼儿在同伴交往中获得愉快的体验。

鼓励婴幼儿通过歌曲、童谣和简单的手势表达自己，与同伴沟通。这不仅能增强他们的语言技能，还能帮助他们理解和响应同伴的信号。引导婴幼儿学习合作与分享，通过小组活动，如共同完成一个拼图或画一幅画。同时，通过玩具分享等活动，教导他们分享的重要性，体验分享带来的乐趣。可鼓励婴幼儿在看到同伴需要帮助时提供支持，如安慰伤心的同伴或帮助其解决困难，让婴幼儿体验集体生活和合作互助的乐趣。肯定和鼓励婴幼儿积极的社交行为。不同婴幼儿的性格和交往方式有所不同，有的可能更内向，有的可能更外向。尊重他们的个性，给予适当的引导，而不是强迫他们参与不愿意的活动。当婴幼儿展现出友好、合作等积极的社交行为时，给予及时的肯定和鼓励，如微笑、鼓掌或口头表扬，这样可以增强他们的自信心，并激励他们继续这种积极行为。

（三）学习同伴交往的技能

婴幼儿同伴交往的技能是他们在与同龄人互动时所展现的行为方式，是在婴幼儿与同伴和成人的交往过程中发展起来的。照护者可以通过日常的互动、游戏活动、故事讲述和角色扮演等方式，来培养和提高婴幼儿的这些技能。通过这些技能的培养，婴幼儿能够更好地与同伴建立积极的社交关系，为自己未来的社会适应打下坚实的基础。

1. 交流沟通技巧

鼓励婴幼儿使用语言来表达自己的需求和感受，而不是通过哭泣或身体动作，如“你想玩这个球，对吗？你可以和老师说”。教导婴幼儿倾听同伴的话语，理解对方的想法和感受，教导婴幼儿解读和使用非言语信号（面部表情、肢体语言等），如“你看毛毛不高兴了，这个玩具还给他吧”。

2. 情绪管理能力

照护者可帮助婴幼儿认识和命名不同的情绪，如快乐、悲伤、愤怒等。通过故事、角色扮演等活动，培养婴幼儿对他人感受的理解和关心。教导婴幼儿适当地表达情绪，如通过深呼吸、倒数或其他缓解策略来平静自己。在与同伴游戏过程中，照护者要引导婴幼儿宣泄并调节不良情绪，通过同伴之间的抚慰和互助平衡自我的心理状态。

3. 冲突解决策略

对 2 岁的幼儿，照护者应引导、提醒其与人打招呼、创造条件多让其与同伴玩耍、游戏，帮助他们逐渐适应集体生活，使其亲近老师和同伴，引导其对人有礼貌，不影响别人的活动。某次游戏时间，旦旦突然跑到建构区把玲玲搭的积木推倒了。经观察旦旦是为了吸引同伴的注意，照护者需要理解并接纳婴幼儿的情绪，并用婴幼儿能够理解的方式进行表达：“你想和玲玲一起玩，对吗？应该怎么说呢？”“我看到了，旦旦把你的积木推倒，你很生气，是吗？”结合当时的情境，照护者要强调人际交往的规则，查明冲突的缘由，结合具体的事情指导婴幼儿可以怎么做，以及怎样做是不合适的。如果同伴之间出现冲突，照护者要帮助婴幼儿识别和理解同伴间的冲突，并鼓励他们寻找和平解决冲突的方法，如交换、等待、轮流、协商等。鼓励婴幼儿用直接的语言沟通要回属于自己的玩具，如“这是我的玩具，请还给我”。用玩具和小朋友交换喜欢的玩具，如“我用这个和你换一换”。和抢玩具的婴幼儿商量一起玩或轮流玩，如“我们一起玩吧”“你玩一会儿，我玩一会儿”。同时教导婴幼儿恰当地设定个人边界，学会说“不”和保护自己不受侵犯。婴幼儿之间的冲突和攻击性行为看起来似乎是一种问题，但其实蕴含着深层次的发展契机。

（四）家托合作，个别支持

1. 家庭支持

家长通过日常的亲子互动，如共同游戏、阅读和对话，来增强婴幼儿的社交技能和语言能力。组织或参与社区活动，如亲子聚会、邻里游玩等，为婴幼儿提供与同伴交往的机会。关注婴幼儿的情感需求，为婴幼儿提供情感支持，增强他们的安全感，帮助他们建立自信和积极的自我形象。教导婴幼儿适当的社交行为，如分享、轮流和礼貌用语，以及正确处理冲突和挫折。

2. 个别支持

定期观察婴幼儿的社交行为和情感反应，评估他们在同伴交往中的表现和需求。根据每个婴幼儿的特点和需求，提供个性化的指导和支持，如对害羞或攻击性强的婴幼儿采取特别的引导策略。与家长保持密切沟通，共同制订支持计划，确保家庭和教育机构在支持婴幼儿同伴交往方面的一致性和连贯性。

婴幼儿同伴交往的家托合作个别支持是一个多方面、多层次的过程，需要家庭和托育机构的共同努力。提供丰富的社交机会、创设支持性的环境、实施个性化的指导和干预，可以有效地促进婴幼儿社交技能的发展，帮助他们在同伴交往中获得与建立积极的经验和自我认知。

任务实施

任务分析

托育机构照护者应根据婴幼儿入托后的同伴交往的表现与发展特点，敏锐地观察婴幼儿的生理和心理需求，提供积极的回应和照护，通过婴幼儿喜欢的有趣游戏，为婴幼儿提供同伴交往的机会，帮助婴幼儿提高同伴交往能力。期待幼儿通过“宝宝超市”角色扮演游戏活动达成下列目标：喜欢同伴交往，能用简单的语言与同伴交流，习得一定的社交技能，出现初步的同理心，轮流扮演角色，进行互惠性游戏，从而提高同伴交往能力。

任务操作

“宝宝超市”角色扮演游戏（24—36个月幼儿）

1. 准备工作

（1）环境准备：温暖安全，光线适宜，有足够的空间，能容纳4~6名幼儿同时游戏。

（2）物品准备：存储柜，方便婴幼儿取放材料；角色扮演的材料，收银员、售货员、顾客的服装或布料（魔术贴，便于脱穿）；“宝宝超市”各种道具，如食品、玩具、日用品等。

（3）照护者准备：仪表端庄，情绪饱满，着装适宜组织活动。

（4）婴幼儿准备：情绪稳定、适合活动，有丰富的“宝宝超市”的经验，进入角色区，选择喜欢的角色（教师帮助建议）和道具。

2. 实施步骤

（1）创设游戏情境：出示超市收银员服装，向幼儿介绍材料，使幼儿产生游戏兴趣。

（2）明确游戏玩法：①幼儿选择喜欢的角色材料并与同伴协商，照护者引导他们分工；②利用提问引导幼儿了解“宝宝超市”游戏玩法，明确角色及其职责。

（3）幼儿游戏：①自选游戏角色并在照护者协助下进行装扮；②自选游戏材料，自主开展游戏与同伴互动；③照护者观察并记录游戏中幼儿的同伴交往行为。

（4）评价与反思：①回顾游戏情况，分享角色扮演游戏成功经验；②共同收拾材料，整理游戏场地。

（5）总结与延伸：①对每个幼儿角色扮演中表现的积极的同伴交往行为进行肯定和鼓励；②鼓励幼儿与同伴共同玩角色扮演游戏，引发幼儿继续游戏的意愿。

任务评价

完成表 4–3–2 和表 4–3–3。

表 4–3–2　“宝宝超市”角色扮演游戏观察评估检表

项目	主要内容		操作要点	是否做到
准备工作	环境准备	温暖安全，光线适宜，空间足够	能容纳 4~6 名幼儿同时游戏	□是 □否
	物品准备	“宝宝超市”角色扮演游戏材料、存储柜	尊重幼儿兴趣和意愿。 材料充足，方便幼儿自行拿取	□是 □否
	照护者准备	仪表端庄，情绪饱满，着装适宜组织活动		□是 □否
	婴幼儿准备	情绪稳定，适合活动，有丰富的宝宝超市的经验①	尊重幼儿意愿，照护者也可以提出建议	□是 □否

续表

项目	主要内容		操作要点	是否做到
实施步骤	创设游戏情境	出示超市收银员服装，向幼儿介绍材料，使婴幼儿产生游戏兴趣	互动策略	□是 □否
	明确游戏玩法	（1）选择喜欢的角色材料，与同伴协商，在照护者指导下进行分工。 （2）利用提问引导幼儿了解“宝宝超市”游戏玩法，明确角色及其职责	（1）语速较慢，利用游戏口吻、语气夸张等吸引幼儿注意力。 （2）引导幼儿选择扮演的角色，尊重其意愿。 （3）观察幼儿如何选择，有冲突时引导他们协商解决	□是 □否
	幼儿游戏	（1）自选游戏角色并在照护者协助下进行装扮。 （2）自选游戏材料，自主开展游戏与同伴互动。 （3）照护者观察并记录游戏中幼儿的同伴交往行为（角色职责、礼貌用语、沟通互动）	（1）语言提示等互动策略，如“顾客来买东西了，售货员和收银员该做些什么”。 （2）提供充足时间让婴幼儿进行角色扮演。 （3）观察婴幼儿如何选择，有冲突时观察他们如何解决，有必要时引导他们解决问题②	□是 □否
	评价与反思	（1）游戏回顾，分享角色扮演游戏成功经验。 （2）共同收拾材料，整理游戏场地	（1）通过观看照片、提问回顾游戏，重点总结同伴交往的经验：今天你做了什么事情？和小伙伴玩得开心吗？ （2）鼓励幼儿用语言、动作、表情来表达自己的想法	□是 □否
	总结与延伸	（1）对每个幼儿角色扮演中表现的积极的同伴交往行为进行肯定和鼓励。 （2）鼓励幼儿与同伴共同玩角色扮演游戏，引发婴幼儿继续游戏的意愿	语言支持等互动策略，如“豆豆今天会说礼貌用语，老师为你点赞”“小鱼和霖霖都想拿那个玩具，你们还会商量，这样一起玩游戏，真开心”	□是 □否

注：① 照护者根据幼儿水平和需求确定角色游戏主题。依据游戏主题，幼儿通过实地参观、观看视频、故事聆听、互相交流等丰富相关超市游戏经验。

② 在幼儿角色扮演游戏过程中，在保障他们安全的情况下，如果幼儿出现冲突、攻击性行为不要急于介入指导，适当等待，利用语言提示、示范方法等形式进行引导。

表 4-3-3 “宝宝超市”角色扮演游戏综合评价表

评价内容	自我评价	小组互评	教师评价
课堂活动参与度	☆☆☆☆☆	☆☆☆☆☆	☆☆☆☆☆
小组活动贡献度	☆☆☆☆☆	☆☆☆☆☆	☆☆☆☆☆
工作任务完成度	☆☆☆☆☆	☆☆☆☆☆	☆☆☆☆☆

知识拓展

婴幼儿攻击性行为的成因、影响及引导策略如表4-3-4所示。

表 4-3-4 婴幼儿攻击性行为分析表

<table>
<tr><th>成因</th><th>影响</th><th>引导策略</th></tr>
<tr><td>自我中心：婴幼儿在这个阶段往往以自我为中心，可能还没有完全发展出理解他人感受的能力，因此在满足自己需求时可能会表现出攻击性</td><td rowspan="2">频繁的攻击性行为可能会影响婴幼儿与同伴的关系，导致他们在社交互动中被排斥或孤立</td><td>（1）充分理解婴幼儿的自我中心，冷静对待，不简单粗暴地指责他们。
（2）通过积极的引导来帮助婴幼儿理解攻击性行为的后果，教会他们更适当的表达方式</td></tr>
<tr><td>模仿学习：婴幼儿可能会模仿周围环境中的攻击性行为，如家庭成员或媒体中的冲突场景</td><td>通过自己的行为为婴幼儿树立积极的榜样，避免在他们面前表现出攻击性行为</td></tr>
<tr><td>情绪调节困难：婴幼儿可能还没有学会有效的情绪调节技巧，因此在感到沮丧、愤怒或紧张时可能会以攻击性行为作为释放</td><td rowspan="2">攻击性行为可能会影响婴幼儿的情绪发展，使他们在处理情绪时更加困难</td><td>教育婴幼儿识别和表达自己的情绪，提供健康的情绪调节策略，如深呼吸、倒数等</td></tr>
<tr><td>挫折：当婴幼儿的需求或愿望未能得到满足时，他们可能会通过攻击性行为来表达不满</td><td>婴幼儿出现攻击性行为时，提供替代的行为选择，如使用言语表达不满，或者寻求成人的帮助</td></tr>
<tr><td>探索和测试界限：婴幼儿通过攻击性行为来测试社交规则和界限，以及观察他人对此的反应</td><td>如果攻击性行为没有得到适当的引导和纠正，可能会成为婴幼儿长期的行为模式</td><td>明确设定行为界限，当婴幼儿表现出攻击性行为时，给予一致和适当的响应，如暂时隔离等</td></tr>
</table>

不同年龄婴幼儿社会性发展核心指标及其代表性行为如表 4-3-5 所示。

表 4-3-5　婴幼儿社会性发展核心指标核对表

领域	核心指标	代表性行为				供参考月龄
社会认知	使用语言标识自我	叫名字能回头或者停下来	能说出自己的全名	能用自己的名字表示镜子中的自己	使用“我”标示自己	25—30 个月
	认识自己的心理活动	能明确地表示爱憎的感情	受挫时会发脾气	能主动表达自己的愿望	能用语言表达自己的情感	25—30 个月
	规范认识	能根据成人的面部表情停止或继续某行为	看见别的孩子打人后会告状	知道脏东西不能碰、吃饭前要洗手等规矩		31—36 个月
	性别认知	爱玩属于自己性别的玩具。例如，男孩喜欢汽车、武器类玩具，女孩喜欢毛绒玩具、洋娃娃等	能正确说出自己的性别	认识到自己的外貌与年龄变化和性别无关		31—36 个月
社会行为	进食	会自己拿饼干嚼着吃	自喂饭撒满桌	能自己端杯子喝水	能用勺吃饭，只撒出少量	12—18 个月
	穿衣	会自己戴帽子，但不一定能戴正	配合穿衣	不需要大人的帮助，会自己套上一只袖子	会脱去已脱了一只袖子的上衣，会拉下松紧带裤子	19—24 个月
	梳洗	会模仿成人用面巾抹嘴、自己擦鼻子	可在大人的指令下洗手，知道洗手后要擦干	会洗脸、漱口	会刷牙	19—24 个月

任务四　促进集体规则适应

情境案例

早晨8点钟，小雅老师站在托大班门口，面带微笑迎接幼儿及其家长。和家长告别后，几个幼儿排队到柜子旁边放小书包，换室内鞋，并用流动的水洗手。进入班级后，幼儿自由选择玩具材料进行游戏，小樱在玩水果切切乐，小伟在拼动物嵌板，小畅和小七在一起钓鱼……户外时间到了，小雅老师提示幼儿把玩具送回家，再让班上11个幼儿排队一起到操场。小雅老师转头一看，动物嵌板还在桌上，她有点无奈，小伟好几次都不收拾玩具。几个幼儿在队伍中转来转去，都想和老师牵手，还有2个幼儿游离在队伍之外……玲玲骑着三轮车熟练地绕操场一圈，她看到晨晨还在原地发呆，就大声招呼他："晨晨，过来，我带你。"晨晨（沉浸在找妈妈的沮丧中）一坐上去，玲玲对着他不知又说了什么，只见车子迅速载着两个幼儿跑远，操场上留下了他们愉快的笑声。

幼儿排队去洗手，西西把水开得很大把衣服溅湿了，小伟洗完手后忘记关水龙头就直接走了。吃点心时，晨晨不小心把小馒头掉在地上，小雅老师让她拿另一个，她不理会并继续哭泣，另一位老师带她离开并安慰她。游戏时间，小伟和榕榕都说是自己先拿到小恐龙的，两个幼儿发生了推搡、争抢行为，小雅老师赶紧来帮助解决他们之间的冲突。每天都有这样那样的小状况，看着幼儿可爱稚嫩的小脸，小雅老师有点苦恼，要怎么样才能让班上的幼儿遵守规则，尽快适应集体生活呢？完成表4–4–1。

表4–4–1　促进集体规则适应工作表单

<table>
<tr><td>岗位工作任务:
________________</td><td>实施地点:
________________</td><td>实施时间:
________________</td><td>实施方法:
________________</td></tr>
<tr><td colspan="4">1. 小雅老师在促进婴幼儿集体规则适应时遇到了哪些问题?
____
____
____</td></tr>
</table>

续表

2. 促进婴幼儿适应集体规则的过程中需要重点关注的事项有哪些?
3. 自我归纳：托大班幼儿的表现反映了婴幼儿集体规则适应的哪些要点?
4. 还有哪些帮助促进婴幼儿集体规则适应的策略?

任务描述

此任务将围绕如何促进婴幼儿集体规则适应展开，涉及了解婴幼儿规则意识的萌芽与发展及培养婴幼儿规则适应的途径。在此项任务中，需要理解集体规则适应对婴幼儿健康发展的重要性，了解婴幼儿发展要点及掌握指导方法。

任务准备

不以规矩，不能成方圆。规则是人们在日常生活、工作、学习中必须遵守的行为规范和准则，是现代社会有序运行的前提。0—6 岁的婴幼儿处于养成良好行为习惯、培养规则意识的关键时期。婴幼儿从爸爸妈妈温暖的怀抱、熟悉的家庭生活，进入陌生的托育机构集体生活中，从家庭的个体养育转换到托育机构的集体养育，这是婴幼儿生活中第一个重要转折，是其适应集体生活、迈向社会的第一步。婴幼儿初步的规则意识和执行规则的能力，不仅关系到他们在托育机构班集体的生活、交往和学习（图 4-4-1），而且影响他们未来适应幼儿园生活、入学后人际交往乃至成人后的社会适应。入托后，婴幼儿从家庭生活走向集体生活，面对全新的生活环境、有规律的生活作息和共同生活的对象，这是一种极大的挑战。

0—3 岁的婴幼儿正处于规则意识萌发和初步发展的时期，其规则意识形成经历从他律到自律的过程，是婴幼儿逐渐对成人制定的规则的认同、接纳并最终内化的

图 4-4-1 我们一起游戏

结果。有学者对新入托的 2—3 岁幼儿进行观察研究，发现集居形式能促进幼儿社会适应能力的发展，其社会适应能力随年龄增长而发展。[①] 因此，托育机构照护者必须客观认识婴幼儿集体规则适应的发展特点，并采取有效的手段建立婴幼儿在集体生活中的规则意识，帮助其更好地适应集体生活。

一、规则意识的萌芽与发展

（一）集体规则适应中的独立性萌发

婴幼儿独立性萌发使得集体规则适应成为可能。随着小肌肉动作的发展和手眼协调能力的提高，5—6 个月的婴儿有了独立进食的能力，如喝奶时在照护者协助下会扶着奶瓶。7—8 个月的婴儿开始尝试自主位移动作——爬行，对周围环境的探索欲增强，自主性增强，婴幼儿的生活适应能力迅速发展，能理解照护者的简单指令，如 10 个月的亮亮在妈妈鼓励下会用挥手动作表示“再见”。10—12 个月的婴儿开始自己进食、独立行走，独立做事的意愿增强，此时一般能顺从照护者的要求，执行简单的指令，如帮忙拿东西、把食物分给家人。但如果被限制做某事，就会用哭闹、发脾气等激烈的形式发泄情绪。有些 12 个月的婴幼儿有了自己喜欢的“安慰物”，如小被子、布娃娃、毛绒玩具。当婴幼儿感到焦虑或不安时，或者是为了适应陌生环境，他们会借着自己的“安慰物”或吸吮手指来缓解自己的情绪。这是婴幼儿主动调节情绪的手段，也是婴幼儿独立意识萌发的表现，为他们集体规则适应提供良好的前提条件。

---

① 何宏灵，左玲，张西萍，等. 儿童社会适应能力的发展研究［J］. 中国妇幼健康研究，2010（3）：271-274.

（二）集体规则适应中的秩序感形成

婴幼儿最初的规则意识起源于对个体内在生命秩序需要的满足。婴幼儿出生后，最基本的需要是维持生命，使身体各个循环系统处于有序的运行状态。随着生命的成长，秩序敏感在个体身上日渐显露。婴幼儿秩序敏感期一般从 1 岁开始[①],2—3 岁发展到高峰，4 岁后会慢慢消退。婴幼儿每天的起居、饮食受内在的生物钟所支配，呈现一定的时间规律。他们会以喜、怒、哀、乐等基本的情绪，来表达外界的环境是否符合他们的生命节律。固定摆放的物品挪动位置或者乱放、作息起居的变化、生活环境的变换，都会让婴幼儿感到不安、发脾气。19 个月的小朗，鞋子脱下来后必须放在指定的位置，一旦出现变动，就会特别敏感，甚至大哭。秩序感的表现形态有安全感、归属感、时空感、格局感和规则意识等。[②]“对秩序的要求”是婴幼儿极为明显的一种敏感力，秩序感逐渐形成是婴幼儿规则意识的初步形态。照护者有意识地运用婴幼儿的秩序感，教他们一些简单的规则，有利于培养婴幼儿的规则意识。

（三）集体规则适应中的反抗期危机

13—14 个月的幼儿能独立行走、精细动作发展迅速，在照护者帮助下，能在一定程度上完成水杯喝水、进餐、穿衣等自我服务，独立性、自信心进一步提高。2 岁后的幼儿好奇心越发强烈，急于去探索自己未知的世界，自我意识高涨，希望通过让他自己来做某些事情，向成人展示自己已具备的能力。成人常常出于安全等方面原因考虑，会限制、制止甚至指责幼儿的行为，这样的教育会适得其反，引发幼儿的“反抗”。因此，2 岁左右的幼儿进入了人生第一个反抗期。随着自我意识的萌芽，幼儿逐渐意识到“我”的存在，通过行动或语言来感受自己是独立的个体，有强烈的自我主张，他们会频繁地说“不”，以自我为中心，并且只遵循自己内心认定的规则和秩序。幼儿最初并不会自觉遵守规则，他们按照自己的喜好来生活，慢慢地，幼儿开始遵守一些简单规则，但主要是出于对照护者特有的权威感和强制性的服从。例如，幼儿午餐前要洗手，开始完全是照护者提出的规则，他们实际上对规则实施的意义不理解，会按照自己的喜好执行，如果不监督经常会出现违规行为。幼儿在每天的练习中越来越熟练，形成了习惯，照护者就不需要每天提醒他们要洗手。这是因为幼儿认可照护者说的“洗手后再吃东西才干净卫生”，从而内化了规则。“反抗期危机”可以说是幼儿成长的一种表现，把握好管教的“度”，巧妙化解幼儿的“反抗”，能帮助他们掌握规则，顺利适应集体生活（图 4-4-2 和图 4-4-3）。

---

① 朱小蔓. 情感德育论［M］. 北京：人民教育出版社，2005：164.

② 王潇，吕红，杨薇薇. 婴幼儿发展引导［M］. 北京：中国人民大学出版社，2023：175.

图 4-4-2　我会动手剥蛋壳

图 4-4-3　我会自己打扫

（四）集体规则适应中的情绪社会化

婴幼儿（尤其是 0—1 岁的）主要依靠情绪交流完成与成人之间的心理信息沟通。情绪社会化指在原始情绪基础上、人际交往和社会行为反馈过程中，蕴含一些社会意义的情绪，如同情、期望感的产生过程。学习表达、调节、控制自己情绪情感的能力在婴幼儿集体规则适应发展中非常重要。7—9 个月的婴儿开始会理解和辨别高兴、喜欢、生气等不同情绪，会用笑脸、发声主动吸引照护者的注意。10—12 个月的婴儿会根据照护者当时的情绪表现来行动，如婴儿把手伸向热水时，父母很紧张而大声制止，婴儿会立刻停下触摸的动作。如果父母情绪没有变化，甚至是鼓励的态度，婴儿会积极尝试。1 岁后幼儿会用表情、动作、语言等方式表达自己的情绪，表明幼儿情绪表达与理解能力正在迅速发展。例如，若照护者表扬某会自己走的幼儿“宝宝真棒”，他会很开心，甚至手舞足蹈起来。1 岁半的幼儿在自己完成拼搭后，会给自己鼓掌。他们对一些简单的、约定俗成的礼仪和规则有所了解，能回应和遵守，如打招呼和告别，会根据父母的要求分享食物。2 岁左右的幼儿同情心有所发展，看到别的幼儿不开心会有安慰的动作，出现助人、分享、合作行为。3 岁左右的幼儿会变得比 2 岁更加“小气”，彼此不愿意分享玩具，容易产生争抢行为，产生不良情绪。2 岁半的幼儿会用语言表达自己的情绪，还会对情绪产生的原因进行解释，初步理解情绪与其引发的情境的联系如某幼儿看到同伴哭了，可能将原因解释为：我不给他玩具，他就哭了。这个阶段的幼儿会尝试控制情绪，还能学会简单的情绪调节策略，如吃手指、寻求照护者安慰，自我控制能力发展使得幼儿会抑制自己的行为，父母不在场时会调节自己的行为。当然，婴幼儿情绪调控能力总体很弱，当他的愿望或者要求得不到满足时会哭泣。情绪情感是婴幼儿适应生存的重要心理工具，情绪社会化发展贯穿于人的一生。要引导婴幼儿在表达、理解情绪的基础上，学会简单的情绪调节策略，并能约束自己的行为使之符合集体生活规范，要培养婴幼儿适应集体规则。

二、培养婴幼儿适应集体规则

在充分认识集体规则适应重要性与发展特点的基础上，托育机构照护者要采取恰当的方式帮助婴幼儿理解和遵守规则，逐步发展规则意识，从而适应集体生活。

（一）创设有序稳定的照护环境

“孟母三迁”“近朱者赤”，都说明了适宜的环境对培养幼儿的规则意识的重要性。创设安全舒适的支持性的、探索性的环境，帮助0—3岁的婴幼儿形成安全亲子依恋，是建立信任感和培养规则意识的必备条件。婴幼儿在有秩序的环境中将外在的秩序逐渐进行内化，形成自己内心的秩序。

1. 创设有序的照护环境

无论是家庭、托育机构，还是婴幼儿生活的班级环境、室内或户外环境（图4-4-4至图4-4-6），都要整洁有序，包括自然采光，配合柔和照明（如暖白和暖黄

彩图4-4-4和彩图4-4-5

图4-4-4　温馨的公共区域环境

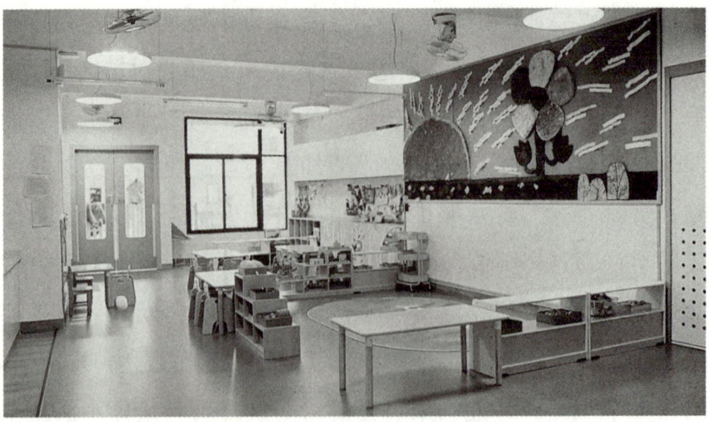

图4-4-5　有序的教室环境

彩图 4-4-6

图 4-4-6　多元运动的户外场地

色灯光）。所有家具针对婴幼儿的成长需求放置，尺寸适宜婴幼儿的身高和使用方便，要具备功能性，且简单清晰不要烦琐。动线合理，室内外空间的布局与整体的规划设计，如用餐区、睡眠区、游戏区都需要以婴幼儿的动线为基础。生活物品和玩具材料摆放有固定位置，便于婴幼儿拿取和使用，用后物归原位。班级环境布置简洁、有美感，不频繁地更换教室的环境等。目前托育机构环境创设有两个极端，一是像幼儿园班级的缩小版，色调过于饱和、墙饰和材料过多，环境繁杂容易使婴幼儿感到烦躁；二是几乎没有墙饰，可供婴幼儿摆弄探索的材料少，多为购置的玩具，环境单调不能支持婴幼儿发展。有序的班级环境布置应当是适度的，如托大班的“班级公约”呈现在婴幼儿可目视的墙面上，托小班布置“亲子照片墙”可缓解分离焦虑，游戏区有提示操作材料收放的简易图标，盥洗室墙面张贴“洗手步骤图”，地上贴有小脚印标记等，通过观察、模仿、暗示等途径去刺激婴幼儿作出相应的反应，在潜移默化中理解和遵守集体规则。

2. 建立稳定的照护关系

照护者要与婴幼儿及其家庭建立稳定的关系，并保持连续一致的照护行为。如果不同照护者对同一照护活动给出不同的要求或指令，会使初入托婴幼儿疲于应对，适应托育机构的生活会变得难上加难。照护者与婴幼儿一对一倾听、亲密互动、日常陪护，能更好地了解婴幼儿，对他们的气质、需求及行为模式作出适宜的回应，并且能够与婴幼儿及其家庭建立良好的沟通模式。照护者与其负责的婴幼儿保持良好互动，与家庭保持良好的沟通，有助于托育机构和家庭遵循一致的教育理念进行各种照护活动。在这样一个运行良好的稳定的照护体系中，照护者做到集体照护的一致性，婴幼儿可以在可预期的等待中，以稳定的情绪与照护者进行互动，减少不必要的焦虑和无助感，提高对外在环境变化的应对和适应能力，包括适应班级的物理环境、建立规则意识和提升人际交往能力。

（二）建立一日生活和活动常规

1. 科学合理安排婴幼儿一日生活和活动

使婴幼儿形成有规律的生活作息，建立良好的一日生活和活动常规。在托育机构中，根据婴幼儿身心发展特点和规律，制订科学的保育方案，合理安排婴幼儿饮食、喂奶、饮水、如厕、盥洗、睡眠、游戏等一日生活和活动，动静结合，在保持作息稳定性的基础上留有一定的弹性，形成婴幼儿重复性、有规律的生活作息，在这个过程中逐渐建立规则意识，久而久之，习惯成自然，良好的一日生活和活动常规逐渐形成。例如，根据不同月龄婴幼儿的生理需求建立适宜的生活和活动常规：13—24 个月，固定幼儿睡眠和唤醒时间，逐渐建立规律的睡眠模式；25—36 个月，使幼儿规律作息，每日有充足的午睡时间，支持大月龄幼儿有更多探索体验、互动交流和表达表现的时间和机会。照护者在执行生活作息的时候，细心考虑并尽可能减少照护过程的变化，根据大脑皮质的动力定型活动特点，久而久之，婴幼儿就会熟悉照护流程和内容，预测即将发生什么事情，从而使照护过程更具安全感。让婴幼儿感到可控的环境是具有可预见性的，婴幼儿能提前获知环境的变化和活动的转换，有利于他们建立良好的一日生活和活动常规，这对于促进他们适应集体规则至关重要。

2. 具象规则，帮助婴幼儿理解和遵守规则

婴幼儿的生活知识和经验水平有限，常常不能分辨什么行为是对的，什么行为是错的。从 13 个月起，照护者需要告诉幼儿其言行的界限在哪里，即让他们知道能做什么，能怎样做；不能做什么，不能怎样做。在制定规则时，需注意规则的简单性、具体性和可操作性，以便 0—3 岁的婴幼儿能理解和执行，如排队规则：洗手时前面还有几个小朋友，需要排队等候。简单的游戏规则：玩玩具时谁先拿到谁先玩，玩完后要收拾玩具送回玩具的家。规则的制定和执行要循序渐进，避免一次性制定很多规则或制定婴幼儿不容易遵守的规则。照护者要给婴幼儿示范规则并适时给予帮助。例如，洗手要排队的规则，如果婴幼儿第一次接触排队的规则，他们可能不能理解排队的含义。如果照护者只是告诉婴幼儿洗手需要排队，他们可能会做出的动作是，排到他们自己想要的位置上，而不是站在最后一个小朋友后面等待。正确的做法应该是，用婴幼儿听得懂的语言向他们讲解排队规则的内容，如可以，用手指给婴幼儿说：“你看排队是一个接着一个，你要站到最后一个小朋友的后面等待哦。”然后照护者可以带着婴幼儿亲身体验排队的规则要求。规则意识的建立不是一蹴而就的，对于年龄较小的婴幼儿，照护者要有耐心，要一遍一遍地示范，可先带着婴幼儿一起完成，再逐渐放手，直至婴幼儿能够独立完成规则的遵守。

3. 及时鼓励，强化婴幼儿的规则意识

在托育机构一日生活中，照护者通过赞美、鼓励或者使用贴纸等方式强化婴幼儿的良好行为，监督和激励孩子达成期望的行为。在规则制定执行的前期，婴幼儿可能会积极遵守规则，但随着时间的推移，婴幼儿可能会忽视规则的存在。这个时候照护者可以采用提问的方式来提示婴幼儿，如提问：你在干什么？我们是怎么规定的？我们为什么会有这个规定？你看看旁边的小伙伴是怎么做的？通过提示规则、积极暗示、榜样示范、及时鼓励，帮助婴幼儿强化规则意识，培养良好行为习惯。

此外，让 2 岁后的幼儿一起参与简单规则的制定，如玩好了玩具要整理好，并能物归原处。幼儿参与规则的制定，不仅能够加深其对规则的理解，还能增强其遵守规则的自觉性。

（三）开展规则游戏促进集体规则适应

婴幼儿学习以直接经验为主，游戏是婴幼儿的天性，以游戏方式培养规则意识，容易为婴幼儿所接受。开展规则游戏是促进婴幼儿集体规则适应的有效途径。规则游戏是指至少有两人参与的、按照一定的规则进行的游戏活动。规则游戏是促进婴幼儿社会性行为发展、推进婴幼儿规则意识形成的良好载体。例如，体育游戏“拔萝卜”，婴幼儿练习“走、跑、跳”动作，并“拔一个萝卜”。音乐游戏“猫和老鼠”，婴幼儿辨别音乐节奏，“小猫出来的时候小老鼠要躲起来”。认知游戏“颜色配对”，婴幼儿两两配对红黄蓝颜色，并学习颜色的名称。语言游戏“小动物怎么叫”，婴幼儿认识小动物，并模拟它们的叫声。情境游戏“水果店”，婴幼儿学习排队和购物的规则，“过家家”游戏学习人际交往规则。借助虚拟、有趣的游戏情境，将需要培养的规则融入游戏过程中，自然引发婴幼儿与同伴间的分享、交流、合作、互助，树立良好的规则意识，促进婴幼儿社会性发展和自控力形成。如果不遵守规则，游戏就无法顺利进行。游戏使得规则容易被婴幼儿所理解和接受，在规则游戏过程中，婴幼儿不仅能体验到游戏的趣味性，更能有目的地进行自我控制，从而适应游戏规则（图 4-4-7）。

图 4-4-7　“狼和小兔”的规则游戏

在规则游戏开始阶段，教师要介绍游戏规则，使婴幼儿明确规则。在游戏展开阶段，教师观察婴幼儿在游戏中是否能遵守游戏规则，是否能主动调节自己的行为以适应规则要求，能否主动发起与同伴的交流、合作；

遇到问题能否主动与同伴协商解决等。在游戏结束后，教师要评价婴幼儿的游戏表现，给予鼓励和表扬，强化其规则意识。婴幼儿是在具体的事件中亲身体验、自我调整、自我建构起对集体规则的理解的。

（四）温柔坚定地执行集体规则

在培养婴幼儿集体规则适应过程中，对婴幼儿的规则要求与婴幼儿的独立性和“反抗”，是照护者面临的两难问题。因此，尊重婴幼儿的身心发展特点和规律，要发挥婴幼儿的自主性，让婴幼儿参与到日常照护中。例如，“自己的事情自己做”，从提高婴幼儿的自理能力入手，让他们自己进食，自己拿着杯子喝水；脱衣服的时候照护者与婴幼儿配合，如脱袜子各脱一边，让他们体会到自我服务和解决问题的成就感。照护者要悉心教给婴幼儿方法，不厌其烦地示范，并且耐心等待，允许他们尝试错误，对婴幼儿的笨拙动作或违规行为要给予最大程度的理解和包容。

在执行集体适应规则过程中，如果婴幼儿继续某些不当行为，照护者应该坚决、冷静而温柔地用语言提醒他们，从行动上限制他们进一步的行为，如因争抢玩具误伤别人，要耐心说明，让婴幼儿认识到错误行为，同时向小伙伴道歉，让他们明白做错事会有什么后果，明白其中的因果关系。婴幼儿有可能会产生反抗情绪，持续不断地尝试和碰触那些限制，这是婴幼儿在试探成人的底线和探索他们生活环境的一种形式。[①]照护者必须控制愤怒的情绪，冷静应对。当照护者用愤怒来解决问题时，爱模仿的婴幼儿会习得这种沟通方式，当类似情境再次发生时，婴幼儿也会以愤怒的情绪和行为来反馈照护者。因此，严厉批评和惩罚不是解决婴幼儿不当行为的最佳方式，同时会伤害他们的自尊。建立规则意识，引导婴幼儿循序渐进地学习控制自己的行为，能促进婴幼儿表现出亲社会行为，从而真正地适应集体生活。

在集体适应规则过程中，要充分理解婴幼儿，根据婴幼儿的年龄特点进行有针对性的指导。对25—36个月的幼儿来说，撕书是违反规则的行为，需要纠正，而对13个月的幼儿来说，撕、扔书是一种通过感觉器官探索世界的正常途径。对低龄婴幼儿来说，尖叫不是不良行为，但它是婴幼儿寻求成人关注的交流行为，这种不良行为更多的是情绪表达，照护者应接受这些情绪，帮助他们学会用社会可以接受的方式来表达情绪。当婴幼儿情绪中传达出一些未满足的需求时，照护者不应忽视该行为，应将其视作一种交流方式，并采取适宜的照护行为去满足婴幼儿的合理需求。

教育家陈鹤琴提出“活教育”原则，如“积极的鼓励胜于消极的制裁”“积极

① 李立新，龚长兰. 婴幼儿回应性照护［M］. 北京：中国人口出版社，2022：103.

的暗示胜于消极的命令”，这些原则同样适用于培养婴幼儿的规则意识。对于通过撕书来探索世界的婴幼儿，照护者可以选择替代品如用过的日历纸满足他们撕纸的需求（图 4-4-8）。对于洗手时爱玩水的婴幼儿，要求他们认真洗干净小手，而在游戏时间开展玩水活动来满足他们的探索需求。照护者要注重自身行为对婴幼儿的榜样示范作用，如讲话时音量适中、轻声细语，自己也要先做到。

图 4-4-8　撕纸游戏欢乐多

（五）家托共育巩固规则意识

婴幼儿对规则的适应需要不断强化。家托共育，可以发挥婴幼儿集体规则适应的“重复效应”，相互配合巩固婴幼儿的规则意识。这就要求托育机构照护者和家长要密切关注婴幼儿行为的细节，及时沟通、配合，保持教育的一致性，促使婴幼儿良好的行为在家庭中不断得到巩固和延伸，并真正形成稳定的习惯。托育机构要向家长宣传科学的育儿理念和方法，帮助家庭增强科学育儿能力，提供照护服务和指导服务，帮助建立良好亲子关系。当父母与婴幼儿相互间形成“亲密关系”，产生完全信赖与安全感时，婴幼儿更愿意理解并遵守父母制定的或社会存在的规则。

任务实施

任务分析

托育机构照护者应根据婴幼儿规则意识发展的年龄阶段特点，开展规则游戏，观察婴幼儿的表现，敏感回应婴幼儿，促进婴幼儿集体规则适应。

任务操作

组织规则游戏（24—36 个月的幼儿）

1. 准备工作

（1）环境准备：温暖安全，光线适宜，场地安全，室内 30 平方米。

（2）物品准备：猫头饰 1 个、老鼠头饰 11 个，用纸箱自制的房子，音乐。

（3）照护者准备：仪表端庄，情绪饱满。

（4）婴幼儿准备：情绪稳定，适合活动，事先熟悉音乐。

2. 实施步骤

（1）创设游戏情境：照护者用游戏口吻介绍“猫和老鼠”的故事，幼儿欣赏音乐，辨别不同节奏的音乐，说说什么时候是小老鼠出场，什么时候是猫咪出场。

（2）明确游戏规则：①介绍游戏名称——“今天玩个好玩的游戏，名字叫作‘猫和老鼠’”；②介绍游戏规则——“认真听音乐，音乐变化的时候，猫咪要出来，小老鼠们就要躲起来”；③利用提问引导幼儿理解与表达游戏规则。

（3）幼儿玩游戏：① 照护者带领幼儿玩游戏 3~4 次，语言提示，带着幼儿躲到大房子里；② 幼儿自主游戏，照护者观察，协助，照护者可与幼儿商量如何提高游戏要求，如照护者逐步放手，不提示，或请 1 个能力强的幼儿和照护者一起当猫咪，小老鼠们主动躲藏等；③ 照护者和幼儿整理收拾游戏材料。

（4）总结和延伸：①对每个幼儿在游戏过程中展现出来的规则行为进行肯定和鼓励，如“玲玲很认真地听音乐，发现猫咪出来赶快躲起来”“小朗把头饰放得很整齐，是老师的小帮手，谢谢你；”②引导幼儿继续开展规则游戏，共同商量不同的玩法和规则，巩固规则意识。

任务评价

完成表 4-4-2 和表 4-4-3

表 4-4-2　组织规则游戏任务评估表

项目	主要内容		操作要点	是否做到
准备工作	环境准备	温暖安全，光线适宜，场地安全，室内 30 平方米	减少噪声和光线干扰，场地安全	□是 □否
	物品准备	猫头饰 1 个、老鼠头饰 11 个，用纸箱自制的房子，音乐	材料人手一份，激发幼儿的游戏兴趣	□是 □否

续表

项目	主要内容		操作要点	是否做到
准备工作	照护者准备	仪表端庄，情绪饱满		□是 □否
	婴幼儿准备	情绪稳定，适合活动，事先熟悉音乐	尊重幼儿的兴趣和意愿	□是 □否
实施步骤	创设游戏情境	照护者用游戏口吻介绍故事，幼儿欣赏音乐，辨别不同节奏的音乐并表达	互动策略	□是 □否
	明确游戏规则	（1）介绍游戏名称。 （2）介绍游戏规则。 （3）利用提问引导幼儿理解与表达游戏规则	（1）语速较慢，利用游戏口吻、夸张语气等吸引幼儿的注意力。 （2）注意培养婴幼儿的规则意识	□是 □否
	幼儿玩游戏	（1）照护者带领幼儿玩游戏 3~4 次。 （2）幼儿自主游戏，照护者观察、协助。 （3）照护者与幼儿整理收拾游戏材料	（1）语言提示等互动策略，如“音乐变重了，是谁出来了？小老鼠要怎么做。” （2）观察幼儿游戏表现，如遵守规则、同伴互动。 （3）逐步放手，提高游戏要求	□是 □否
	总结和延伸	（1）对每个幼儿在游戏过程中展现出来的规则行为进行肯定和鼓励。 （2）引导幼儿继续开展规则游戏，共同商量不同的玩法和规则，巩固规则意识	语言支持等互动策略，如“玲玲很认真地听音乐，发现猫咪出来赶快躲起来”“小朗把头饰放得很整齐，是老师的小帮手，谢谢你”	□是 □否

注：① 游戏活动时间为 15~20 分钟，根据实际情况可有所调整。
② 一名照护者组织游戏，一名照护者协助扮演“小猫”，并且相互配合，观察婴幼儿游戏，注意安全，让幼儿之间保持一定距离。
③ 寓规则于游戏中，让幼儿感知、体验和遵守规则。

表 4-4-3　组织规则游戏任务综合评价表

评价内容	自我评价	小组互评	教师评价
课堂活动参与度	☆☆☆☆☆	☆☆☆☆☆	☆☆☆☆☆
小组活动贡献度	☆☆☆☆☆	☆☆☆☆☆	☆☆☆☆☆
工作任务完成度	☆☆☆☆☆	☆☆☆☆☆	☆☆☆☆☆

知识拓展

在家庭中培养婴幼儿规则意识的方法如表4-4-4所示。

表4-4-4　在家庭中培养婴幼儿规则意识的方法

方法	实施要点
榜样示范法	照护者提供良好榜样，外出时为婴幼儿树立排队上车、不乱扔垃圾、爱护公物的榜样，婴幼儿通过自然模仿习得简单的规则
移情训练法	通过讲故事、情境表演等形式，让婴幼儿设身处地地站在别人的角度考虑问题，使他们感受和理解他人的情绪，与之产生共鸣。例如，针对抢玩具，情境表演和讨论“如果你的玩具被抢了，你会觉得怎么样”
限制可选法	当必须限制有安全隐患或违反规则的不良行为时，向婴幼儿提供可选择的其他相似活动，如让婴幼儿选择“先读书还是先搭积木”
转移注意法	利用玩具或者零食来转移婴幼儿注意力，通常用于防止其过分情绪化
表扬鼓励法	关注并赞赏婴幼儿可以接受的良好行为，如爱护玩具
重设环境法	当婴幼儿因情绪激动而哭泣时，可以将其带离“现场”，或者婴幼儿之间发生冲突时，暂时分开发生冲突的婴幼儿，以便他们有单独的时间和空间来平复自己的情绪
自然后果法	在保证安全的情况下，成人适时放手，让婴幼儿承担不遵守规则的后果，意识到自己要对错误行为负责

• 赛证真题

1. 在与他人交往时，训练和鼓励婴幼儿作完整的自我介绍，并且能够倾听他人的介绍，这有利于增进其（　　）。【选自2024年全国职业院校技能竞赛婴幼儿照护赛项题库　单项选择】

A. 动手能力　　B. 自理能力　　C. 交往能力　　D. 观察能力

2. 亲子关系的建立是婴幼儿人际关系的（　　）。【选自2023年全国育婴师从业资格证考试题库　单项选择】

A. 第一步　　B. 第二步　　C. 第三步　　D. 第四步

3.（　　）是培养婴儿社会交往的最佳方法。【选自国家中级育婴师职业资格证考试题库　单项选择】

A. 婴儿与同伴发生冲突时，成人要及时干预

B. 不让婴儿与陌生人在一起

C. 让婴儿学会与人交换、分享和等待等习惯

D. 不带婴儿到陌生的环境中去

4. 可以帮助婴儿克服害羞和认生现象的方法（　　）。【选自国家中级育婴师职业资格证考试题库　单项选择】

A. 对婴儿的自我表现及时给予表扬和鼓励

B. 要经常当面指出婴儿的错误

C. 对婴儿的错误要严厉地批评，并要求婴儿马上改

D. 对婴儿自我表现及时止损

5. 以下关于幼儿攻击性行为的描述不正确的是（　　）。【选自 2024 年全国职业院校技能竞赛婴幼儿照护赛项题库　单项选择】

A. 缺少社会交往经验，不懂得用语言来表达，常常用攻击性行为达到自己的目的

B. 存在明显的性别差异，女孩比男孩多

C. 如果幼儿长期处于被暴力控制的成长环境，容易发生攻击性行为

D. 接触过多的暴力动漫、图画等，容易出现攻击性行为

6. 婴幼儿早期教育发展分析【选自 2024 年全国职业院校技能竞赛婴幼儿照护赛项题库　视频分析】（视频 4　婴幼儿早期教育发展分析）

视频 4　婴幼儿早期教育发展分析：交往游戏

视频情境：

某托育中心教师正在指导 3 个小朋友进行交朋友游戏。

答题要求：

（1）观察记录婴幼儿行为表现（含与他人、环境互动行为）。

（2）根据视频内容回答以下问题：

① 对婴幼儿的心理发展主要特点进行分析。

② 对教师的保教言行进行分析，提出改进建议。

（3）请在 40 分钟内完成（含视频观看）。

项目四参考答案

参考文献

［1］傅丽君，张捍幸. 优化幼儿的进餐环境［J］. 幼儿教育（教育教学），2011（4）：47.

［2］杨翠美. 家有宝宝在“学坏”［J］. 当代幼教，2012（2）：42–43.

［3］李茜. 婴幼儿食育活动中的进餐环节［J］. 早期教育（教育教学），2021（6）：10–11.

［4］张亚妹. 生活化教育理念下的幼儿自主进餐活动初探［J］. 教育实践与研究，2023（21）：94–96.

［5］张小梅. 亲子安全依恋的影响因素及培养策略［J］. 智库时代，2022（37）：216–219.

［6］黄小莲. 婴幼儿如厕训练的合理性思考［J］. 学前教育研究，2012（6）：54.

［7］苏茹昕，王广海，江帆. 睡眠在儿童早期脑智发育中的作用及启示［J］. 早期儿童发展，2022（4）：64–72.

［8］孔莉芳，王燕，周书进，等. 昼夜节律形成对婴幼儿认知发育影响的研究［J］. 中国妇幼健康研究，2014，25（2）：177–179，189.

［9］彭芝琳，郑若颖，胡晓晴，等. 睡眠对婴幼儿学习的记忆巩固作用［J］. 心理科学进展，2024，32（2）：287–299.

［10］张兴利. 营造温馨、安全的婴幼儿睡眠环境［J］. 早期教育（教育教学），2020（5）：23–25.

［11］洪秀敏，朱文婷. 全面两孩政策下婴幼儿照护家庭支持体系的构建——基于育儿压力、母职困境与社会支持的调查分析［J］. 教育学报，2020（1）：34–42.

［12］陈虹. 陈鹤琴与活教育［M］. 长春：东北师范大学出版社，2010.

［13］冯夏婷. 透视 0—3 岁婴幼儿心理世界：给教师和家长的心理学建议［M］. 北京：中国轻工业出版社，2016.

［14］文颐. 婴儿心理与教育（0~3 岁）［M］. 2 版. 北京：北京师范大学出版社，2015.

［15］王潇，吕红，杨薇薇. 婴幼儿发展引导［M］. 北京：中国人民大学出版社，

2023.

［16］罗斯德蒙. 可怕的两岁［M］. 张凯飞，侯卫蔚，译. 北京：北京科学技术出版社，2017.

［17］王兴华. 托育机构环境创设［M］. 北京：北京师范大学出版社，2023.

［18］洪秀敏. 学前儿童发展心理学［M］. 北京：中国人民大学出版社，2022.

［19］刘玺诚，王惠珊. 婴幼儿睡眠与成长［M］. 北京：中国中医药出版社，2011.

［20］杨枫. 学前儿童游戏［M］. 4 版. 北京：高等教育出版社，2022.

［21］默里，安德鲁斯. 婴儿心理学：关于婴儿哭闹、睡眠和安全感的秘密［M］. 北京：北京科学技术出版社，2022.

［22］周兢. 零岁起步：0~3 岁儿童早期阅读与指导［M］. 深圳：海天出版社，2016.

［23］翟云. 0~3 岁婴幼儿早期阅读指导［M］. 上海：复旦大学出版社，2019.

［24］周兢. 汉语儿童早期阅读与读写能力发展研究［M］. 上海：华东师范大学出版社，2020.

［25］COPPLE C，BREDEKAMP S，KORALEK D，等. 0—3 岁婴幼儿发展适宜性实践［M］. 洪秀敏，宋佳，赵思婕，等译. 北京：中国轻工业出版社，2020.

［26］王争艳，武萌，赵婧. 婴儿心理学［M］. 杭州：浙江教育出版社，2015.

［27］刘婷. 0—3 岁婴幼儿心理发展与教育［M］. 上海：华东师范大学出版社，2021.

［28］洪秀敏. 0~3 岁婴幼儿发展与照护［M］. 北京：中国人民大学出版社，2022.

［29］爱泼斯坦. 学习品质：关键发展指标与支持性教学策略［M］. 霍力岩，李金，刘璐，等译. 北京：教育科学出版社，2018.

［30］洪秀敏. 婴幼儿回应性照护［M］. 北京：高等教育出版社，2024.

［31］周念丽. 0—3 岁婴幼儿观察与评估［M］. 上海：华东师范大学出版社，2021.

［32］王振宇. 学前儿童心理学［M］. 北京：中央广播电视大学出版社，2007.

［33］文颐. 0—3 岁婴幼儿游戏设计［M］. 北京：高等教育出版社，2023.

［34］文颐，石贤磊. 婴幼儿认知指导活动设计与组织［M］. 北京：科学出版社，2015.

［35］文颐，程敏. 婴儿社会性指导活动设计与组织［M］. 北京：科学出版社，2015.

［36］库克 J L，库克 G. 儿童发展心理学［M］. 和静，张益菲，译. 北京：中信出版集团，2020.

郑重声明

读者意见反馈

为收集对教材的意见建议，进一步完善教材编写并做好服务工作，读者可将对本教材的意见建议通过如下渠道反馈至我社。

咨询电话　400-810-0598

反馈邮箱　gjdzfwb@pub.hep.cn

通信地址　北京市朝阳区惠新东街 4 号富盛大厦 1 座
　　　　　高等教育出版社总编辑办公室

邮政编码　100029

防伪查询说明

用户购书后刮开封底防伪涂层，使用手机微信等软件扫描二维码，会跳转至防伪查询网页，获得所购图书详细信息。

防伪客服电话　（010）58582300

资源服务提示

授课教师如需获得本书配套教辅资源，请登录“高等教育出版社产品信息检索系统”（https://xuanshu.hep.com.cn/）搜索下载，首次使用本系统的用户，请先进行注册并完成教师资格认证。

学前教师课程交流QQ群号：69466119